JN074161

【新装版】

鎌倉合戦物語

笹間良彦◉著

はじめに

鎌倉は中世における武家の都として、さまざまの歴史を秘めている。現在もその遺跡・遺物、そして由緒ある寺社が多く集っていて、訪れる人も四季を通して絶えない。かつての栄華を誇った幕府御所・武家屋敷も、今はその跡を偲ぶよすがもなく、歴史上有名の寺でも廃寺となったものも多い。つまり鎌倉中が歴史を物語る場所であり、その遺物であるが、近代化していく街にはそれを偲ぶ痕跡も失なわれつつある。しかし、皆さんの歩いている道や立ち並ぶ住宅の下には、鎌倉興亡の歴史が静かに眠っているのである。

鎌倉では近年より家を建て替するときは、その地がかつての遺跡と目された場合には、必ず文化財課の手によって一応発掘調査してからでないと建てられないことになっている。そうした所からは、昔を知るに貴重な遺物が出土している。また多くの歴史的保存地区があって、一草一木すら大切に保護されているが、そうした場所の歴史に注目する人は意外と少ない。鎌倉は、源頼朝が幕府を開いて以来興亡を重ねつつ足利成氏が古河に移るまで、多くの武家が邸を構え、その間に大きい戦だけでも十数回この狭い地域で繰り返された。

皆さんの歩いている道は悠々と武士が濶歩したり、甲冑つけた武者が走った道である。櫛比する街並や静かな邸宅の下には、万斛の怨みをのんで斃れた武者の血が滲み、その骨がひっそりと埋っている所もあるはずである。

元弘三年（一三三三）の新田義貞の鎌倉攻めの際の戦死者の骨は、浜面（はまおもて）の一の鳥居傍に集積埋葬されたので、以前から折にふれて相当数の人骨が発掘されている。和田塚は和田合戦の戦死者を埋めた所と伝えられ、葛西ケ谷（かさいがやつ）の腹切やぐらは、北条氏一門の人々が腹切った近くの場所に作られた墓であるといわれている。

鎌倉は、武家興亡の歴史の都であるが、武家と合戦は切り離せないごとく、鎌倉においての十数度の合戦を無視しては鎌倉は語れない。

政争の渦に巻き込まれて武門の意地、退引（のっぴ）きならぬ義理で、戦場で生命を賭けねばならなかった武家の生きざまは、悲壮でしかもなまなましく、主従という縦の繋がりの封建体制から逃れることができず、その範囲の中で所領保全に一所懸命の文字通りに生き抜くことに足掻いた多くの武家の姿が目に浮かぶ。「武士道とは死ぬる事と見付けたり」という葉隠れ武士道以前の、もっと功利的で赤裸々なそして逞（たくま）しい武士の生き態（ざま）が、この鎌倉の狭い土地に凝結した歴史として秘められているのである。

鎌倉の合戦の歴史を書くと殺伐なイメージを呼んで、落ち付いた古都鎌倉の雰囲気をそこなうと思う方があったら、それは間違いである。そうした血腥（なまぐさ）い歴史が埋っている経過の後に、現在の遺跡・風物の静寂さがあって、現代人の心をひきつけ、寺社や歴史に名をとどめた人の墓や、樹々・谷々の隅々まで昔を偲ぶ糧（かて）となって多くの人が訪れるのである。故に合戦のあった事実を美化したり、またことさらに無視して避けては鎌倉は語れない。鎌倉を知るためには、この地で繰返された合戦を知る必要がある。

今までに鎌倉の文化財的方面から書かれた書籍は数多く出版されているが、鎌倉の合戦の歴史としてまとめた本ははなはだ少ない。

鎌倉に住んで未だ年数の浅い私がそれを書くことは、古くから在住の先輩諸賢に対してははなはだ僭越であるが、皆鎌倉の合戦については、どうしたことか避けられているように思ったので、敢えて筆を執った次第である。

本書は『吾妻鏡(あづまかがみ)』や『源平盛衰記(げんぺいじょうすいき)』をはじめ、いろいろの史書・軍記物・記録などを資料としたが、読み易くするために現代風に構成し、また当時の武家の住んだ場所、合戦の行われた地域、関係ある寺社・遺跡などが現在のどこに当たるかも説明して、鎌倉を探訪される方の手引とした。

平成十二年十一月

杉本城跡寓居にて

笹間良彦

目次

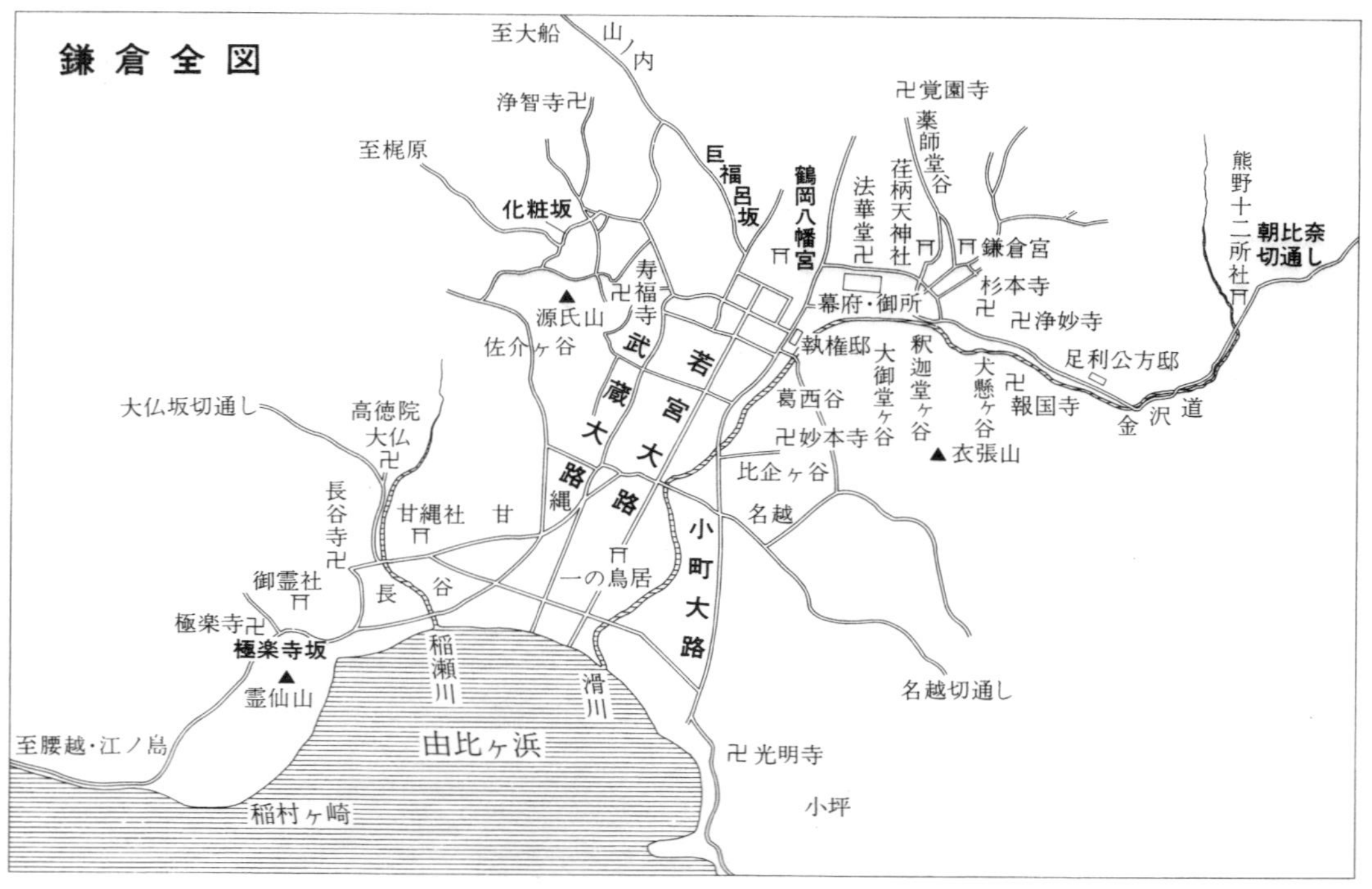
鎌倉全図
至大船
山ノ内
浄智寺卍
至梶原
化粧坂
巨福呂坂
鶴岡八幡宮
卍覚園寺
薬師堂谷
荏柄天神社
法華堂卍
鎌倉宮
杉本寺
卍浄妙寺
熊野十二所社
朝比奈切通し
寿福寺
源氏山
佐介ヶ谷
幕府・御所
執権邸
武蔵大路
若宮大路
大御堂ヶ谷
釈迦堂ヶ谷
犬懸ヶ谷
卍報国寺
足利公方邸
金沢道
葛西谷
卍妙本寺
衣張山
比企ヶ谷
大仏坂切通し
高徳院大仏
長谷寺
甘縄社
甘縄
名越
小町大路
御霊社
長谷
一の鳥居
極楽寺
極楽寺坂
霊仙山
稲瀬川
滑川
名越切通し
至腰越・江ノ島
由比ヶ浜
卍光明寺
小坪
稲村ヶ崎

治承四年（一一八〇）八月二十五日

由比ヶ浜：和田・畠山合戦

三浦・和田勢の延着

治承四年（一一八〇）、頼朝が挙兵し、石橋山の初戦に敗れた前後……

三浦半島の豪族三浦大介義明（義明の女（むすめ）は頼朝の兄悪源太義平の母）は源氏恩顧の武将、頼朝挙兵の軍触（いくさぶれ）を受けて大いに喜び、早速息子や孫を参着させることとした。石橋山での合戦予定日は八月二十三日。

そこで次男の三浦別当次郎義澄・同十郎義連・大多和三郎義久・子息義成・義明の孫に当る和田

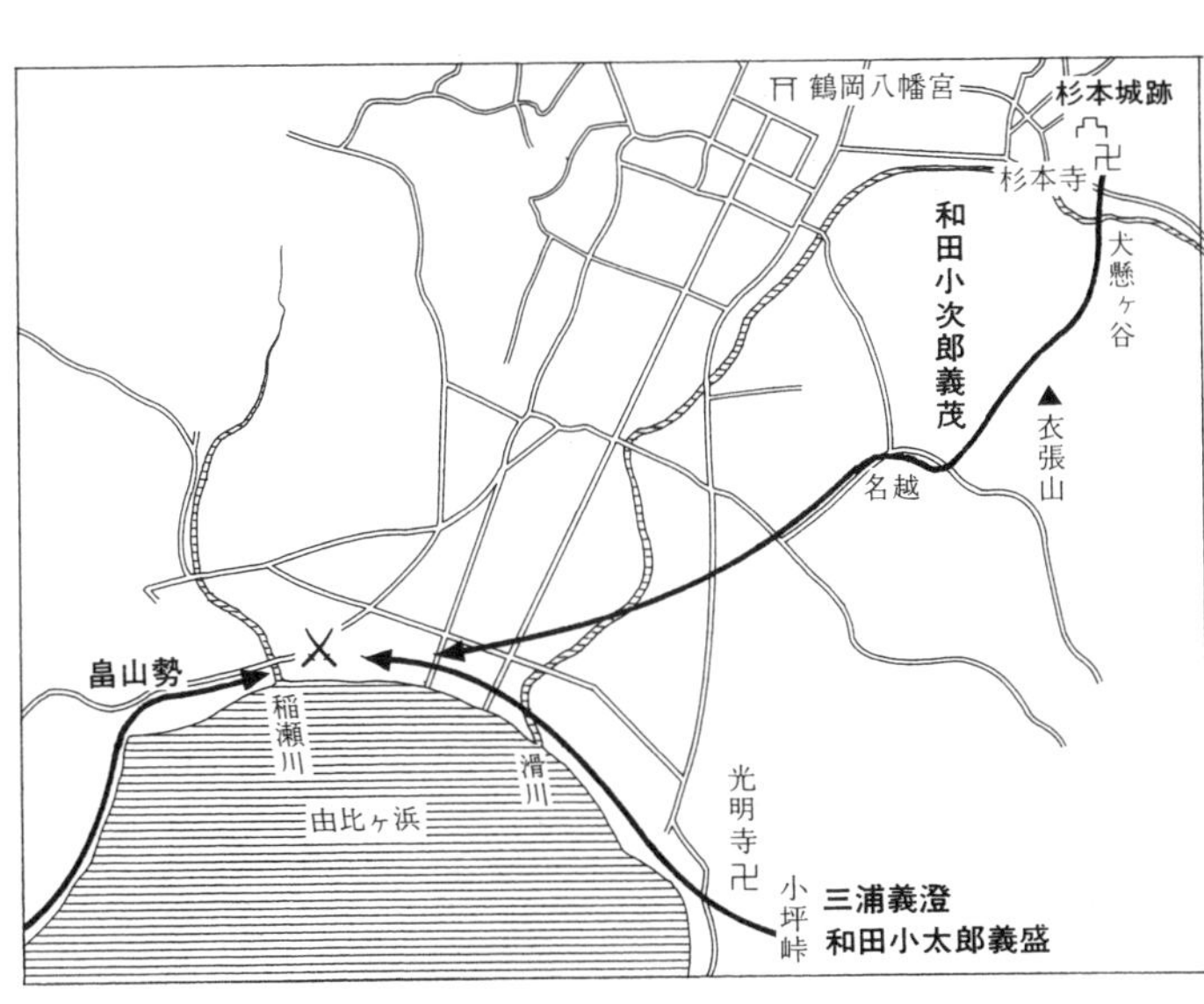

小太郎義盛・同小次郎義茂・同三郎義実・多多良三郎重春・同四郎明宗・筑井次郎義行以下三百騎、二十二日に舟団で出陣としたが海が荒れたので翌日に延べた。陸路であれば石橋山まで二日の行程であるが、海路であれば一日もかからぬ。それに途中で敵に遭遇して行く手をはばまれる心配もないので船を選んだのであるが、翌日も風波はおさまらない。おそらく秋台風の影響を受けていたものと思われる。愚図愚図（ぐずぐず）していては合戦に間に合わぬし、敵は十倍にあまる軍勢との噂があるので気が気でない。止むを得ず二十四日の早朝に、三浦勢は陸路を駆けつけることにした。

何処（いずこ）の大小河川も水かさが増して泥水が轟々と渦巻いているが遮二無二（しゃにむに）突破し、駆けも駆けたり、普通二日の行程を一日で酒匂（さかわ）まで着いたが、丸子川（まりこ）（酒匂川のこと）は大河、氾濫して濁流物凄くて渡れない。

三浦勢は方々渡河点を探したが、水が引くまでは無理のようである。やむをえず酒匂のはずれの八木下（やぎした）（現在小田原市酒匂・鴨宮付近）に布陣して、水の引くのを待つことにした。そこへ、三浦党の大沼三郎という武士が、石橋山から逃れてきた。

皆で囲んで、

「して、戦（いくさ）の様子は」

と聞くと大沼は、

「戦は打ち合わせのごとく二十三日の酉（とり）の刻（午前六時）より始まり候（そうら）いしが、敵は三千味方はわずかに三百、手痛く戦えども次第に敗れ、三浦与一殿はじめ多く討死致し、佐殿（すけどの）（頼朝のこと）の御行方もわからず、噂にては御討死との由、それがしこれらの事を東国の方々に告げ知らせんため敵の目をかすめてここまで参った次第。」

と語る。天候のためとはいえ、日数延引して戦に間に合わず、頼朝討死とあっては面目が立たない。さりとてこれから進んで勝ち誇る敵と戦うのも無益の業。敵は武勇をもって聞こえる伊東・梶原・大庭・俣野の三千余騎、こちらはわずか三百騎では蟷螂の龍車に向うようなものである。しかも情報によると、金江河（花水川か）に、大庭の軍触に応じた秩父の畠山次郎重忠が武蔵の党類五百騎を引きつれて布陣しているとのこと。腹背に敵である。

ここにまごまごしていると全滅しかねない。かくなる上は、一刻も早く三浦へ戻って善後策を講じなければならぬ。

「畠山とは合戦致したくはない。小磯あたりは、夜闇に紛れて渚あたりを通れば波の音に消されてうまく通り抜けられると存ずる。」

という義盛の提案に衆議一決し、皆轡には布を巻き、鎧の草摺を畳み上げて音を立てぬようにして大磯・小磯の浜辺を密かに通過したので、畠山の陣は知ってか知らずか動く気配はなかった。

義盛の挑発

ところが和田小太郎義盛は、忍んで通ることを提案したものの、畠山の陣の人目を避けて通ることを若い血が許さなかったと見えて、兜の緒をきりっと締め、弓に矢を番えて左手に持ったまま唯一騎、蒸し暑い夜気に蹄の音を響かせつつ、篝火前にした畠山の陣前に行き、

「この陣は畠山殿の御陣と御見受け致す。かく申すは三浦党の大将三浦大介が孫、杉本太郎義宗が嫡

子和田の小太郎義盛なり。佐殿の御味方として石橋山へ参ったるところ、戦はすでに終れりと知り、酒匂の陣より戻るところにてござる。畠山殿が平家に味方されて吾等の通過を支えんとなれば一戦仕る。いつでも御相手致すによって懸って参られよ。さなくば吾等通過仕る。」

と大声で怒鳴り、様子を窺ってから駆抜けて、暗闇に蹄の音を残して消えて行った。

小磯の浜辺を折角無事に通過したのであるから、何も畠山方を刺激しなくても良いのに、武門の意地が許さなかったのか、若気の至りか、つい挑戦的言辞を弄してしまった。

畠山の陣では、和田小太郎義盛が不意に現れたときには唖然としていたが、蹄の音が闇に遠ざかると俄に騒然として来た。畠山の重臣本田次郎近恒と半沢成清が慌てて重忠の前に来て、

「当家と三浦党とはなんら意趣はござらねど、大殿（重忠の父の重能）や、別当殿（重忠の叔父）が京の六波羅に在す現在、あのように戦を仕掛けんばかりに言葉かけられて矢の一筋も射懸なかったとあっては、後で平家への聞こえも憚りあり。その上にあの和田の小伜の広言聞き捨てになり申さぬと存ずる。武門の意地により追い撃ちしてしかるべしと存ずる。」

と目を怒らせていう。この時本田・半沢も若いが、後に智・仁・勇三徳兼備の大将といわれた重忠も若い。血気に逸る少年である。

「よし。直ちに追い撃ちせよ。」

と命令を下す。ばたばたと陣幕を畳み、楯・陣営具をまとめて牛馬にくくりつける間に、手早く武装した武者達は鞍鐙つけるももどかしく、次々と乗馬して夜闇の中を東に向って駆ける。

汗を雫のように飛ばせて揉みに揉んで行くうちに夜は次第に明けそめて、稲村ケ崎の桟道を二・三騎ずつ馳り抜けて鎌倉の海岸に達したときは、海は眩しいくらいに朝日に照り輝き、稲瀬川を水飛沫あげて渡る。

東方を見ると、由比ケ浜の端の小坪近くを、三浦勢は一団となって峠口へかかろうとしている。丁度現在の光明寺の裏山東方である。重忠は部下に稲瀬川のほとりに布陣するように命じ、数騎を連れて由比ケ浜の砂を蹴立てて小坪口に迫る。

三浦勢がようよう小坪峠の頂上についたころ、重忠は峠口に達した。騎馬の集団が細い山道を登るときには案外時間がかかるものである。重忠は峠口に馬を留め、山上に隠見する三浦勢に向って、

「やあやあ。畠山庄司次郎重忠、おのおの方を追ってここまで参ったるぞ。和田小太郎殿はおらるるか。昨夜の広言何とした。敵に後ろを見せたまま逃ぐる所存か。恥を知るなら返し合わせて勝負仕れ。」

稲瀬川　水源を佐々目ケ谷の山あたりに発し、御輿嶽の西側を長谷の方に流れて、現在、長谷二丁目の中を南下して、由比ケ浜に注ぐ川。今はまったくの小川であるが、『万葉集』相模国のうたに、

まかなしみさねにはゆく鎌倉の水無河に潮みつなんか

とあるように都にも聞こえた川で、冷泉為相の集にも、

汐よりも霞や先に満ちぬらんみなせの川の明る湊は

とうたわれ、水無瀬川・美奈野瀬川ともいったのが、いつか稲瀬川と訛った。

稲瀬川　上図の先は暗渠となり、下図は由比ヶ浜の川口。

と怒鳴る。

「畠山の子伜、殊勝にも追って参ったか。」

という義澄に、

「叔父上は、あの東の鐙摺に陣を布いて御待ち下され。吾等は二百騎ほどにて鎌倉の浜面へ下って戦かい、時によっては小坪峠へ追い込み、両方から挟み撃ちに致せば畠山を討ち取ることも容易でござる。また苦戦の折はここまで引き上げて共に防ぎ戦うこともできると存ずる。」

というので、義澄は百騎ほどを率いて狭い道の鐙摺を通って両側の山に登って待機することにした。

三浦・畠山の対峙

小太郎義盛は二百騎を率いて、再び峠を下って浜辺へ出る。重忠が挑戦的言葉で怒鳴っても、三浦勢はそのまま去ってしまうと思ったところ、そこは武門の意地、馬首を返して続々と降りて来るから、今度は重忠も稲瀬川の布陣の線まで後退する。稲瀬川の所では後続の畠山勢が掻楯列べたり、列を整頓したりして布陣の真最中である。

峠を下りた義盛勢も、浜辺に横隊に密集して一団声もなく、粛々と西に向って前進する。やがて三浦勢は水飛沫を上げて滑川を渡り、畠山勢と一丁（約一〇九メートル）ほどの間隔を置くと、義盛が片手を上げたのを

鐙摺　三浦郡田越村の辺の山一帯の名で、乗馬して通る時に小径のため鐙が両側に摺れんばかりなので名付けられたようで、田越（多古江）の浜から杜戸へ行く山路である。現在はこの道を通る人もないので不明となってしまい、このあたり一帯の名として残っており、葉山町堀内に属した丘陵である。

を合図に停止する。

三浦勢が馬首をそろえていよいよ鬨を上げようとしたときに、畠山勢の中央から一騎、堂々たる武者がダク足打たせて三浦方の中央に近付いて来た。弓に矢を番えていないし太刀も抜いていない。四五反（約五〇メートル前後）ほどに近付くと馬を止めて、

「武蔵党の一人。横山弥太郎。われらが棟梁畠山重忠の口上を申す。常日頃三浦の殿原とは敵味方となり申す意趣もござらぬが、吾等の重能および別当は平家によしみありて六波羅に伺候致す。しかるに三浦の方々は今度源氏に与して佐殿謀反に応じるばかりか、昨夜は吾等が陣前を人も無げなる広言吐いて通りしこと、これを見過しにしては平家に対しても面目立ち申さぬ。よって畠山・三浦姻戚なりとも合戦否み難し。さればこちらより駆け寄せんか。またはそちらより先寄せらるるか。しかと挨拶承りたい。」

と大声でいう。のんきなようであるが互に顔を知った者も多いし、卑怯な振舞もしたくない。三浦方では、戦の駆引交渉に老巧の藤平実国を返事の使者に出す。実国は横山弥太郎と並んで畠山の陣前に行くと、

「そちらの口上確かに承った。されば和田小太郎義盛が申すには、そちらの大将畠山重忠殿は吾が三浦大介義明の孫聟、義盛も大介義明の孫でござる。いまこそ陣頭に相見えながらも親戚同士。母方の祖父に向って戦を仕掛けるとは如何なものであろうか。また佐殿謀反と申され、われらもそれに与したと申されるが、そちらは未だ何も御存知無いと思われる。

後白河法皇より、平家一門を追討して天下平穏にせよ、との院宣を佐殿は賜ったが故に兵を挙げたのじゃ。さればこれに敵対なさるるは朝敵と同じことである。三浦一族が佐殿に御味方致すは当然のことなるぞ。これでも畠山方は戦うと申すなれば相手に致そうが、縁戚のよしみなれば一言忠告致す。よくよく勘考なされて返答なされい。」

実国はとうとうと述べて、悠々(ゆうゆう)と戻って来る。海風こそ涼しいが、砂はじりじり灼けつくようで、兜をかむっていると頭がボーッとするほど暑い。

畠山勢も主立った者がいろいろ相談した結果、今度は半沢(はんざわ)六郎成清が兜(かぶと)を脱いで背に負った姿で馬を近付けて来た。戦わぬ前に兜の重量がこたえて来たのである。

「そちらの申し条相わかった。言われるまでもなく三浦と秩父は親戚である。ただ時世時節でそれぞれ源平二氏の棟梁に属せども、吾等(われら)両家敵味方に岐(わか)れる理由も無し。佐殿生死不分明の今、何も事荒立てて干戈(かんか)を交(まじ)える必要はござらぬ。佐殿存命とわかり申さば吾等も源氏方に応ずべし。佐殿討死と知りなば三浦方はわれらに付き召されよ。よしなに平家に取りなし申さん。佐殿の消息わからぬに、私闘にも等しき戦を行いても詮なきこと。よって今は両方同時に陣を撤すれば、互に面目も立つと存ずるが如何(いかが)にて候や。」

暑さのため互に戦意が失(う)せて来たためか、「何もここで僅細(ささい)の意地を張って殺し合いをする必要は無い」と話がついた。和田勢はぞろぞろと一列縦隊になって、早く山の木蔭で一息入れようと砂地を歩む。畠山勢も由比ケ浜の松木立の下へ移動して、涼を入れてから秩父へ戻ろうと隊形を解き、郎党が楯(たて)

の取り片付けをしたり、馬を稲瀬川に引き入れて水を浴びせたりする。

小次郎義茂の奇襲

ところが、和平交渉以前に、鎌倉の奥の方に用があった小次郎義茂が、三浦勢とは別行動をとっていた。想像するに、義茂は、現在の杉本城跡に行っていたのではあるまいか。杉本城は、後の建武四年（一三三七）に斯波陸奥守三郎家長が籠って討死した所であるが、城以前にここに館を構えたのは、三浦大介義明の嫡男杉本太郎義宗で、和田小太郎義盛・同小次郎義茂の父に当る。義宗は三浦の出城としてここに館を構えたが、長寛元年（一一六三）安房国の合戦に三十九歳で討死している。おそらく義宗の未亡人で義盛・義茂の母である人が、まだ杉本の館に住んでいたので、少年義茂は帰り道のついでに三浦勢と別れ、逢いに行ったものであろう。

久し振りに逢った母のもとで、頼朝挙兵のことから石橋山の敗戦、頼朝に応じて兵を動かしたことから三浦一族も否応なしに戦乱に捲き込まれて行く将来など語っているところに、兄義盛から「合戦が始まるから急ぎ戻れ」の使が来たと思われる。義茂は驚いて、従者七騎を連れて犬懸ケ谷を駆越えて名越に出る。当時は若宮大路も小町大路もない。杉本あたりから短距離に由比ケ浜に出るには、滑川の南の衣張山と功臣山の間あたりに細い坂道があって犬懸坂と称していたのであろう。現在は釈迦堂の切通しと隧道があるが、当時は樵人が通るほどの道が山間について名越に通じていたと思われる。義茂が名越に出て汗を拭いつつ由比ケ浜を眺めた時は、和平交渉成立して三浦勢は小坪峠を上りつつある頃である。

浜の右の方稲瀬川には、いつ布陣したのか赤い旗を飜した畠山勢が慌だしく動いている。

冷静に判断すれば、畠山勢は鬨の声も上げないし矢叫びもなく、殺気や緊迫した雰囲気もなくただ慌だし気に動いているのみであることに気が付くはずであるが、そこは少年、戦いが始まるとのみ思って気が急いている。畠山勢ばかり居るのは、三浦勢が撃退されたのであろうか。

「失策った。戦さに遅れたのか。」

滑川に沿って、八騎一団となって浜面に駆けつけ、左を見ると三浦勢はすでに小坪峠に上っていて盛んにこちらに手を振って何か叫んでいる。小太郎義盛も峠に戻ってから振り返り、由比ケ浜に豆粒のように小さく見える義茂達八騎を見て、小次郎義茂に使を出していたことを想い出し、和平成ったから戻らなくとも良いと、再び使を出すことを忘れていたことに気が付いて、「無事に話がついたから戦っては不可い」と叫んだり手を振ったりした。

しかし義茂にとっては、喚いているように聞こえるが意味はわからぬし、手を振っているのは招いているのか「行け行け」と指図しているのか一向にわからない。畠山勢が集散して慌だしく動いているのは、攻撃準備に忙殺されているようにも見える。義盛の合図は、「畠山勢へ懸れといっているのだな」と判断すると、義茂は馬首を畠山勢に廻らし、

「戦の先陣はわれらなり。それ懸れッ。」

と七騎をかえり見て、すらりと太刀を引き抜くと頭上に翳し、喚声上げて真しぐらに畠山勢へ襲いかかった。

驚いたのは畠山方、じりじり暑い空気の中をようよう緊張から解放され、灼けつくような兜も脱ぎ、

鎧・腹巻も脱いだ者もあり、馬の鞍下ろして馬の脚を稲瀬川に冷し、楯なども牛車に収納しようとしている時に、鷲が襲いかかるように八騎が斬り込んで来たから、たちまち六騎が斬って落とされ五人が傷付く。

「卑怯なり三浦党の者共。和平を構じて油断させ伏勢で奇襲するとは。坂東武者の風上にも置けぬ奴。よしその儀なればあくまで戦って三浦の衣笠城まで攻め込むぞ。」

と混乱しながらも立ち直って、八騎を包囲し矢を番える者も出て来る。いくら奇襲とはいえ、八騎に五百騎ではかなうはずがない。矢が飛んで来るので的にならぬよう慌しく突入しては右に左に馳せ返し、さっと駆け抜けて遠矢の及ばぬ所まで駆けて、波打際を背にして一息つき、援軍や来るかと小坪峠の方を振返る。峠からはこの様子が良く見える。義盛もこのあり様に驚いた。「失策った」と思っても、もう遅い。早く引き上げさせなければ大事になる。叫んだり手を振ったのでは通じないから、今度は暑さ除けに冠っていた唐笠を皆で振るように命じ、

「おーい。戻って来ーい。」

と大勢で声をそろえて叫んだ。

義茂はこれを見て、鬨を上げているようでもあり、「もっと戦え」といっているように感じたので、直垂の袖で流れる汗を拭うと、

「それ、懸れッ」

と先頭に立って突撃する。もうその頃は畠山勢も立て直し、鏃をそろえて散々に射る。

矢衾（やぶすま）に飛び込むのは自ら死地に入るようなものであるから、義茂がいくら血気の少年でも無謀なことはしない。敵前を右に駆けたり左に駆けたり、迂回して突入の機会を狙っている。小坪峠の義盛は、これを見て気が気でない。こうなった以上、何としてでも小次郎義茂を助け出さねばならない。

「小次郎を助けよ。」

「義茂を討たすな。」

義盛の命（めい）を待つまでもなく、一族郎党続々と峠を下りる。浜地に着くと散開して進む。

畠山勢はこれを見て、やはり予定のだまし討ちであったのかと余計怒りに燃え、稲瀬川の陣地から楯を押し出して前進する。

義茂は、援軍来ればしばし呼吸を整えようと、間隔の縮まって行く両軍の中央に渚を背にして郎党と馬を列べている。

三浦勢も次第に接近すると、楯を持った郎従を前面に押し出し、両軍ともに矢頃の位置で停止して射戦に入るが、三浦方には藤平実光という歴戦の指導者がいて、第一回の矢軍（やいくさ）は畠山勢に多くの死傷者が出た。

矢が多く命中すると畠山勢にひるみが出る。三浦勢は射かけながら前進し、畠山勢は応戦しながら少しずつ後退する。

しかし二百騎に五百騎であるから、畠山勢の矢数が多く、次第に盛り返して来る。

この様子は、鐙摺にいる三浦義澄の所からも見える。畠山勢が数をたのんで左右に拡がり、鶴翼（かくよく）の陣形に移って三浦勢を包囲しようとしている様子が見える。「これは危ない」と義澄は思うと、こんな所で待っている場合でないと悟って、

「それ、応援せよ。」

と百騎に命じた。鐙摺はその名のごとく、二騎も併馬すれば山肌に鐙が摺れるくらい挾い山道であるから、一騎ずつ駆け抜け九十九折の道を隠顕しつつ小坪口へ出る。

これを由比ケ浜の方から見ると、山間を縫って陸続と軍兵が現れるように見える。

畠山勢はこれを眺めて、敵はわずか二百騎ほどと思っていたのに、安房・上総・下総の勢が三浦党救援に続々と駆けつけて来たと感じた。壮年になって戦上手と豪勇をうたわれた畠山重忠も、この時は未だ少年でしかも初陣である。血気は壮であっても、判断力や戦の駆引は未熟である。あのように敵が湧くがごとく押し寄せたら、逆に包囲されて全滅してしまうと思った。

小次郎義茂大奮戦

重忠ばかりではない、緒戦から不意討ちを食って受け身であった畠山勢は、浮き足立って稲瀬川の陣の方に後退し始める。これを見て顳顬の青筋が破裂せんばかりに怒った綴党の棟梁の綴太郎・弟の次郎、共に重忠の前に来て、

「このように主人を放って置いて、どしどし退却するようでは秩父平氏武蔵党の恥でござる。これはあの和田の小次郎と申す小伜を討取れば敵もくじけ、味方も振い立つと存ずるなれば、それがし一騎討の勝負を敵前で仕り、その首とって参らんと存ずる。」

と言い捨てて、太郎は馬に諸角入れて乗り出した。綴太郎というのは、八十人力と自負し、関東では無

双の相撲の名手。四十八手を巧みに使い分け、したがって組打には自信のある豪傑。

和田小次郎義茂は、両軍が間隔置いての矢軍が一進一退しているのを、波打際で海を背にして「あら面白や」と眺めている。どちらかが楯を外して突撃したら懸ろうと、馬上で弓杖ついていたが、ふと左を見ると大男が馬で近付いて来る。

「和君は誰ぞ。名を名乗れ。」

と澄んだ眸を向ける。綴太郎は近付いて見て驚いた。先ほどあれほど見事に暴れ廻った武者であるから、さぞかし年相応の荒武者かと思っていたが、眉庇の下の顔は未だ紅顔の美少年である。

「吾こそは武蔵国の住人。綴の太郎と申す者。畠山殿に仕えていまだ合戦に遅れをとったことなき者。良き相手と見奉る。いざ。」

相手が聞こえた三浦の御曹司と思えばこそ鄭重な名乗りをあげたのに、義茂は冷笑して、

「そちの主人畠山殿が参ったなれば相手も致そうが、汝がごとき郎党を相手に致すつもりはない。退れッ。」

今度は綴太郎が笑って、

「これは和田殿とも覚えぬ言葉。源平互に世に聞こえたる数々の戦あれど、郎党だとて大将に勝負せぬというためしは無し。郎党と侮るなればこの矢立つか立たぬか受けて見られよ。」

と箙から平根つけた大の中差の矢抜いて弓に番えると、馬を駆けらせて来る。これで射られたらどんな堅甲でもひとたまりもあるまいと咄嗟に考えた義茂、

「なるほど。そちの申し条もっともなり。相手になってつかわすが、吾ほどの者を遠矢（とおや）にかけるのは豪の者の致すところではあるまい。近く寄って組打ちせい。」

もう少しで矢を放つところであったが、これを聞いた綴太郎、髭面（づら）ほころばせて弓をゆるめた。おれの相撲上手と力量を知らぬから組打ちせんとは、もう首をもらったも同然と、

「おう。望むところ。」

と答えて弓矢を渚に捨てて近寄る。義茂もこれを見て砂地に弓を捨てる。

馬上の組討ちは、馬を並馬してから始まる。鐙（あぶみ）と鐙が衝突（ぶっかっ）て二三度蹴合ったかと見る間に、二人はガッシと組むが、二人共鞍壺に腰を沈めて引き合う。腰を浮かしたら引き込まれる。綴太郎は少年の力が強いのに意外と思ったが、何しろ八十人力と自慢する強力。捻（ひね）り倒そうとするが、義茂はするりと抜けては握（つか）みかかる。揉み合っていたが組んだまま二人は両馬の間へ噇（どう）と落ちた。綴太郎は手練（てだれ）の者。転（ころ）ぶことなく砂地に踏張り立つが、義茂も綴にまとわりついているので転ばない。

「小癪（こしゃく）な奴」と綴は上から押し潰すように力を籠めると、義茂は身軽に体をかわして潜り抜けるように腰に抱きつき、逆に押し倒そうとする。しかし綴は相撲（すもう）上手であるから、片手を廻して義茂の上帯（うわおび）握んで引き寄せ内搦（うちがら）みにするが、何回かけても抜けてしまう。やむをえず大渡しに挑ねるが、どうしたことか足早に立ち廻るので利かない。外搦（そとがら）みもかわされて、力を籠めるたびに息が荒くなり労（つか）れて来た。

ガッシリ四ツに組んだら絶対倒せるはずであるが、相手が素早くて技がかからぬ。真赤になって力を籠めるほどその力を活用されそうで、汗が目に浸（し）み、熱風のような息をした瞬間、義茂が相手の力を利

用しつつその方に内搦みをかけたので、捻(ねじ)れるように前にのめって、小岩に足をとられて砂地に顔を突込むように倒れた。

すかさず義茂が背中に乗しかかり、左腕を踏みつけ、左手で綴の兜の眉庇(まびさし)握んで仰向きに引き上げると、いつ抜いたか右手の腰刀がキラッと太陽に輝いた時には、噴出する血潮の中に綴の首は兜ごと離れた。腰刀を口にくわえて、首を持ち直すと兜は落ちてころがる。無念の形相の綴の首を傍の小岩の上に置くと、流石(さすが)に労れたらしく、綴の骸(むくろ)に腰打ちおろして呼吸を整える。

綴太郎が義茂に近付いて行った時から、両軍ともこれに注目していた。敵味方の中央での晴れの舞台である。哀れ義茂も綴には簡単に組み敷かれて首を獲(あ)げられるぞよと畠山方も思ったし、三浦方も義茂危なしとはらはらしていた。そのため両軍とも注目してしばし叫喚・矢唸りが止んで、寄せては返す波の音が時を刻むように響いていた。

三浦勢からどっと喚声が上ると、義茂はやおら立ち上って、落馬した時のままにそこに立ち留っている自分の馬に寄り、鞍の四方手(しおで)に綴太郎の首の髪を結び付け、弓を拾って乗馬すると、馬首を畠山勢の方に向け、

「やあやあ。武蔵党にて武勇を誇りつる綴の太郎を討ちとったり。我と思わん者は参られい。相手するぞ。」

と叫んだ。綴太郎の弟の五郎は、最前よりこれを眺めていたが、ことの意外さに真赤になって怒り、

「退(ど)け。」

と味方の楯を押し開かせて馬を走らせると、

「綴の五郎。兄の仇。見参せん。」

と矢を番えた弓を左手に高くあげて迫る。

五郎も兄に劣らぬ力自慢であることは有名であるから、これに射られたらひとたまりもない。

義茂はその方をキッと見て、

「その方が綴の弟なるか。汝の兄は東国一の豪傑じゃ。わしは辛うじて勝ったがもう力を出しきって汝と戦う力もない。汝に討たれてやるから、近寄ってわが首とって高名せい。」

と言えば、綴五郎、得たりや応と弓を捨て馬を馳せ寄せ、義茂にむんずと組み、ゆらゆら揉み合っていたが、また馬と馬の間に嘡と落ちた。五郎は兄に劣らぬ相撲上手の剛力であるが、少年の義茂にいかなる技があるのか、落ちる時すでに五郎の上に重っており、地上で組敷いたと見えた時には腰刀がきらめいて、五郎の首は血飛沫の中に離れる。石火の早業。鮮やかとも惨美ともいいようがない。

しかし強力の敵二人を斃したのであるから、義茂も疲労が甚だしい。砂地に突き出た岩に腰をおろして、足元を波に洗わせながら肩で荒い息をして、しばし無心の態でいると、畠山の陣の楯のうしろで片唾飲んで見ていた綴太郎の一子小太郎が、鐙に両角入れてパッと馳せ出し、

「綴小太郎。父・叔父の仇。覚悟ッ。」

と砂を蹴立てて三段ばかり（約三〇メートルほど）の所から犬追物射のように兵と射る。避ける隙なく立ち上りかけた義茂の鎧の胸板に当った矢は、篦先砕けて挑ね返り落ちて波がさらって行く。もう少しで咽喉を貫くと

ころであった。続いて二の矢が来るのは必定。立ち上れば的が大きくなるから、咄嗟に中腰になって草摺で脚部を隠し、射向（左）の袖を前に、兜をうつむけにして、䩏で顔をかくして、いかにも苦しげに、

「親の仇とて掛って参るは殊勝の至り。他人の手で我を討たば汝の恥なるぞ。討たれて遣すから早く寄って参れ。されど汝の弓勢にて遠矢では我が鎧を貫くことはできぬ。近うよって我が首を討て。」

というさまは、本当に疲労困憊して力尽き果てた様子。綴小太郎は今しも二の矢を切って放とうとしていたが、これを聞くと引き絞った弓を緩め、手綱掻い繰ると馬を留めて飛び下りざまに弓打ち捨てて走り寄り、俯向いて岩に腰下している義茂の兜をしたたか斬りさげた。兜は割れなかったが、義茂は脳震盪を起こしそうなのを堪えつつ、サッと立ち上ると相手に衝突ように押え込み、また右手の腰刀が閃くと、小太郎の兜は首を納めたまま波打際に落ち、血を噴出した胴は倒れて、手足が痙攣する。鬼神の働き、見る者ことごとく白日夢を見るごとく、呆然として声を出すものもなく波の音ばかり。飛んで来る矢もなく、まるで戦を中止したごとくである。

義茂のまわりには首無武者の骸が三体、眩しい日の光に曝され、砂地に浸み出た血は黒々と拡って海風すら腥い。義茂は次郎の首を馬の取付に結びつけ、小太郎の首を、小太郎の持っていた太刀の先に貫き、馬に乗るとそれを高々と差し上げて、

「いまここに畠山の陣前にて、名ある敵三騎を討ったる剛の者は誰ぞと思うらん。名乗ってつかわすから遠からん者は音にも聞き近からん者は目にて見よ。われこそは桓武天皇の苗裔高望王より十一代、王氏を出でて遠からざる三浦大介義明が孫。杉本太郎義宗が子の和田小次郎義茂、生年十七歳な

るぞ。我と思わん者は大将も郎党とてもさしつかえなし。寄って来れよ相手せん。」

と朗々と呼びかける。十七歳の少年が、これほど剛勇の戦上手とは誰も思わなかったであろう。

往古の武家の少年は、十五歳前後でも戦争に赴けば、大人に互して少しもひけを取らない武勇を示している。源義朝の長男、鎌倉の悪源太義平は十六歳で叔父の帯刀先生（たてわきのせんじょう）義賢を討っているし、源頼朝は十三歳で戦っている。その祖父八幡太郎義家も、十八歳の時の前九年の役で奥羽中に勇名を馳せた武将である。

重忠激怒と停戦

畠山勢の大将重忠は、この時義茂と同年。初陣とはいえ秩父平氏の名門、武勇を誇る家柄であるから、同じ年齢の義茂に豪勇の部下を一騎打で次々と討たれては引っ込んでいられない。壮年になってからは沈着冷静にして智・仁・勇の名将といわれた重忠も、義茂に劣らぬ勇ましい少年であるからカッとなって、

「おのれッ。三浦の義茂。わしが相手になってやる。」

とまなじり決して馬を乗り出そうとした。楯押しのけさせてはるかの義茂に向い、

「やあ我こそは、和殿が名乗られしと同じ先祖、高望王の後胤、秩父十郎重弘が三代の孫、畠山庄司次郎重忠。幼名氏王。和殿と同じ十七歳。戦は今日が初めなるも、その誇らし気なる和田小次郎殿こそ良き相手と存ずる。いで勝負仕（つかまつ）らん。駆け合わせよや。」

と叫んで駆け出そうとしたので、本田次郎近恒が慌てて馬前に立ちはだかると轡（くつわ）を押えて、

「若殿ッ。いくさ場で生命を惜しまぬにも時と場合がござる。まして三浦は当家と一門。僅細（ささい）の行き

違いからかかる合戦となりたれど、本来は意趣無き間柄。大将同士が戦っては戦が益々大きくなるばかり。一門同士がこれ以上無益の戦をして、互に多くの死傷者を出すことは避けねばなりませぬ。それがしがこの合戦を納めさせますれば、ひとまず御引き下されい。」

と諌めるが、興奮した重忠は顔面蒼白にして目を引きつらせ、馬に鞭打ち、

「離せ。近恒。戦を仕掛けしは三浦からじゃ。吾が郎党を多く討たせ、その上あの和田小次郎が広言。許すわけには参らぬ。退け。離せッ。」

と叫ぶが、本田近恒も必死である。

両軍相当死傷者が出ているうえに、ここで大将同士一騎打させては、どちらに取っても良くない。手違いからとはいえ、源氏に応じた三浦とは一応戦ったのであるから、京都の平家には形なりの面目が立つ。互の被害が増大せぬうちに、ここら辺が手の打ち所である。畠山方としては少々歩の悪い合戦であったが、今停戦に持ち込めば面目も立つ。

二人が揉み合っているところへ、鐙摺から駆けつけた三浦義澄勢が前進して来て鏃をそろえて射込んで来た。

その矢の一つが重忠の馬の胸懸の外れに射込まれ、鞦の組違いの傍から鏃が白く出るほどに貫いたので、馬は竿立ちになって暴れ、よろめいたがやがて屏風倒しのように斃れる。

重忠は母衣を翻して飛び下り、いよいよ怒って徒歩立のまま太刀の柄に手をかけて走ろうとしたので、半沢成清が馬より飛んで降りて重忠に抱きつき、

「若殿、吾が馬に……」

と自分の馬の方に押しやる。重忠がその馬に乗った途端に、成清は面懸(おもがい)握ってぐるりと向きを替え、馬の尻を叩けば、馬は稲瀬川に乗り入れ、成清に目で合図された郎党が心得て後を追う。

「成清。何をする。」

と重忠が振り向いたが、馬の口取った郎従はぐいぐい川を渡って西走する。これで重忠と義茂の決戦は避けたことになるが、重忠にとっては危機(ピンチ)であったことは確かである。『源平盛衰記』は、

「弓取りはよき郎党を持つべかりけり。半沢無かりければあぶなかりける畠山なり。」

と半沢成清の行為を褒めている。半沢成清と本田近恒は、飛来する矢の中を大手を拡げて楯の間から走り出し、

「やあやあ。三浦の方々に物申す。この合戦意趣を含みて始まりしものに非ず。ことの善悪互に了承して和解したるも手違いより戦(いくさ)となりたり。これ以上互に無益の戦して無駄死出すは詮なきこと。ここらで互に兵を引いては如何(いかが)であろうか。そちらにて矢を納めなば当方も答(とう)の矢を射返すまじ。双方共にこの場を引き分けと致さん。」

と叫んで臆せずに進めば、三浦勢も二人に矢を射かけることもなく、互にざわめきながら矢は次第に収って行った。三浦義澄も近付いて来る二人に感心して、

「まことに無益の殺し合い。もとより望んで戦したにはあらず。そちらが戦を好まぬとあれば強いて戦う必要はござらぬ。その方らの申し条は、その主人が申したことと受け取ったり。意趣を含まぬと

あればこれにて相引きに致すであろう。」

と返事をし、

「物共、矢を納めい。」

と下知をする。

これでようよう停戦となったが、三浦方では多々良三郎重春とその郎従十数人と石井五郎ら名ある者が生命を殞し、怪俄人も多い。畠山方は綴兄弟息子の他に五十騎ほど死んだ。わずかの間に、双方約一割の戦死者が出ているからなかなかの激戦である。

三浦勢は本拠の三浦へ、畠山勢は武蔵へ引き上げる。

後日譚　しかし、これに意趣を含んだわけではないが、数日後に畠山重忠は河越又太郎・江戸太郎らと共に金子・村山・山口・児玉・横山・丹・綴党を糾合して、三千余騎で三浦党の本拠衣笠城へ押し寄せたのは、やはり平家に対する面目が立たなかったからである。

頼朝の生死不明のまま、孤立した衣笠城は苦戦で、重忠の外祖父に当る三浦大介義明は討死、一族は舟で安房へ逃れた。ところが真鶴(まなづる)から安房へ逃れた源頼朝は、馳せ参じた旧臣に擁されて武蔵へ進出すると、畠山重忠達の立場は逆転する。重忠は直ちに頼朝に帰服する志を明らかにして、土肥実平・千葉常胤らの推挙によって許され、先陣を勤めて鎌倉に入った。以降頼朝の命で各地に勇戦して武名を上げ、幕府でも声望ある重臣として重んじられたが、三浦と戦い義明を自滅させたことなどから三浦一族とは仲が良くなかった。

幕府内での席順では、左の席の一臈（一番目の上席）が畠山重忠、右の席の一臈が和田義盛であったので、これに憤慨した義盛は、

「畠山は由比ケ浜合戦の時に降参といったから、こちらも兵を退いてやったのである。降参したものが左の（日本では左が上である）一臈になり、勝ったわしが右の一臈になっているのは不届きじゃ。」

といった。重忠もむッとして、

「わしは降参した覚えはないぞ。家来が何と言ったか知らぬが、和平となって双方引いたまでじゃ。言いがかりもはなはだしい。」

といったことが『源平盛衰記』に記されている。

＊　＊

稲瀬川の和田・畠山合戦を知る人は少ない。また鎌倉から三浦へ抜ける小坪峠や鐙摺は、このあたりの名称として残っているが、確定的に此処であるという指摘はできない。三浦氏の出城であったという住吉城の脇の下を、国道一三四号線が隧道となって逗子市へ通じているので、今は山越えする人もいない。しかし地理的に勘案すると、どうもこのあたりから光明寺の裏山に登る方角らしい。

今この裏山から西の方を見ると、下に由比ケ浜が弧をなして続き、一と区切りのように稲村ケ崎が切通しの白々とした肌を見せて突出ている。その後に続く七里ケ浜の延びた先の左に森の小山のごとき江の島が浮かび、模糊とした海の先に紫紺に煙る山並みが伊豆半島から北へ伸び、白雪に輝く富士の霊峰がひときわ秀麗の山容を見せてまさに絶景である。三浦義澄・和田兄弟達の三百余騎が、小坪峠に登り

きって振返ったときもこれと同じ風景であったたであろう。ただしまだ幕府の開かれる以前であるから、右手の鎌倉の街並も、八幡宮に通じる若宮大路も、まして車の往来激しい白々とした国道も無く、当時は所々に松原、雑木林が散在し、あとは葦原と海岸べりの砂浜が荒涼とし、滑川と稲瀬川が砂地を割って二筋、日にきらめいて注いでいたのみであろう。

現在の稲瀬川も名のみの小川であり、このあたりの砂浜は散策する人や、夏は海水浴で賑わい、舗装道路に狭められた地域となって昔をしのぶよすがもない。昔と変らぬのは寄せては返す潮騒の音のみである。

由比ケ浜・稲村ケ崎遠望　光明寺（手前の屋根）裏山から

建仁三年（一二〇三）九月二日

比企小御所合戦
―比企一族の滅亡―

比企一族の台頭

正治元年（一一九九）征夷大将軍源頼朝が薨じてから、鎌倉幕府の実権を一手に握った北条時政とその子義時は、勢力拡張にその爪牙を次第に露骨に現して来たが、当面の強敵は二代将軍頼家の舅に当る比企能員とその一族であった。

源頼朝の乳母は比企禅尼で、妻は北条時政の女である。二代将軍頼家の乳母は比企禅尼の女で比企能員の妻である。そして能員の女は頼家の妾若狭局で、一子一幡を生んでいる。

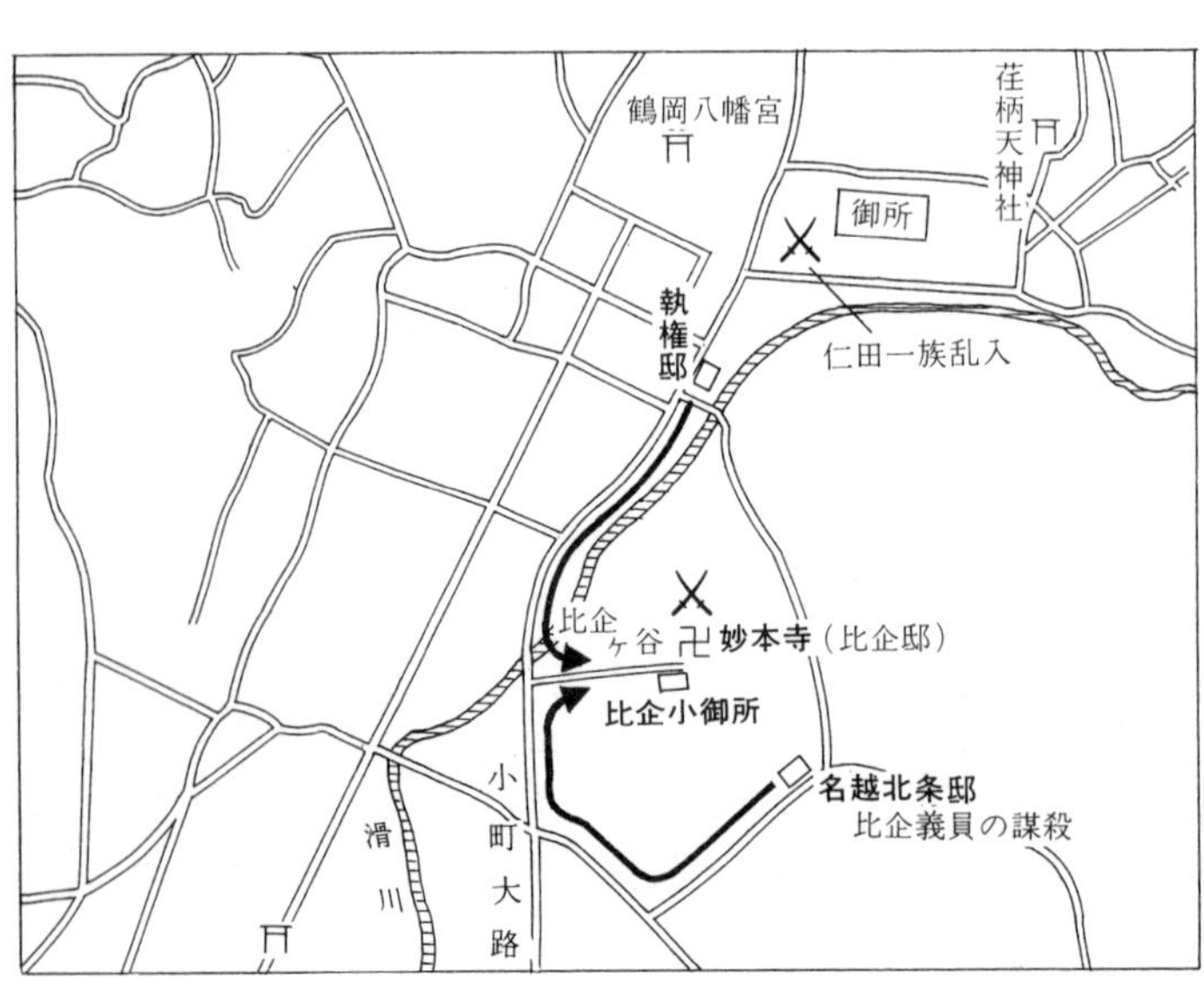

時政は頼朝の舅に当り、能員は頼家の舅に当るが、比企氏は頼朝・頼家二代の乳母を勤めている。頼家の代になれば、比企氏の勢力が北条氏に替るはずであるが、時政は矍鑠(かくしゃく)としており、また前将軍の妻が尼将軍と称せられるほどの実権を握っているのであるから、当然二勢力は衝突(ぶつかり)合わねばならぬ運命を持っていた。

比企家は武蔵国比企郡より興(おこ)った豪族で、古くより源氏に臣従し、少領掃部允(しょうりょうかもんのすけ)のときにその妻は源頼朝の乳母を勤め、頼朝が十四歳で伊豆に流されてから二十一年間も仕送りして給養に努め、剃髪して比企の禅尼といわれていた。能員は禅尼の養子で藤四郎といい、阿波国（徳島県）の人といわれる。治承四年（一一八〇）頼朝挙兵以来その幕下に馳せ参じ、寿永三年（一一八四）には木曽義仲の残党を信濃国（長野県）に討ち、ついで源範頼に従って平家を攻め、文治五年（一一八九）の頼朝の奥州征伐には北陸道軍の将として転戦、翌六年二月（四月改元して建久元年）には出羽国（秋田県）の大河兼任の乱に東山道軍の将として鎮定に当った。

頼朝の信任すこぶる厚かったので、右衛門尉検非違使(うえもんのじょうけびいし)に任ぜられた。正治元年（一一九九）四月には北条時政・義時・大江広元・三善善信・三浦義澄・和田義盛等の元勲と共に幕府の重要審議の要職に選ばれ、十二月には北条氏と謀って、重臣の梶原景時を逐って自滅させた。

頼朝に溺愛されて育った二代将軍頼家は浅慮で、我儘(わがまま)の性格であったから、外戚となった能員がその勢力を浸透させるには好都合であったが、幕府内でこれを憂える一部の重臣もあった。特に頼家の生みの親北条政子はその将来を危ぶみ、北条一族の目には比企氏一族の映像が苦々しく見えていた。

建仁三年（一二〇三）秋八月、頼家が重病に患ったので、政子をはじめとする幕府の重職などが比企能員欠席の場で相談して、五畿内・東海・東山二十八カ国の地頭職と総守護職の掌握を六歳になる頼家の子一幡に、北陸・山陰・山陽・南海・四海三十八カ国の地頭職の掌握を頼家の弟で十二歳になる千幡（後の三代将軍実朝）に与え分割することにした。頼家の擁護者である比企能員がこれを知って、北条時政父子娘の専断として怒った。

北条追討の密謀露顕　頼家は飾り物にも等しい将軍であり、瀕死の病人ではあるが、未だ将軍職を辞任することを承服したわけではないから、形式的にも決裁権はあり、能員は女の若狭局を通じて北条氏の不当を訴え北条氏追討の命を得ようとした。これが比企氏の滅亡する発端となった。『吾妻鏡』はこの経過を、幕府に都合良いように体裁よく書いているが、比較的克明に記録しているので、日を追ってこれを記してみよう。

九月大　一日　丙寅

将軍家（頼家のこと）御病悩のことがあって、病気平癒の祈禱や治療が行われたが、その験が見られず、鎌倉中の人々が大いに憂え、諸国の御家人もこれを知って続々と参集し、将軍家内の揉めごともこれより発し、幕府の安否も危ぶまれるのではないかと心配する者もあった。

二日　丁卯

今朝、廷尉（比企能員の官職を唐名でいう）が、頼家の愛妾若狭局を通じて北条氏追討を病床の頼家に訴えたという文から始まって、この日一日で比企氏一族が滅亡せしめられたことが記されている。

若狭局の訴えで、病床に呻吟する頼家は驚いた。早速比企能員を召してことの次第を聞く。将軍とは名のみでほとんど実権は母と北条一族に握られ、あらゆる自分の意見が押えられている立場から、気鬱になって病を発したのであるから、頼家は能員の言上に一も二もなく即応し、まず北条氏を誅伐せよということになった。

しかし、この密謀は、どういう訳か障子を距てた隣室の母政子に聞かれていた。頼家は熱にうかされていたような状態であったろうから、隣室で政子が聞いていたとは気が付かなかったであろうが、能員としても迂闊(うかつ)である。

障子を通す明りに政子の頬は痙攣(けいれん)するほど蒼ざめたが、機敏に頭の働く女性だけあって、むしろ比企一族を滅ぼし、頼家を幽閉する良き機会ができたと即座に頭脳を働かせたと思われる。滑るように自分の部屋に戻ると、出仕して殿中にいるはずの父時政を呼びに女房を走らせた。しかし、時政はその日は仏事があるために名越の屋敷へ戻ったという。そこで政子は能員の陰謀の委細を細々と手紙に認(したた)めて、美女（殿中で召使う下輩の女の称）を使として時政のもとに届けさせることにした。

時政一行は他へ寄り道していたのか、御所からさほど遠くない所で使者と逢った。美女が政子の書を捧げると、時政は急いで馬より下りてそれを受けとった。自分の娘でも前将軍の御台所(みだいどころ)であるから君臣の礼は尽さねばならない。うやうやしく一礼してから披(ひら)いて読んでいるうちに顔がこわばり、やがてはらはらと落涙した。頼家・能員の浅ましい企てに呆れて涙が出たのか、政子の機転に感激して泣いたのかわからないが、美女を返すと静かに馬を乗り歩ませながら、しばし思案した。

「しめた。比企一族をこの際一挙に亡してしまう口実ができた。」

と思ったのに違いない。討つための武士団の動員法、襲撃法などを考え、また討つことの大義名分や、情況上止むを得ず討たざるを得なかったのだという弁解めいた理由を考えていたのであろう。その証拠には仏事の準備（薬師如来供養）のため早々に殿中を退出したにもかかわらず、わざわざ大江広元の邸を尋ねて、その意見賛同を得ようとしている。大江広元の邸は、『吾妻鏡』に御所の近辺とあって現在ではその跡は明瞭でないが、東御門から荏柄天神の間あたりと思われる。

広元は智恵者ではあるが、慎重派の文治派。

「事を誤ると鎌倉はおろか日本中が争乱の大騒動となるおそれがござる。よくよく賢慮召されよ。」

と曖昧に答えたので、時政はその場はおとなしく去ったが、荏柄天神の社前に来た時は、「誰が何と言おうと比企一族は滅ぼさねばならない。陰謀の真偽は問題ではない。この機会を逸したら逆にこちらが滅ぼされる事になるかも知れない」と方針が固まった。

天神の社前を過ぎると、供についていた天野民部入道蓮景と新（仁）田四郎忠常に向って、

「比企殿謀反を企てたる科により、今日追討すべし。おのおのに討手を命じる。」

といった。天野民部入道は北条氏に迎合する男、仁田四郎は、伊豆国仁田（現在の函南町のあたり）の武士であるから、仁田が正しく上州新田とは別である。建久四年（一一九三）五月二十七日、頼朝の富士の巻狩で荒れ狂う大猪を仕留めて有名になった豪傑であるが、根が単純で思慮が浅い。北条氏に諂って

功名揚げるはこの時とばかり、

「いまここで軍兵を集め合って合戦致したら鎌倉中が大騒動となり、諸国も混乱致すであろうから大軍で攻めることは良策とは存じ申さぬ。それより能員めを何か御用に事寄せて御邸に召して捕えて殺した方が簡単でござる。何のあのような老耄の一人や二人、手易く仕留めて御覧に入れ申す。能員死したりと知りなば、比企一族も力を落して無駄な抵抗は致すまい。もし抵抗致さば鎌倉に居る御家人達だけで比企を滅すことは容易でござる。」

と強気のことをいう。頭が軽い者としてはなかなかの名案であるので、この方針にきまった。

比企能員の謀殺　能員を呼び寄せる口実は、尼御台政子が結縁のために葉上律師を導師として薬師如来供養を行うので、将軍家の縁戚として是非とも列座されたく、また頼家の病気平癒祈願もあり、加えて雑事も談じたいからというものであった。この使者には工藤五郎が立った。鄭重な口上であるが、急の招きであり、異様の予感がしたので能員の子息与一兵衛尉や家族達が、

「北条側にただならぬ計画がある噂を耳にしているから、何も急な招きに応じることはない。」

としきりに留めたが、

「何、心配致すな。内々の身内じゃからと特に法事に招いたのじゃ。」

とたかをくくっている。

「それでは万一の時のために甲冑着て弓矢持たせた郎従を召し連れられては。」

「何を申すか。そうした行装で行ったら反って人に疑われる。わしが甲冑武者を供に連れたら、鎌倉

中の者が何か騒動でも起きたと騒ぐであろう。そうしたことはよろしくない。また結縁の仏事のためにも、そうしたことは遠慮すべきじゃ。招かれる以上参るのが礼儀。」

とまるで問題にしない。今朝、頼家の前で北条氏の罪悪を陳述し、北条氏討伐の命を受けたのであるから、敵地へ乗り込むようなものであるが、招いてくれるのは密謀が洩れていない証拠と見たのであろう。

北条邸では、万一にも討ち洩らしの無いように万全の手筈を整えている。時政すら甲冑をつけたのであるから、能員が当然用心深く軍兵を連れて来ると思ったのである。

中野四郎と市川別当五郎には箙（えびら）を腰につけさせ、片肌脱いで弓を執（と）らせて小門の両脇に潜（ひそ）ませ、天野民部入道蓮景と仁田四郎忠常は討手役であるから、腹巻つけさせて正殿の西南の脇戸の陰に待機させた。重立ったものがこの扮装（いでたち）であるから、多くの郎従も武装して能員護衛の武者と戦うべき手筈を整えて隠れている。

そればかりか、能員暗殺と同時に比企ケ谷（ひきがやつ）にある能員の邸と頼家の一子一幡君のいる小御所へ一挙に襲撃する計画であるから、鎌倉在住の御家人に非常招集の軍触（いくさぶれ）が廻っていて、小町大路を始めとして各邸が慌だしい気配がして駆ける馬や武者の姿がちらちらしていたはずであるが、これに気が付かなかった能員の油断もはなはだしい。自信過剰の人間ほど、自分の命運を見極めることはできないものである。

能員の到着は大体午後一時頃であったろう。法事とあって平礼（へいらい）の烏帽子に白の水干葛袴（すいかんくずばかま）、黒毛の馬に乗って、供物を持った郎従と馬の口取り、雑色(ぞうしき)を交ぜてわずかに五人。唖然としたのは北条方であったろう。総門の所で供を待たせ、供物捧げた供一人連れて沓脱(くつぬぎ)より上り、廊下を通った所で供は侍所へ、能員は妻戸を潜って北面の奥殿へ。

一歩足を踏み出した瞬間に戸の陰から天野蓮景と仁田忠常が躍りかかって左右の手を押えつけて前へ捻じ伏せる。起き上らんと藻掻くところを、また二人ほどが襲いかかって胸を刺し咽喉を掻き斬ってしまった。もっと激しい抵抗があるものと予期していた時政の郎従は、太刀弓とって廊下を駆け寄る。

比企小御所の戦い

殿中にただならぬ様子と人々の叫び声、廊下を走る気配で、総門に待っていた僮僕郎従(どうぼくろうじゅう)が門内に走り込もうとしたときに、頑丈な厚い扉がギギッと内から閉められたので、「さては」と切歯扼腕(せっしやくわん)したが、主人が当然暗殺されたものと察知して報告すべく駆け戻った。名越の北条邸から比企の館まではさほど遠くはない。報告を受けた比企一族は、予期していた最悪の状態に直面して身体を硬直させて怒った。

すぐに北条方の軍兵が押し寄せるかも知れぬし、来れば受けて立つだけの軍兵と一族恩顧の者に招集をかけて応戦せねばならぬ。北条氏を討つ密命と計画は先ほど父の能員から聞いたばかりで、まだ具体的に準備したわけではないから比企一族はうろたえた。

それよりもまず、若狭局の生んだ若君一幡君の身が危い。比企屋敷より小御所を固めろと、隣の一幡のいる邸へ続々と移り、門を閉(とざ)したが、予(あらかじ)め準備していないから溝を廻らした内側の築地塀(ついちべい)が楯代りである。塀際に丸太を組んで足場とし、縁の板を剥して楯代りとする。ここへ籠ったとて逃れる所もないし、救援の望みはないから決死の場所である。不意に滅亡の刻が迫ったのであるから一同顔を蒼黒ませて覚悟をし憎しみに目ばかりギラギラさせて太刀薙刀の手入れしつつ敵を待っている。

未の刻（午後二時頃）尼御台政子の命で、小御所襲撃の部隊が続々と小町大路からも名越の方からも繰り出し、東に山を背負った比企ケ谷の小御所を包囲した。

包囲軍に加わったのは鎌倉中に邸を持つ錚錚たる御家人達。『吾妻鏡』に「雲霞の如く」と形容されているが、急の軍触であるから、それほど大袈裟な人数でないにしても千や二千は集る。鎌倉の大路小路は意外と狭いから、通りに軍兵が満ち満ちると実数を誤るほど大軍に見える。

攻め手の大将・時政の子の江馬四郎義時をはじめ武蔵守朝政・小山左衛門尉・小山五郎宗政・畠山次郎重忠・榛谷四郎重朝・三浦平六兵衛義村・和田左衛門尉義盛・和田兵衛尉常盛・土肥先次郎惟光ら目ぼしい御家人が、尼御台に忠節を披瀝するのはこの時とばかり、競い合って路次路次にひしめく。

どの勢からともなく、どっと鬨を上げると、それに山彦のごとく諸方の勢が応じ、まず鬨の声で小御所の空を覆う。

続いて各隊の先頭が群るように築地塀に取り付き、梯子が打ちかけられ、争って乗り越えようとすると、内側から狙っていた矢が空気を裂いて飛来し、数人が射当てられて転落するので、当らない者も慌てて梯子から落ちる。

「楯を翳せ。楯を」

と持楯・掻楯を持った武者が再び登り、築地の屋根に据えたり、持ったまま内側へ飛び下りる者もいる。比企方はそれを見て太刀・薙刀をキラメかせて躍りかかる。

比企方の郎党は少ないが、一族では比企三郎・四郎・五郎と嫡子の与一兵衛尉・能員の猶子(ゆうし)の河原田次郎・聟の笠原十郎左衛門尉親景・中山五郎為重・糟屋藤太兵衛尉有季とそれぞれの郎従。建物の広縁に列んで、築地から現れる敵の姿を見ると矢次早に射斃す。それでも、四方から侵入しようとする敵に手は廻り兼ねる。包囲の武者は続々と侵入して来るので、郎従が馳せ寄って太刀打戦となる。

西門の扉は槌矢(かけや)の連打で打ち壊され、どっと喚声を上げて侵入して来る。

「若公(わかぎみ)を守護して奥殿へ行けい。そち達はここで防ぎ矢仕(つかまつ)れ。わしらは斬って出る。」

笠原十郎左衛門尉親景をはじめとして三郎・四郎・五郎ら五・六人が薙刀とって広縁を飛び降りると、馳(はし)り寄って敵数人を斬り倒す。決死であるからすさまじい奮戦振り。この激しい抵抗のために、寄手もいったん後退した。

畠山次郎重忠はそれまで二陣に控えていたが、意外の抵抗振りを見て、

「よし。わしが攻めて見る。」

と手勢を引き連れて破壊された門や、崩れた築地塀からどっと攻め込む。駆引上手の歴戦のつわものであるから、比企方も次第に追いつめられて奥へ後退するが、廊下も床も腕が転がり、首無し屍体が横たわって、走ると血滑りして腥風紛々(せいふうふんぷん)、その惨状目も当てられない。笠原十郎左衛門尉親景は直垂(ひたたれ)も腹巻も蘇芳(すおう)を浴びたように血に染まり、数本刺さった矢を折りかけて、若狭局と一幡のいる奥の一間に来ると、

「もはや是まで。御覚悟のほどを。それがし火を放って参る。」

と言い残して去る。やがて館の諸方から火の手が揚り、折からの西風に煽られて意外に早く火は廻る。黒煙濛々と奥殿を覆い、ごうと火唸りした熱気に寄手は建物に侵入できなくなってしまった。

比企一族は、すっかり火の手の廻った奥殿の火明りの中で、一幡を囲んで次々と自決する。

今朝まで将軍家の外戚として時めいていたのが、日のかげる頃には一族悉く亡び、その殿館すら灰燼となって消えた。

一族が六歳になる頼家の一子一幡を中心として悉く自尽したのに、能員の嫡子与一兵衛尉のみは死ぬことが急に恐ろしくなったのか、女装して青女房と共に紛れ出た。しかし、未だ路次にひしめいている軍兵に見破られて捕えられ、加藤次景廉の手で首を斬られ、無残な醜態を晒した。

鎌倉の空に星がまばたく頃に、小御所を囲む路々に篝（かがり）が焚（た）かれ、火事場跡には鬼火のような燻（くすぶ）り火が明滅しながらやがて鎮火した。

尼御台の使として大岳判官（おおだけほうがん）時親が実検に来たが、もう真暗で松明（たいまつ）を頼りに引きずり出した死骸もよく見定められないまま翌日に持ち越された。

その夜の内に比企一族と関係ある御家人の探索が始まり、まず能員の舅の渋川刑部丞が襲われ、殺された。

翌三日

早朝から比企一族の縁類与党と目される者への検索が始まり、一日中騎馬武者雑兵が鎌倉中を走り廻り、縄付の武士が次々と幕府に引かれて行った。

比企党類の一掃

一幡君は一類と共に焼死体となっていることは間違いないが、逆賊の死骸と一緒には扱えないので、大輔房源性が焼跡に入って探したが、累々たる死骸の中のどれが一幡君であるかわからない。昨日捕えておいた乳母を詰問すると、若公（ぎみ）は枝菊模様の染付小袖を着ていたという。そこでさらに探すと大人の死骸の下に小児らしい死骸があり、その右脇下にわずか一寸（約三センチ）四方くらいの小袖の残片らしきものがあり、焦げて変色しながらも菊模様が微かに見えた。源性坊はこれこそ若公と涙ながらにその骨を拾って壷に納め、布に包んで首から胸にかけて、そのまま高野山奥の院に納めるべく出発した。

一説では、妙本寺仁王門傍の一幡袖塚は、この袖の残片と骨を埋めた所で、妙本寺境内が比企能員の第跡（ていあと）であるといわれる。

四日　己巳

比企能員の外祖縁類の小笠原弥太郎・中野五郎・細野兵衛尉らが召喚されて獄屋に入れられた。

妙本寺　大町一丁目。この合戦のとき、能員の末子、後の比企大学三郎能本は二歳であったので、家臣が抱いて逃げたのか辛くも助かり、長じて順徳天皇に仕え、鎌倉に戻ってからは父一族百余人の霊を弔うために妙本寺を建て、日蓮上人の弟子の日朗を開山に迎えたという寺である。長興山妙本寺の長興は能員、妙本は能員の妻の法号であるといわれている。この寺の祖師堂の右の山の麓に銀杏樹（いちょう）の朽株がある。その内の小塔は、「比企一門打死亡霊塚」といわれている。

島津左衛門尉忠久も能員と縁戚関係があったために、大隅国・薩摩国・日向国の所領を没収された。与類の処断は厳しく、末端まで検索され比企関係者は一掃された。これで幕府の実権はほとんど北条氏が握るところとなった。この機会を利用しての血の粛正は、まだ二・三日続く。

五日　庚午

仁田忠常誅滅

あれほどなおる見込なしと思われた将軍頼家の病気が、皮肉にもこの日になって、やや小康状態となって床から上体を起こした。そして数日前からの騒動をしつこく側近に尋ねた。鎌倉中を騒がしての合戦であるから、隠せるものではない。頼家はおぼろ気ながら真相を知った。将軍職を辞めさせ、廃嫡にも等しい決断を下そうとしている矢先であるから、尼御台が打撃を与えるためにわざと真相を聞かせたかも知れぬ。

後見人として頼家を支持してくれる比企一門と最愛の一子とを一度に失ったのであるから、頼家の怒りは凄じい。病気は小康を得たといっても、怒りが肉体を緊張させただけのことで、鬱憤と悲歎は真黒く頭の上にのしかかった。生母をはじめとして周りはすべて敵である。そして今は自分の存在すら危ぶまれる窮地である。頼家は捨て鉢になって激怒した。憎いのは北条一門であるが、その元凶は外祖父時政である。不倶戴天（ふぐたいてん）の仇敵とはこの男で、どうあっても滅さねばならぬ。逆上して常軌を逸してしまった頼家は、もう前後の見境いもない。和田義盛と仁田忠常に命じて時政を討伐せしめようと、御教書（みきょうしょ）を書いて堀藤次親家を使に出した。

時政に諂（へつら）って能員を暗殺し、小御所攻略に勇戦した仁田四郎忠常は、これは何としたことか、将軍の御教書を受けると感激して簡単に乗ってしまった。始末におえない武士である。堀藤次は続いて和田義盛に逢ったが、義盛は慎重派で先の見通しが利く。「このような企てもっての外」と堀藤次を捕え、謀反の内容を訊問（じんもん）した上で工藤小次郎行光に首を刎ねさせ、御教書は時政の所に届けられた。

二日の陰謀は御台政子の盗み聞きであるから確かな証拠とはいえず、でっち上げと疑われても仕方がないが、今度は将軍直々の御教書であり、将軍謀反の確証である。病悩孤立して錯乱した状態であったとはいえ、頼家としては大変拙劣な行為であったといえる。

また和田義盛も、幕府の重臣として一臈の座につくほどの立場でありながら、内心快く思っていない時政にこれほどまでに誠意を尽さねばならなかったのであろうか。侍所の別当として全国御家人の兵馬の権を管掌する義盛が、頼家という旗印を戴いて北条氏討伐に立ったら、これに呼応する御家人も多かったに違いない。後の建暦三年（一二一三）、北条氏に屈辱を受けてから反乱に踏みきって滅亡する結果もまぬがれたと思われるのに、この時は北条氏に忠誠を誓うがごとき行為である。

六日　辛未

老獪な時政は、能員を討ち、小御所合戦で働いたことに対して、賞詞と犒（ねぎら）いの席を設けたいので夜分に来邸ありたいと仁田忠常に使を出した。

忠常は単純な男である。当然、警戒するべきなのに、のこのこと時政邸に伺候した。あるいは、時政は自分を信用してくれている、敵の邸の様子を窺うには良い機会であり、挙兵するまでは相手に従っているように見せかけて油断させるのも一法である、と思ったのかもしれない。

忠常の僮僕は時政邸の門前で傍の木に馬を繋いで待っていたが、二刻ほど（約四時間）経っても主人はなかなか退出しない。待ちくたびれて膝をかかえ暗い夜空を眺めて行るうちに、疑惑がふっと横切った。主人は殺されているかも知れぬ。退出するのがあまりにも遅すぎる、疑いの雲がますます拡がり、もうじっとしていられない。門内に入ろうとすると、警衛の武士が「入ってはいかん」と睨めつけた。

「やはり、主人を取り込めて殺そうとしているのだ。いやもう殺してしまったかも知れぬ。知らせなくては。」

突嗟にそう判断すると、僮僕は忠常の馬に飛び乗って小町大路の仁田館へ戻った。館でも、五郎・六郎はじめ一族が、兄忠常の帰りが遅いのを案じていた。僮僕の推量交りの報告を聞いて、

「北条におびき寄せられて兄者は暗殺されたのだ。」

「おのれッ、時政メッ。腹黒い卑劣なことばかりやりおって。さんざん仁田を利用して今度は滅ぼすつもりか。」

「怪しからん。時政の倅江馬殿（義時）の邸へ押しかけろ。」

「場合によっては江馬殿を叩っ斬ってしまえ。」

にわかに騒がしくなって、早や五・六騎は小町大路に飛び出す。徒歩を交えた一団が夜闇を衝いて小町大路北端の江馬四郎の邸へ向い、門を荒々しく叩く。

紙燭をとった門番がようやく姿を現し、「主人は未だ御所から戻らぬ」というと、「それ御所へ行け」とまた走る。頼家に加担した陰謀が発覚したからには先手を打って襲撃し、将軍を護衛して北条一族の

誰でも殺し、義兵であることを御家人共に明示せねばならぬ。江馬四郎の邸の様子からも兵を集めた気配は無いから、御所も兵力はあるまい。御所を占拠することが先決と激昂した一団はどっと御所に乱入し、見境いなく矢を乱射して威嚇した。

「何奴か。気の狂った奴原が侵入したか。」

「比企の残党が攻めて来たのか。」

と未だ退出していなかった御家人や宿直の武士達は呆れながら直ちに応戦したが、江馬四郎は早くも悟って、

「それ防げ者ども。将軍家の御側の護りを固めよ。」

と指図した。

仁田五郎達は侵入したものの、御所内の様子には暗い。将軍の寝所も御台の部屋もわからぬ。徒らに数多くの間を駆け廻っては、隠れ待ち構えた御所方の侍に次第に討ちとられ、五郎はさしたる働きもしないうちに、波多野次郎忠綱に首を討たれてしまった。六郎は雷神のように暴れ廻ったが、労れて台所に馳せ入り水を呑んでいるところを囲まれた。「もはやこれまで」と、傍にあった灯台の皿を掴んで投げつけたから、火がついて、やがて一面焔に囲まれてその中で自殺した。

ところで、火災の起こる少し前、仁田四郎忠常は振舞酒と数多くの肴にすっかり酔って、良い気持になって名越の北条邸を辞していた。門前に馬も舎人もいない。「仕様のない奴だ」と舌打ちしたが、酔った頬に夜気は快よく、自邸までそう遠くもないので歩いて戻ることにした。時政が気嫌良くもてな

してくれたことは、大事の謀事がまだ知られていないのだと思ったかもしれない。酔眼に北の空を見ると微かに赤いし、気が付くと人々が慌しく駆け抜けて行く。のんきに、

「何処か火事か。」

とつぶやいたが、御所の方角と悟ると、ハッとして急ぎ我が邸へ駆け込んだ。出迎えの侍もなく暗い中から女童が出て来た。

「皆、何処ぞへ参ったのじゃ、門も開け放しのまま、火事を見に行くとは怪しからぬ奴原、五郎・六郎はどうした。」

と腹を立てると、震え声で雑仕が、

「殿様が北条館で御討たれなされたと聞いて、五郎様・六郎様はじめ下部に致るまで、皆で江馬様のお邸や御所へ斬り込みに行かれました。」

という。これを聞いて忠常の方が吃驚して、

「何、わしが討たれたと。失策った。かくなる上は…」

と、残っていた馬ひき出して裸馬のまま飛び乗って御所の方に馳ったが、もう途中の辻々には警固の武士が固めて篝が焚かれている。

「仁田四郎忠常、罷り通る。」

と威丈高に叫んだ途端に、

「何ッ。」

「討てッ。」

と武者達が群り寄り、

「謀反人仁田四郎。覚悟ッ。」

と太刀・薙刀が閃き、落馬する。加藤次景廉の手で、あっさり首を獲られてしまった。

七日　壬申

頼家無惨

悲運の頼家は亥の刻（午後十時）、ついに尼御台政子の命で落飾させられて将軍職を辞任せしめられた。

十日　乙亥
頼家の弟千幡公が将軍職を継ぐ発表があった。千幡公時に十二歳、三代将軍実朝である。

頼家は病気療養を理由に伊豆国修善寺に幽閉され、絶望と苦悩のうちにやがて惨酷な暗殺に遭う。元久元年（一二〇四）七月十八日、時政の命をうけた金窪太郎行親の軍が突如頼家の幽居を襲ったのである。『愚管抄』によると、

「頼家入道をば刺殺してけり。……頸に緒をつけ、ふぐりを取りなどして殺してけりと……」

と記され、二代将軍となった者があまりにも浅ましい殺され方である。時に二十三歳であった。

＊　＊　＊

今、妙本寺の境内に立つと、両側に亭々と聳える杉の樹立があり、正面の石段を上った所の仁王門の後に大屋根の祖師堂が森を背にして閑寂さを漂わせ、その上の空は澄みきって明るい。ここが、かって

妙本寺祖師堂

比企一族の墓　祖師堂の右手にある。一幡袖塚はこの手前。

兵火に遭って比企一族が非業の死をとげた怨みの土地とは思えない佇（たたず）まいである。しかし、楓の樹陰の比企一族の墓といわれる苔蒸した石塔の一群や、仁王門の傍の茂みの中の一幡の袖塚に目を転ずる時に、権力相剋の歴史の無残無情さに一掬（いっきく）の涙をそそがずにはいられない。

元久二年（一二〇五）六月二十二日

畠山重保由比ヶ浜合戦

―畠山一族の滅亡―

畠山重忠

北条氏が幕府政権を独専するためには、源頼朝挙兵以来勲功をあげて重職となった同輩の中で、北条氏の意に逆らう者は次々と抹殺せねばならなかった。

さきに幕府内で北条氏を圧するほどの勢力を持った比企能員一族は、根こそぎ滅ぼされた。

次に目標とされたのが、『吾妻鏡』にも「忠直を専らにする」と書かれている畠山重忠である。重忠は智・仁・勇に優れた名将といわれ、頼朝にも朋輩にもその誠実さを認められて、幕府内での

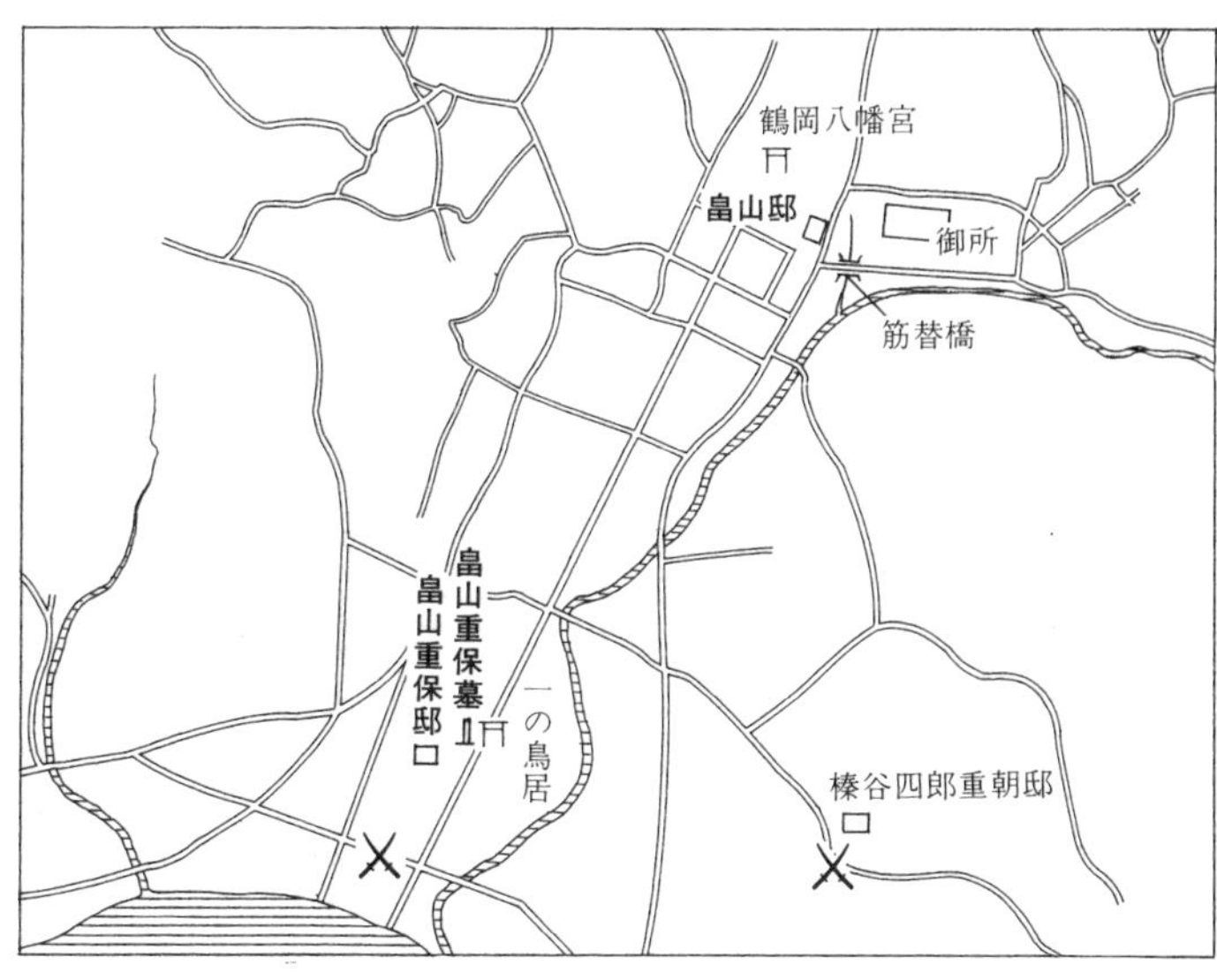

席次も『源平盛衰記』によれば左の一臈の座につくほどの重臣で、北条時政の女を妻にする間柄であったが、こういう声望ある男こそ時政にとっては煙たい相手なのである。しかし重忠には難癖をつけるところも無く、時政の子義時すら重忠の誠実さを高く評価していたのであるから、その存在を無視できなかったばかりか、時政にとってはもっとも大きい邪魔者であったのである。

時政という男は、娘政子と共に孫に当る二代将軍頼家を廃した上に伊豆の修善寺に幽閉して暗殺したり、曽孫に当る頼家の子一幡を比企一族と共に攻め殺したほどの冷酷惨忍な男であり、蛇のように執念深い。苦難を重ねて築いた己れの地位と覇権への執着が、老齢になるにつれ激しさを増しているところへ、さらに後妻の悪玉がついていてそそのかす。牧の方である。

牝鶏そそのかして雄鶏時をつくるのたとえ、権力亡者の時政もはるかに年下の後妻には弱かった。この二人が畠山家をねたましく思ったのは以前からである。

畠山重忠は秩父平氏で、関東では名族である。秩父重弘の子重能が武蔵国男衾郡（今の埼玉県大里郡）畠山庄に住んで畠山を称し、重忠は畠山庄司次郎という。子に六郎重保と小次郎重秀があり、一族には弟の長野三郎重清・畠山六郎重宗・稲毛三郎重成・小沢二郎重政・榛谷四郎重朝・その子太郎重季・三郎季重・小山田五郎行重らが広く武蔵国に分布し、幕府御家人として時めいている。

また重忠の母は三浦の豪族三浦大介義明の娘であるから、三浦一族とも縁戚関係にある。

源頼朝の兄悪源太義平が叔父の帯刀先生義賢を攻め殺したときに、義平は義賢の子駒王、後の木曽義仲をも殺そうとした。その時に駒王を木曽中三権頭兼遠のもとに逃してやったのは重忠の父の重能である。重能は源氏恩顧の者であったが、源義朝滅んで源氏が雌伏すると、止むを得ず平氏に従った。治承四年（一一八〇）源頼朝が伊豆で挙兵した前後の由比ケ浜での三浦・和田勢との合戦、その後の帰参のことは前述した。

寿永三年（一一八四）の木曽義仲追討の時には、源義経の軍に従って宇治川の戦で武功を樹て、ついで源範頼に従って平家を攻めたが、梶原平三景時と不仲になって去り、義経に属して一の谷で高名をあげた。重忠の颯爽とした戦い振りは、『平家物語』『源平盛衰記』『吾妻鏡』に活写されている。

文治五年（一一八九）頼朝の奥州征伐にも先鋒として勲績をあげ、葛岡郡を与えられた。誠忠誠実の態度は衆目の集まるところであり、頼朝薨ずるに当り、特にその遺託を受けて二代将軍頼家の補佐となり、頼家からも信頼された。

しかし建仁三年（一二〇三）比企家滅亡の折には、尼御台政子の命で討伐軍に参加せざるを得なくなり、頼家の一子一幡を攻め殺す立場に立たされた時は、苦悩したであろう。とにかく幕命に忠実な人物であったのである。その重忠が、二度も謀反の嫌疑をかけられたのは、何故であろうか。

重忠謀反の嫌疑

その最初は文治三年（一一八七）である。

重忠の所領は伊勢国沼田にもあったが、伊勢の神官員部家綱が、重忠の目代が守護不入地である社領を掠奪したと幕府へ訴え出た。敬神崇仏に厚い頼朝は大いに怒って、重忠の所領を悉く没収して千葉胤正の邸に蟄居せしめた。重忠は目代の不始末の責任を感じて恐懼し、緘黙謹慎して絶食の日々を続けたので、胤正は驚いて頼朝にその態度を言上した。頼朝もその謹厳さに直ちに罪を許し本領を安堵し、事件のあった沼田領のみを削った。

重忠は厚恩を謝して本領の武蔵国へ戻ったが、その留守に寿永以来不仲であった梶原平三景時が、重忠に謀反の意志（こころ）ありと讒（ざん）した。

頼朝は、結城朝光・下河辺行平を召して重忠謀反の真偽を問うた。驚いたのは二人で、飛んでも無い濡れ衣（ぎぬ）であり、重忠ぐらい誠忠の士はいないと口を極めて弁じたので、頼朝もさもあらんと心解けて直ちに重忠を鎌倉に召した。重忠は喜んで伺候し、頼朝もますます信頼を厚くした。しかし世の中は、誠実の者を万人が評価するとは限らない。必ずどこかにその誠実を嫉（そね）む者がいるものである。

次に謀反の嫌疑がかかったのは元久二年（一二〇五）六月。畠山氏抹殺の機を狙っていた北条時政一味の陰謀に乗せられたのである。ことの起こりはこうである。

元久元年（一二〇四）、三代将軍実朝の正室として京都の坊門前（さきの）大納言信衡の息女がきまり、御迎えの人々として北条左馬権助政範・結城七郎・千葉平次兵衛尉・畠山六郎重保・筑後六郎・和田三郎・土肥先次郎・葛西十郎らが選ばれた。

皆錚錚（そうそう）たる御家人であるが、若い人達である。上洛して御迎えの準備も滞りなく整い、慰労を兼ねて京都守護職の武蔵前司平賀朝雅の六角東洞院の邸で酒宴が開かれた。その折に、朝雅と畠山六郎重保が酔った者同士で僅細（ささい）なことから口論となった。どちらも名門の誇りがあるからなかなか退（ひ）かない。一座の者達がようやくなだめて調停し、後日にあとを引かぬようにと和解させてことは納ったが、朝雅の方は気が晴れない。

平賀朝雅の妻は、北条時政の後妻(のちぞえ)牧の方の娘である。朝雅は、北条氏の威勢を嵩(かさ)に着て往々横暴の振舞があり、時政と気が合うところがあるだけに邪(よこしま)な気質である。翌年まで持ち越した鬱憤が、妻の口から牧の方に伝えられた。朝雅が寝物語りに妻に愚痴った時は、六郎重保が感情的に癪に触る相手くらいの程度であったろうが、妻が牧の方に話した時は、重保が北条氏をも無視した不届(ふとどき)の青年という風に変形していた。

そして牧の方が時政に告げた時には、畠山家が謀反の気配ありとなっていた。時政はその話をいちいち頷いて聞いていたが、

「畠山の家は度々謀反の噂の出る家柄じゃ。火の無い所に煙は立たぬ。奴等ついに正体を現したか。」

と無理に謀反をでっち上げてしまった。しかし時政がいくら実権を握る執権職でも、独断でことは処せられない。将軍の決裁がいるし、連署の筆頭の倅達にもあらかじめ相談せねばならない。そこで義時と時房に、「畠山重忠親子謀反企(たくら)みし咎(かど)により誅伐すべきである」ことを謀(はか)った。義時は重忠の誠忠を高く評価している政治家であるから、これを聞くと驚いて、

「畠山は故右大将家が最も信任されし者で、その誠実さは吾々もよく知っているところでござる。されば将軍家におかれても特に御遺託され、二代将軍補佐を頼むとまで仰せられるほどの男でござる。まして父上とは舅聟の間柄ではありませぬか。誰がそのような噂を立てたか知らぬが、重忠に限って謀反なぞ有り得ようもござらぬ。勲功声望あるあのような人物を、あらぬ噂で謀反人として誅戮(ちゅうりく)を加えてしまっては、あとで後悔することになりましょうぞ。」

と諫めたので、時政もこれ以上無理押ししては拙いと思って席を立ってしまった。

おそらく名越の邸に戻ってから、「伜メ。言うことを聞いてくれなかったよ」と、愛妻牧の方にいったのであろう。義理の息子達が次第に実権を握り出して、親のいうことを受け入れてくれないことは、継母として感情を悪化させる原因となる。牧の方は腹心の備前守時親を使として義時の邸へ遣し、

「重忠謀反のことは既に発覚しております。時政殿がひそかに相談したのは将軍家の御為、天下を憂えてのことでございます。あなたは重忠の勲功をもってその陰謀を許そうとなさるが勲功は勲功、陰謀は陰謀で筋が違います。継母であるわたしが讒言したように御とりになって真剣に御考え下さらないのでしょうが、重忠の恐ろしい陰謀は事実ですから、よくよく御考えになられて下さい。」

といわしめた。まったく女性の執念は恐ろしい。(『吾妻鏡』元久二年六月小廿一日　丁未晴の項)

時政は牧の方にせがまれて、今度は稲毛三郎重成に謀って、遂に三代将軍実朝に畠山謀反を訴えた。重忠一族でいとこの稲毛重成に謀ったのは、何としたことか。また重成が何故同調したのであろうか。重忠と重成は不仲であったのであろうか。または重忠を滅したあとの所領を重成が獲得できる密約でもあったのか、北条氏に諂う性格だったのか。なんとも不可解である。

将軍実朝はわずか十四歳で、重忠とは馴染が薄く、また北条氏に擁立されたから、北条氏のいいなりである。時政に言上されると、「謀反を企む奴は許して置けない。畠山を討て」ということになった。折しも重忠は所領の武蔵国菅谷に戻っていた。鎌倉に変事が起きたので急ぎ参着せよとの使が飛んだ。

重保、由比ヶ浜で謀殺

重忠の鎌倉邸は現在の筋替橋の西北、八幡宮の東の鳥居を出た右角で、当時は御所の南西であるから、重忠が在鎌倉であったらここが修羅の巷となったはずである。

子息六郎重保は別に邸を持っていたらしく、現在の由比ガ浜二丁目一の鳥居の近辺といわれるが、まず六郎重保から討てという命令であったらしい。『吾妻鏡』には、二十二日に三浦平六兵衛義村と佐久間太郎ら錚錚たる武将が討手に任命され、朝から鎌倉中を軍馬が馳せ廻り何となく不穏の気が漂よって、由比ヶ浜に続々と軍兵が集った。

おそらく重保のもとにも、由比ケ浜に集まれという偽りの使いが届いたのであろう。重保が何の疑いも無く、わずか三人の郎従を連れて由比ケ浜に出たのは寅の刻（午後四時）であるが、軍兵がひしめいているのに何ごとかと驚いたことであろう。当日は快晴で夏の真盛り。砂浜は灼けつくように熱し、日は未だ高い。海風は松林を吹きぬけるあたりだけ涼しいが、無心の蟬の声のみかまびすしい。

この暑いのに甲冑武装した夥（おびただ）しい軍兵は、顔中汗を光らせ薙刀を日に反射させて物々しい中を、顔見知りの三浦義村の方へ主従四人憶することなく近づき、目礼して馬から降りようとしたとき、まわりの軍兵が砂を蹴立てて取りかこむ。

「何事じゃ。」

と重保が呆れて叫んだ時、

「畠山六郎重保。謀反の咎（とが）により台命をもって誅戮（ちゅうりく）を加える。覚悟。」

畠山重保邸址碑と宝篋印塔（重保墓）

畠山重忠邸址碑　八幡宮南御門

八幡宮一の鳥居　写真奥が八幡宮､左の樹蔭に宝篋印塔と重保邸址碑がある。由比ケ浜に向う観光客も､気にもとめず通り過ぎる。

と義村が叫び、鞭をさっと上げて左右へ指揮する。

「狂ったか三浦。何が謀反じゃ。冗談（てんごう）申すな。」

重保は馬上で仰天する。

「問答無用。それ、討って手柄とせい。」

あとは言葉は無い。どっと太刀・薙刀を閃かせて襲いかかる。重保も意味もなく襲われる必要はないし、不意の誅戮（ちゅうりく）を受けて死にたくはない。

「おのれッ」

と怒ると太刀抜き放ち、真先に襲いかかる軍兵を斬り倒す。三人の郎従も主を守って必死に斬り結ぶ。武装もしていない四人が意外と強い。囲んでは退き、輪を拡げては囲む。凄じい奮闘振りであったが、衆寡（しゅうか）敵せず、乱刃のもとに斃れ、「主従共に誅せらる」結果となった。

重保の墓　現在、八幡宮一の鳥居の傍の木蔭のもとに畠山重保の墓と称する宝篋印塔（ほうきょういんとう）があり、俗に六郎様といわれている。いかなる理由か咳（せき）の病気に効ありとして、竹筒に茶を入れて供える風習が続いており、時々香花も供えられている。「明徳第四癸酉霜月三日大願主比丘道友」と刻され、室町時代初期の塔で重要美術品に指定されているが、果して重保の墓であろうか。

重保墓としての伝承からすると、重保の邸跡（宝篋印塔のすぐ脇に邸址の碑もある）か、または討たれた場所かも知れないが、実際に討たれた所はもっと海寄りであったであろう。

わずか四人を殺すのに武装した大勢の軍兵を動員したのであるから、畠山重保がいかに豪勇と目されていたかがわかる。

合戦というには気がひけるほどの、由比ケ浜の小戦闘であったが、想えば、この地は治承四年に父重忠が和田・三浦方と合戦した所である。その時も畠山方は歩が悪かったが、子の重保も万斛(ばんこく)の怨みを残して、烈日のもと砂上の露と消えた。

重忠、二股川に死す

一方、父の重忠は、鎌倉に変ありの報を受けて居合わせた一族郎党わずか百三十四騎を引きつれて菅谷の館を出発したが、これを途中で迎撃するために北条氏が動員した軍兵は大変であった。

重忠討伐の大将として任命されたのは、重忠をもっとも理解していた北条相模守義時である。将軍の命であれば止むを得ない。参着した御家人は、いちいち記さないが、『吾妻鏡』によれば、「前後の軍兵雲霞の如く山に満ち野に満ち」と大仰な常套的形容をしている。実数は不明であるが、大動員の大軍であったことがわかる。

義時の指揮する大軍は二十二日の午の刻（午前十二時）には武蔵国二俣（股）川に着いた。現在の多摩川を渡って川崎市登戸より南、名瀬の北に当る所である。

重忠方は、弟の長野三郎重清は信濃国に在国しており、同じく弟の六郎重宗も奥州に行っており、一族として居合わせたものは小次郎重秀と、譜代の郎従本田次郎近恒と半沢六郎成清以下総勢百三十四騎にすぎない。

重忠も馳せつける途上で、北条氏の陰謀で子の重保が討たれたことぐらいは、使の者があって知ったであろうし、迎撃の大軍が動員されたことくらいは充分承知していたであろう。

本田近恒・半沢成清らが北条の術中におちたことを口惜しがって、しきりに菅谷の館に戻って討手を引き受けた方が良いと重忠にすすめたが、

「鎌倉殿の一大事の軍触(いくさぶれ)をうけて家を出た以上、家をも親をも忘れて駆けつけるのが武士の執る道じゃ。たとえ我を討つためのおびき寄せる手段であっても出陣した以上あとへは退けない。まして我が子重保も討たれたとのことなれば、今さら何でこの世に思い残すことがあろう。討手に立ち向って武士の意地を貫いて討死する迄じゃ。生きたいと思う者は立ち去ってもさしつかえない。」

と決意のほどを示せば、一同「死なばもろとも」と決死のまなじりを光らせる。さらば一人でも多く敵を殺さんと、鶴が峯の麓に陣を布いて敵を待つ。

山河を埋め尽したごとく見える鎌倉勢は、これを見てひしと包囲し始める。

多勢に無勢、いくら決死の畠山勢でも矢種を射尽してくると、次第に一方的に射すくめられて包囲の輪が縮まって来る。斬って出られないほどの激しい矢に、郎党も次々と斃(たお)れ、楯が散乱すると防ぎようがなくなって来る。

中の刻（午後四時頃）に、愛甲三郎季隆の放った矢が遂に重忠の胸板の上に深々と刺さって、鏃(やじり)が白く押付(おしつけ)を貫いた。さすがの重忠も、

「無念」

の一声を残して斃れる。

これを見た小次郎重秀は、「もはやこれまで」と太刀の鋒先を口にくわえて前に伏す。迫り来る軍兵の足音を耳にしながら郎党らも思い思いに自決する。

翌二十三日。

総大将相模守義時以下揚々と凱旋した。時政は笑顔で出迎えて、「合戦の様子は……」と尋ねると、親父の心情に腹立たしかったのであろうか、

「重忠の一族はあらかた他国に行っており、わずか百余騎しかいなかった。何でこれで謀反ができよう。讒訴で謀反人に仕立てられ、弁解の余地すら与えられず殺される破目になったのは、誠に気の毒の至りである。首が運ばれて実検した時には、日頃誠実で昵み深かったことを思うと涙が出て止まらなかった。」

といったので、時政はさすがにうしろめたさを感じたものか、黙って去って行った。

事件後

だが畠山事件はこれで終っていない。日が西の山にかげり始めた酉の刻(午後六時頃)、各邸で軍旅の武装を解いたと思われる頃に、また鎌倉中の往来に軍馬の蹄の音が轟き、慌だしい徒歩武者が動き廻ったので、素破また合戦かと人々が騒いだ。これは鎌倉在住の畠山一族に不穏の行動が起きるのを恐れて、三浦平六右兵衛尉義村が先手を打って、経師ケ谷口(現在の材木座二丁目と大町五丁目の入り組んだあたり)に邸を持つ義弟の榛谷四郎重朝とその子の太郎重季・次郎重秀を襲ったからである。榛谷一族は、重忠討伐の令が下ってからは遠慮して謹慎していたところであるから、なんら防禦の

準備もなくあえなく亡んだ。

騒動はこれだけではない。稲毛三郎入道重成の邸には大河戸三郎の手勢が向かい、子息の小沢二郎重政の邸には宇佐美与一の勢が向って誅戮された。

稲毛重成は、畠山一族でありながら牧の方と共に重忠謀反を言い立てた張本人であるから、御家人達も憎い奴と思っているところへ、義時から討てという命が出たのである。重忠父子の非業の死は多くの同情を買ったが、結局遠隔の地にいた弟の長野三郎重清と六郎重宗を除いて一族悉く滅ぼされた。

畠山重忠の血筋はこれで絶えたことになるが、重忠の妻は北条時政の娘であり、後に足利義兼の子の義純に再嫁し、彼が畠山の名跡と旧領を継ぐので、これより畠山氏は源氏の血筋となるのである。

奸婦牧の方は、これに懲りずさらに悪計を廻らし、将軍実朝を殺して平賀朝雅を将軍に据えようと暗躍するが、事あらわれて、時政は剃髪して伊豆国北条に引退する。牧の方は同行したのか殺されたのか、『吾妻鏡』からは窺えない。

平賀朝雅には追討軍が向かい、辛うじて逃れて松坂辺にひそんでいたところを、山内持寿丸が討った。そして義時が執権となり、やがて和田・三浦も滅し、幕府の実権を一手に握るようになるのである。

建暦三年（一二一三）五月二日・三日

和田合戦
―和田一族の滅亡―

泉親衡の謀反

建暦三年（一二一三）二月十五日、意外の事件が発覚した。

きっかけは、信濃国の住人青栗七郎の弟で僧侶の阿静房安念が、千葉介成胤に捕えられたことから始まる。安念が何故捕えられたかは、『吾妻鏡』をはじめとする当時の記録にもその詳細は記されていないが、千葉介成胤に謀反に加担するように説得に行ったところ、成胤はその陰謀に呆れて安念を執権北条相模守義時のもとに連行した。

義時は安念を取調べた結果、将軍家にとっても

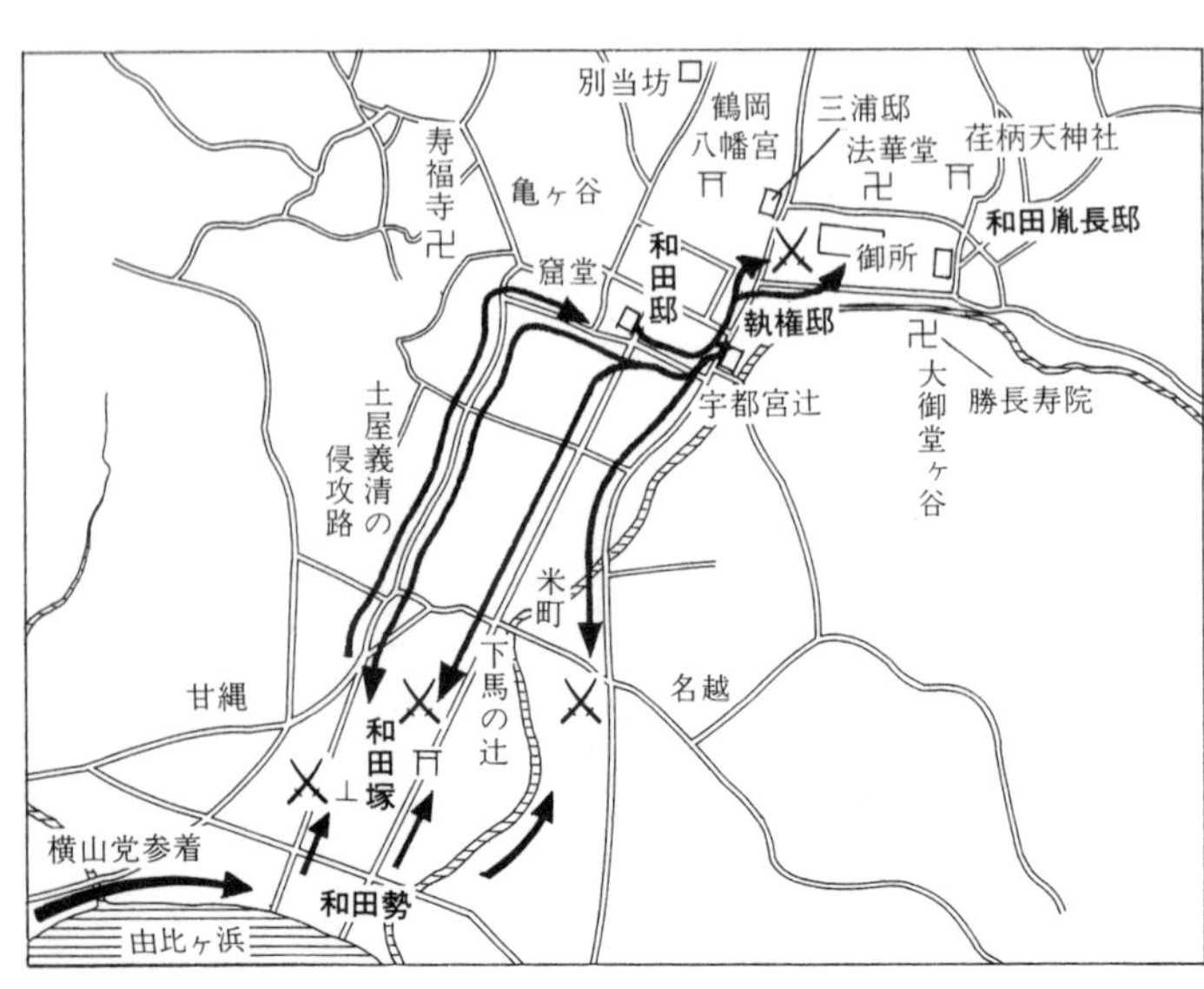

北条家にとっても重大な大陰謀であることに驚き、大江広元と相談した結果、詳しい真相究明のために安念坊の身柄を検非違使山城判官行村に引渡した。

その結果、信濃国住人泉小次郎親平（衡）が建暦元年頃から密かに謀反を企て、百三十余人にのぼる後家人を語らって、二代将軍頼家の遺児で尾張中務丞の養子になっている千寿（手）王を擁立して、三代将軍実朝を斃そうという計画が進められていることがわかった。しかも参画した者には幕府内での錚錚たる顔振れもおり、義時もことの重大さに驚いた。判明した人名の者は、直ちに翌十六日には一網打尽にして召喚して、それぞれ重臣の屋敷へ禁固した。義時が、手を打つことも敏速であった。

泉親衡は、源下野守満仲の弟満快の子孫で名家であり、また豪勇をもって知られていたが、北条氏の独断専横を深く憎んでいたので、かねてよりの陰謀であった。

義時は直ちに兵を派して親衡を捕えようとしたが、親衡は奮戦して行方をくらましてしまった。

和田一族の連座

さて、このクーデター計画の参画者に、和田義盛の子息をはじめとする一族の者が含まれていた。この時、侍所別当の重職にある和田左衛門尉義盛は、領国の上総国（千葉県）伊北庄に行っていた。子息義直・義重および弟の子胤長が、この陰謀に参加していて捕われたとの知らせに驚き、あわてて鎌倉に戻ったのが三月八日である。事件発覚から二十日余りを経過している。おっとり刀で、義盛は御所に伺候して、将軍や執権義時に必至の歎願釈明を行った。

祖父以来の忠勤を認められて、息子の四郎左衛門尉義直と五郎兵衛尉義重が宥されることになったので、地位と立場を充分考慮に入れた恩免と面目を施して喜んで退出した。息子が宥されたので、当然弟の子の平太胤長も宥免されると思ったのか、未決定ということで一応引き下がったのか、この間の事情は不明であるが、胤長については、未決のままであった。和田一族からは罪人を一人も出したくは無いし、二人宥されれば同類のもう一人も宥されて良いはずであると義盛は思う。

翌九日には皆と相談した揚句、三浦・和田一族九十人揃って御所へ参り、南庭に列座して胤長宥免を歎願した。一族憂悶のあまりの恭順の歎願のようであるが、結束した威嚇的な強引な歎願にも見える。大江広元が実朝に取り次いだが、この有様に、実朝は「胤長だけは宥すわけには参らぬ」といった。陰で義時が、実朝に宥さぬように含めたことは様子でわかるので、義盛は髭を震わせて怒った。

そればかりか、金窪兵衛尉行親の手から山城判官行村に胤長を渡して禁遏を加えるように義時が申し渡すと共に、態と縛られた胤長を一族の面前に引き出した。屈辱のあまりに義盛は、「うーむ義時め」と睨み、一族こぞって荒々しく立ち去った。

胤長が宥免されなかったのは、義盛の息子達と違って張本人の一味として重要な位置を占めていたのかも知れぬし、特別の恩典を示すために息子の二人だけは宥したのであろうが、権力の争剋と感情の行き違いがあると、それぞれに考え方・受け取り方が違ってくる。剛直の義盛であるが、こうした場合には慇懃に義時に手を廻しておけば、また状況は変っていたかもしれない。

しかし義盛は、陸海の大臣にも当る侍所の長官である。北条氏の専横に眉は顰めても、頭を下げる気持は毛頭持っていない。義時としても、肩を並べたがる和田一族をくじけさせよう、という気持を持っている。二人の息子を宥免し、張本人の一人の胤長を死罪にせず配流に決しようとはからっただけでも、和田は感謝しなければならぬと思っている。和田の歎願のすべてを入れたら、幕府の式目の権威が保てぬし、他への示しがつかない。

どちらにも、立場上の面目と理由がある。

こうしているうちに、胤長は十七日に陸奥国岩瀬郡に配流ときまった。生命だけは助かったのであるが、和田一族には憤懣やる瀬ないものがあった。

十九日夕刻、若宮大路に面した和田義盛の屋敷の近辺に、甲冑武者が五十騎ほど動くのを認めた。義盛の与党横山太郎右馬允時兼の一行らしいと、義時のもとに注進が入る。

二十一日には胤長の長女で六歳になった娘が、父が流刑となったのを悲しんで病気になり、重態におちいった。家人は心痛し、和田新兵衛尉朝盛が胤長に似ているので、父が宥されて帰って来た振りをして慰めたが、遂に息を引き取ってしまったという。義盛はいよいよ義時を憎んだ。

胤長の邸は荏柄（えがら）天神社の前にあったが、流罪決定と共に没収された。ここは地の利が良いので、多くの後家人がその拝領を願い出た。

それを知った義盛は、二十五日に御所に伺候して御所女房五条局を通じて、

「先々代将軍家の御時より、一族のうちで屋敷没収されし折には、その一族の者に与えて他の者に下賜せぬしきたりとなっております。故に胤長の邸は義盛に賜りたく存ずる。あの地は御所の東隣に位置し、宿直（とのい）や伺候致すのに近くて便が宜しうござる。何卒老耄（おいぼれ）のそれがしに、是非賜りますよう御取次ぎ願います。」

と申し入れたところ、義盛の憤懣を和らげる意味か直ちに許可された。義盛は喜んで、早速代官久野谷弥太郎を行かせて移転の準備をさせた。

ところが、それより七日ほど経った四月二日に、義時は荏柄天神社を参拝した帰りに、この旧胤長邸を見て、今度の事件の手柄として金窪兵衛尉行親と忠家に分ち与えると令して、久野谷弥太郎を追い出してしまった。金窪は和田一族である。

これを知った義盛は、身体を震わせて怒ったが、今の立場はすこぶる状況がまずい。この事件以来、勢威も『吾妻鏡』に記されるように、北条氏とくらべると「虎と猫」ほどの差である。

義盛、激怒と決起

しかし、窮鼠反って猫を嚙む、縮んだものは激しく伸びかえすもの。和田氏にとっては、悪意に悪意を重ねられれば、反発以外方法は無い。これ以上の屈辱を重ねて、一族が萎縮してしまってからでは、和田氏に同調呼応してくれる後家人もなくなるであろうから、北条氏の圧迫を挑ねのけて武力行使するには、今を擱いては他にはないと覚悟した。

密かに、呼応してくれそうな後家人・縁類に連絡を取る。北条氏に不満を持ったり、今回の和田氏への仕打ちに同情している者も多い。御所の西に邸を持つ縁戚の三浦一族もそうである。三浦平六左衛門尉義村も弟の九郎左衛門尉胤義も、挙兵する時は共に起つと起請文まで書いて約束してくれた。武蔵国横山党の右馬允時兼は挙兵の急先鋒であり、義盛の子の義直・義重は自分らのことからこうした結果を生じたから、どうあっても北条は滅さねばならぬと決心している。夜になると、諸方から連絡の者が義盛の邸の門を潜り、着々と準備するので慌だしい気が立ちのぼる。

ところが、常盛の子で義盛の孫に当る和田新兵衛尉朝盛は、将軍実朝の側近として寵愛深かったために、祖父や父の反逆行為には反対であった。いろいろ悩んだ揚句に、夜陰に紛れて蓮浄房の草庵に行き、にわかに剃髪遁世して郎党二人と小舎人と童を連れて京都へ旅立ってしまった。

十六日の朝に置手紙を見た義盛は、身内から離脱者が出たことを怒って、

「たとい遁世したとて、我等が企てを逃れることはできない。早速追いかけて行って連れ戻せ。朝盛は武術にすぐれている故、抵抗するといけぬから大勢の武者を連れて取り囲んでつれて参れ。」

と息子の四郎左衛門尉義直に命じた。武装した一団の武者が慌しく馳って行ったのであるから、北条義時も「和田の挙兵は近いぞ」と感付く。

十八日には、朝盛は駿河国手越で義直に追いつかれて連れ戻されて来た。こうした状況は臆測を呼び、鎌倉中にさまざまの流言蜚語が乱れ飛び、一触即発の危機が迫るが、義盛は未だ蹶起しない。武蔵の横山党や波多野三郎・三浦一族との最後の手順が決っていないからであり、北条方も先手を討って攻め寄せる気配も無い。将軍実朝が和田一族を討伐せよとの決定命令をしないからでもあり、鎌倉中を大騒動に巻き込むことは避けたかったからでもあろう。さりとて比企能員のように、呼び寄せての謀殺の手段はもう利かない。呼び寄せることこそ合戦のきっかけとなってしまうからである。緊張の日々が続く。

十日ほど経った二十七日に、宮内兵衛尉公氏が将軍の使者として和田邸を訪れた。何とか調停の糸口

を摑みたかったからであろう。

公氏が寝殿に通されて上使として座についていると、慌てて衣服を改めた義盛が対の屋から出て来た。

「世上では、和殿が密かに反逆を企てていると専らの噂。聞き捨てにならぬことにて、和殿はどう御考えになっておられるのぢゃ。将軍家におかれては、御心痛一方ではござらぬ。和殿に反逆の気持まったくござらぬとあれば噂になるような行動は止められて、明日より出仕なさるが宜しかろう。」

と公氏がいうのに対して、義盛は祖父以来の忠勤を述べ立て、

「何で将軍に対し奉り反逆の意志あろうや。北条氏が我が一族を亡きものにする企みあるにより自衛するまでのこと。北条氏が吾等を尊重されれば以前と変り無く出仕も仕るし、将軍を補佐致すであろう。」

と長々と弁じたが、列座の朝夷名（朝比奈）三郎義秀や古郡左衛門尉保忠の険しい顔付や、別室に夥しく集められた武器・武具類を垣間見て、なかなか和解は困難と察して去り、御所に参候してその様子を報告した。

将軍実朝は風雅の道に親しんで、北条氏の言いなりになって諦観逃避している人物であるが、寵愛する新兵衛尉朝盛の一族であり、鎌倉幕府創立以来の功臣でもある和田一族を滅したくはない。和田一族の存在は、北条氏牽制にも必要である。この際どうあっても和田一族を宥めて、不穏の空気を取り除き安泰の世にせねばならぬ。心痛のあまり、夜になって刑部丞忠季を再び上使として和田の邸へ派遣し

た。義盛は、

「これは将軍家を恨み奉ってのことでなく、執権義時の非道に対して怒っておるのでござれば、たとえ御教書賜わりたるとも、北条氏を討つ気持に変りござらぬ。こちらで防戦の用意なくば、あの比企一族のごとく討ち滅ぼされることは必定(ひつじょう)。われら滅ぼされなば将軍家の御安泰も計り知れず。私憤ばかりではなく君側の奸を討つことなれば、もはや止め立てなされようとも、止めようがござらぬ。老い先短かいそれがしが今北条を討たざれば、われらの息子共の時代には滅ぶこと目に見ゆるごとくでござる。将軍家に累を及ぼすことは致さぬにより、必ず決行致す。度々の忝(かたじ)けなき御諚を戴き、義盛嬉しく存ずる次第、義盛の真意くれぐれも御前態(てい)宜しく頼み入る。」

と言い切ってしまったので、忠季も翻意なしと見て、「さらば戦場にて相見(まみ)得ん」と戻って行った。

報告を受けた実朝は最悪の事態が迫ったことに憂慮し、翌二十八日に義時と大江広元が登営したのでいろいろと相談し、事件が平穏に納るように鶴岡八幡宮で祈禱を行わしめ、さらに勝長寿院で怨敵退散の大威徳法を修せしめた。

執権義時の邸は現在の小町三丁目宝戒寺のあたり、和田義盛の邸は若宮大路、歩いても五分くらいの

勝長寿院　源頼朝が父義朝非業の死の菩提を弔うために、文治元年（一一八五）に大宝山の北の大御堂ケ谷(おおみどうがやつ)に建てた寺で、現在の雪ノ下四丁目、滑川の大御堂橋を渡りその奥の谷地にあった。勝長寿院が大御堂と呼ばれたので谷や橋にその名が残り、寺は室町時代末期頃まであったようである。

所であるから、互に兵を繰り出せば、物音で直ちにわかるし、互に諜者を派して相手を探り合ったであろう。しかし、動きが見られなかったのは、双方共軍触(いくさぶれ)の兵が思うように集まらなかったためで、焦(いら)だたしい二・三日を遷延(せんえん)してしまった。

五月二日、この日は曇天であった。和田義盛の館に武者の出入がにわかに活発となり、馬の嘶(いなな)きや物音がして糧米が運び込まれたり、炊事の煙が絶え間なく上ってただならぬ様子である。筑後左衛門尉朝重は隣屋敷である。

直ちにこの気配が、御所に近い問注所別当大江大膳大夫広元のもとに報告される。広元は折しも客を招いて酒宴の最中であったというから、昼間から酒を飲んでいたことになる。報告を受けた広元は武人でないから少し蒼ざめたが、客達にわからぬように座を外して、その足で御所に伺候して義盛が蹶起しそうな様子を言上した。

三浦の裏切り

三浦平六左衛門尉義村は起請文まで書いて挙兵に同調する約束であったので、和田方から今日蹶起するから御用意ありたいとの使が来た。しかし、この二・三日北条氏の動静を窺って見ると、どうも静かで不気味である。何か成算あってのことではないかと思い始めていた。この際下手な動きをしたら、比企・畠山の二の舞となりかねない。相手は何といっても将軍家を擁しており、義盛達の行動が目立つようになっても乗って来ないところは不気味である。いろいろ考えると、北条氏の実力がとてつもなく大きく映り始めた。

こうなると三浦義村も自家存続の方が大事である。今度の事件で和田一族の権威は落ちているから、呼応する者も意外と少ないかも知れぬ。挙兵に応ぜず中立を守ろうかと思ったが、一度和田方に同心した以上、戦わなくても罰せられるのは当然である。昔の武士は一所懸命の本能を身に浸ましている。少々裏切っても、生き残って家を存続せねばならぬのだ。三浦一族が助かるばかりか浮かび上れる機会は、この際寝返って北条氏に忠勤を励んだように見せかけることだと、弟の九郎右衛門尉胤義と話がついた。訴込ことによって、加担の罪を逃れようとして義時邸へ行った。義村の邸は八幡宮の東側であるから、義時の所へは三分とかからない。大体陰謀というものは、身内や縁類の裏切りから洩れるものである。

義時はこの時、邸で大勢の御家人を招いて囲碁会を開いていた。切迫した空気の日々の中で悠々と囲碁会を開いている点などが、三浦義村をして恐れさせた理由であろう。表面、兵を集めた気配を見せぬが、成算あっての余悠であるから、三浦義村の訴込を聞いても別に驚いた様子もなく、静かに微笑すると、「相わかった。御苦労に存ずる。あとは将軍家の御為に働くように」と、まるで主人が家来に口をきくようにいうと立ち上り、これも囲碁会の客にわからぬように室を出た。平服の直垂折烏帽子から水干立烏帽子に改めると、御所に登営して将軍に面謁し、和田一族が本日いよいよ反逆挙兵することを言

別当坊　当時の御所は道に囲まれて東西南北に門があり、北御門は頼朝の法華堂に面している。鶴岡八幡宮は別当坊が掌っており、八幡宮の左奥の御谷あたり、今の雪ノ下二丁目にあって八正寺ケ谷という所に二十五坊あった。ここなら人目につかない場所である。

上し、

「万一、和田が御所へ押し寄せましたら、御目障り（おめざわり）と存ずるゆえ尼御台（みだい）（政子）様と御台（実朝の妻）様は鶴岡八幡宮の別当坊へ御移りあるように。」

と北御門から側近を付けて避難させた。

それから使を邸に派して、集っていた御家人に急ぎ各自の邸に戻って出陣の用意をするように命じ、相模・武蔵の御家人に軍触（いくさぶれ）の使者を発進させた。その手順まことに迅速である。

和田勢押出す

一方和田方では、武蔵党の横山右馬允時兼が三千余騎を引連れて駆け付ける手筈になっていたが、予定の時刻になっても一向に現れない。こちらの蹶起の行動は何となく悟られたらしく、街の動きが慌だしい。若宮大路や小町大路を軍馬が続々と駆け抜けて行くし、大町小町の町屋も避難の庶民でざわついているようである。いたずらに時を遷延すると北条方から攻めて来て包囲されるおそれがある。四郎左衛門尉義直も五郎兵衛尉義重もじりじりして立ったり胡座かいたり、兜をかむったり脱いだりして落ちつかない。

「落ちつけ。」

と三郎義秀に叱られる。義盛は胡座のまま腕を組んで、苦渋に満ちた顔で目を閉じている。庭では不穏の気配におびえているのか勇んでいるのか、鞍置いた軍馬が嘶（いなな）いたり、前脚で土を掻いたり、多くの軍兵も鳴りを鎮めてはいるが落ちつかない目をし、外の気配に耳をそば立てる。このままでは包囲されて自滅してしまう。もう待っていられない、と申の刻（午後四時頃）ついに門を開いて打って出た。

先頭は白髯に兜の緒を食い入るほど締めた和田左衛門尉義盛、続いて嫡男新左衛門尉常盛と、一度は遁世して連れ戻されたその子の新兵衛尉朝盛入道、三男朝夷名（朝比奈）三郎義秀、四男四郎左衛門尉義直、五男五郎兵衛尉義重、六男六郎兵衛義信、七男七郎秀盛をはじめとして親戚朋友伴類百五十余騎、小町大路へ押し出すと北上して三手に分れる。

一手は執権義時邸、一手は幕府の南御門から西・北の御門、一手は御所の前を通って大江広元の邸へと進撃する。道順からいうと小町大路を北上して義時の邸と、筋替橋の所を右折して御所と金沢道方面から広元邸へと分れたのであろう。各邸でも和田勢の通過する馬蹄の轟きとどよめきを聞いて、門を閉したり防戦の用意をしたであろうし、御所でも近づく喚声に武者達が防備の持ち場に去ったと思われる。

執権邸はわずかの留守居人であるから苦もなく侵入したが、義時がいないと知ると御所攻めの勢に合流する。

御所の東方にある問注所別当大江広元邸では、わずかの人数であるため和田勢が襲撃すると皆裏門から逃げてしまった。もちろん広元はいない。

「それ、御所に行け。」

と和田勢は足音を乱して戻って来る。

将軍御所は金沢道に並行した道があって、そこに南御門があり幕府政庁の入口である。その西側八幡宮寄りと、荏柄天神寄りの東側に北に向って横大路があり、後ろも法華堂を距てて道がある。東御門・

西御門・北御門があって、推定では東西約二七〇メートル、奥行は二一〇メートルほどの広大な地域で、現在の雪ノ下三丁目の清泉小学校敷地とその西側の一部が含まれたあたりであるから、和田勢の百五十騎あまりでは、とても包囲できない。御所の四囲の道路を慌しく馬蹄轟かせて駆けめぐり、鬨の声を上げたりして威嚇したが、やがて槌矢（かけや）をもって南御門の扉を打ち破り、騎馬武者がどっと乱入する。

その頃になって波多野中務丞忠綱と、一番御所に近い三浦左衛門尉義村兄弟が、西御門方面より駆けつけて幕府側に加わった。三浦勢が和田方に矢を射かけながら突撃して来るので、義盛ははっきりと義村の裏切りを知り、

「おのれ、三浦メ。」

と怒って駆け合せたので、三浦勢は西御門より御所内に退却する。

御所内では執権義時・修理亮泰時・次郎朝時らが、馳（は）せ集っていた御家人を手分けして持場を固めさせ、垣の外れや、築地塀の上に掻楯列べさせ、射手を登らせて和田方を射る。

酉の刻（午後六時頃）、日はようよう西の源氏山の陰に入ったが未だ明るい。合戦二時間に及ぶが、幕府方は建物の中、築山・木立の陰から矢を射かけなかなか奥に侵入できないので焦（い）ら立った義盛が、

「火を懸けいッ。」

と叫ぶ。点火した松明（たいまつ）が次々と建物に投げ込まれた。火は五月の夕風にたちまち燃え拡がる。やがて橙紅色の光りに染まった御所は轟々（ごうごう）と音を立て、暗くなりかけた空に金粉を撒き散らし、その下で武者が駆け回って怒号し刃をきらめかせて死闘する。赤く照し出された地上で組み打ちしてごろごろ転る者、

阿修羅のように斬り回る者、狂ったように矢次早に矢を射る者、『吾妻鏡』はこのあり様を「鳴鏑相和し、利剣刃を躍らす」と形容している。

火は政庁から御所の建物にも燃え移ったので、将軍実朝は義時・広元らと北御門より後の法華堂に動座した。

朝夷名義秀の奮戦

南御門から突入し、南庭で目覚ましい働きをしていたのが、豪勇をもって鳴る朝夷名三郎義秀である。『吾妻鏡』に、

「義秀猛威を振い壮力を彰かにし既に以て神の如し、彼に敵するの軍士死を免れざるなし。」

とあり、雷神の荒れ狂うごとくで、義秀の手にかかった者は、名ある者だけでも五十嵐小豊次・葛貫三郎盛重・新野左近将監景直・礼羽蓮乗らである。

ところが義盛の弟二郎義茂の子高井三郎兵衛尉重茂（実は義茂の弟宗実の子で実名は実茂）は、一族でありながら義盛に一味せず、御所側に馳せ参じていたのにばったり出逢った。

「うぬッ。おのれは重茂よなッ。」

「おう。たとえ一族たりとも将軍に刃向うは逆賊なり。誅してくれん。寄れや義秀。」

「望むところ。従弟とて容赦はせぬぞ。」

と互に馬を寄せ合せてガッシと組んで揉み合って、二人共馬の間に落ちたが、義秀たちまち上になって重茂の首を掻く。これを見ていた北条相模守次郎朝時、太刀を翳して駆け寄るのを、義秀は片膝ついたまま、

「うぬもかッ。」

と叫んで片手打ちに払い斬りにしたので、朝時は大腿部に傷を受け退却する。これが義時の二男と知っていれば追いかけて行って首を取るところであったが、火影を背にして顔も見なえかったので気が付かず、立ち上って自分の馬に乗ったところに足利三郎義氏が馳せよって来た。

「おう。それに見ゆるは足利殿と御見受け申す。いざ組打ちせん。」

と大手を拡げて、南庭の大池にかかる橋の袖まで進む。義秀は有名な組打上手の強力。これと組んだらまずいと、足利義氏は馬首を返して逃げようとするのを、義秀は素早く義氏の鎧の袖を掴んだ。義氏は引き倒されまいと、馬上に身を沈めて鐙（あぶみ）で両角（もろかく）を入れる。馬は跳躍して走り出したが義氏は落ちず、義秀の手もとには鎧の袖が千切れて残った。本来鎧の袖はいくら引っぱっても千切れるものではないから、袖を掴んで引いたら馬上から引き落とされるのが常である。袖が千切れてその反動で二人共馬から落ちなかったのは、共に強力で馬術達者だからである。

火災が急を告げる警告になったから、鎌倉中の御家人達は続々と駆けつけ、幕府方は路という路を埋め尽し、和田方は潰滅寸前である。合戦すでに三時間にわたるが、横山党を始めとして一味同心した者が未だに駆けつけてくれない。やむをえず御所から退却することにしたが、若宮大路も小町大路も幕府方で一杯である。

「血路を開けッ。わしに続けッ。」

義秀が先頭に立って一団となり突出して浜面（はまおもて）に向うが、待ち構えた敵は物陰から雨のように矢を浴びせるので、和田方は地響きを打って斃れる。幸い暗くなって、敵・味方の区別が付かなくなったので、下馬の辻・米町口あたりまで退くことができたが、皆疲労困憊（ひろうこんぱい）して馬の足すら乱れ勝ちである。邸に戻って最後の防戦のつもりであったが、邸はすでに幕府側の占拠するところとなり近付くこともできない。

振り返ると御所の火の手もようやく収ったらしく、北方がほのかに赤く、見上げる空にはキラメく星がうるんでいる。残兵をまとめると討死のほかに離脱した者もあると見えて、わずか五十騎あまり、ほとんど手傷を受けており、元気なのは義秀一人である。そこへ喚声を上げて突撃して来たのは、先刻の足利三郎義氏・波多野中務次郎経朝・筑後六郎尚知・潮田三郎実秀らである。

義秀たちは憤怒の形相物凄く、返し合わせて宇都宮の辻あたりまで追い散らすが、深追いすれば包囲されるので浜面の方へ退却する。

夜戦は敵・味方の判別がつきにくくて間違いが起こり易いので、幕府方もようよう追撃することを断念したらしい。

和田方は暗い中を互に相手の名を確かめ合って、由比ケ浜の方に退いて行く。昼間であったら、激戦

宇都宮の辻　現在の小町三丁目の清川病院のあたりに宇都宮氏の邸があり、若宮大路と小町大路を繋ぐ道があったので俗に宇都宮の辻といった。嘉禄年間には幕府がこのあたりに移ったので、それを宇都宮辻の幕府ともいった。この辺は、当時有力御家人の邸町であった所である。

の揚句の無惨な姿を眺め合って気を落としたであろうが、闇がそれを隠してくれて皆黙々と歩く。由比ケ浜に集結して、休息をとった。北を眺めると篝火のためほの赤く、人馬のざわめきが微かに伝わって来るのは、近国の御家人が未だ続々と馳せ参じる証拠である。万事ことは終った。かくなる上は明朝暁闇を利用して、再度斬り込みをかけて一族ことごとく全滅して、怨霊となるばかりである。暗い中で互に顔を想像して確かめ合い、それぞれの物思いに沈む。聞こえるのは間を置いて響く潮騒とほのかに白く動く波頭のみである。

思えばこの浜は、治承四年の秋八月、畠山重忠と戦った所。その重忠も九年前に北条氏にたばかられて滅んだし、重忠の息子の重保が討たれたのもこのあたりである。

星が見えなくなったと気が付いた時には、ぽつりぽつりと雨が降り出した。浜の松の一叢に場所を移して固っていると、梢から滴が落ちるまでもなく義盛の頬は濡れる。焦ら立たしく時を過すが夏の夜は短かい。

横山武蔵党の着到

あたりが薄明るくなった寅の刻（午前四時頃）、遠く稲村ケ崎の方から微かに馬の嘶きとざわめきが聞こえた。鎌倉に変ありと駆けつける武士団であろうと、早くも義盛の周囲の武者が立ち上り、こちらに気が付いたら迎撃しようと馬に飛び乗る者、松並木に身をひそめて太刀を構える者、息のつまる緊張感がみなぎる。義盛は少年の頃より着馴れた鎧をひどく重く感じながら、立ち上ると皆の前に出た。小雨に煙る中を蓑笠つけた騎馬武者集団が、稲村ケ崎の崖下桟道に陸続として現れ、一・二列で現れるから夥しい数に見える。これから御所へ斬り込みに行くまでも

なく、ここが死場所となった。名乗りをかけてからこちらから突撃に出ようと、

「そこに参られるは誰方にて候や。」

と義秀が叫ぶと、相手の集団の中から。

「そちらこそ誰人にて候や。吾れこそ横山武蔵党の旗頭、横山右馬允太郎時兼なり。そちらも名乗らせ給え。」

という声が返って来た。

「おう。横山殿か。待ち兼たり。われこそ和田義盛とその一族なり。」

思わず顔を綻ばせた義盛が進み出る。一同歓声を上げて走り迎える。

武蔵党洩れなく呼びかけて、大勢を集めるのに手間取って約束の刻に遅れて今参着したのである。時兼が引き連れた勢は三千余騎。手順が狂って昨日は敗退したとはいえ、これだけの人数がいれば、今度は勝利を得ること必定である。和田方は急に元気付く。横山党は義盛達から様子を聞いて、今日は吾等が充分に働いて御目に掛けると、着ていた蓑笠を投げ捨てると、たちまちいくつもの山ができた。

「それ押し出せ。」

とまず鬨を上げる。今度は鎌倉の街々を固めていた幕府側の武者が驚いた。鬨の様子から窺うと大部隊のようである。暁方を期して、浜辺に残存する和田一族を一挙に包囲して殲滅しようと思っていたところ、にわかに大軍となっているので、慌てて法華堂にいる将軍の所に注進が飛び、それより義時・広元その他の重臣が鳩首協議の結果、とりあえずこちらから攻勢に出ようと、若宮大路、小町大路、武蔵大

路を溢れるように浜面に向って進んで行く。

辰の刻（午前八時頃）、幕府方が海を見通せるあたりまで進出して思わず足が止った。

意外にも甘縄から由比ケ浜、遠くは稲村ケ崎へかけて見渡す限りの軍兵で、各家の旗が低く垂れ籠めた空の下に漣のようにひらめいている。伊豆から相模へかけての豪族の曽我・中村・二宮・河村の軍勢が、後から後からと馳せ集っていたのである。これではとてもかなわない。津波が押し寄せるように北上されたら、いくら将軍に忠誠を誓う勇士でも、団結力の強い北条氏でもひとたまりもない。

迂闊に戦を仕掛けられないから、停止して各陣から慌てて注進が将軍の所に飛ぶ。さすがの執権義時も、智恵者の広元も意外さに沈黙してしまった。形勢逆転すると寝返りしかねない御家人もいる。特に和田一族でありながら裏切った三浦一族は危険である。そうなれば将軍は殺されることはあるまいが、北条氏は滅亡させられる。形勢逆転して最大の危険が迫った。しかし、さすがに巧者の大江広元、

「方々、御案じ召さるな。いやしくも恩顧を受けし御家人達が、将軍家に対してそむき奉る気持は毛頭無いはず。将軍より御教書を彼の者達に遣わされれば、事の順逆の次第が判明致し、和田方より離れてこちらに馳せ参ずると存ずる。何卒上様には御教書を御遣わしなされませ。」

といった。一同なるほどと賛成し、昨日奮戦した上に疵を受けた波多野弥次郎朝定が起草したのを、執筆が浄書して実朝が花押を書いた。

それに執権義時と別当広元の文をつけた。その書状を、安芸国（広島県）住人山本宗高が持参して、浜辺の軍勢のもとに行った。これによって浜辺を埋め尽した軍勢の大部分が、竿頭に旗を捲いて陸続と

将軍方の陣に移り、残ったのは和田一族と横山党の者ばかりとなった。幕府方は山を背にして邸街一面に旗が飜り、路次に軍兵が溢れ人馬輻湊して喧騒を極める様子が遠くからでも見える。

これに反して和田方は、横山党が駆けつけた時は大部隊に感じたが、その後に参着して浜辺を埋め尽した大軍が去ってしまうと、三千余騎でも急に孤立した小部隊に見えて来る。義盛以下切歯扼腕し、髭を振わして怒ったがどうすることもできない。何故横山党参着の時に、すぐさま攻撃に出なかったのであろうか。そうすれば後から参着した勢も、後詰として一瀉千里の勢いで北条方に攻撃をかけて目的を達せたのである。義盛の所に続々と参着した軍勢の応待に時間を空費してしまったのである。こうなると、再び討死覚悟の悲壮の気持に戻る。

「おのれッ。今日は和田一族の最後ぞ。一人でも多く冥途の道連れにするまでじゃ。」

巳の刻（午前十時頃）、ようよう和田勢を先頭に、横山党が轡をそろえて北上する。

「まっしぐらに敵中を突破して御所を襲えッ。」

「義時の首を上げるまでは一歩も退くなッ。」

真直な若宮大路。昨夜来の雨による泥濘を挑ね上げ、地底を揺がすごとく馬蹄を轟ろかして進む。接近するにつれて、楯を列べて待機していた幕府勢からは矢が乱れ飛び、和田勢は斃れても斃れてもその上を飛び越えて進む。

ここを守っているのは北条修理亮泰時と武蔵守長時の軍勢。小町大路は足利上総介三郎義氏。名越は近江守頼茂。大倉には佐佐木五郎義清、結城左衛門尉朝光らに近国より馳せ集った御家人達が丸太を組んで掻楯並べ、露路露路に満ちて和田勢を一歩も入れまいと矢を番えて待機している。

若宮大路の激闘

若宮大路の戦闘がもっとも激しく、和田勢もここで突入を阻まれて、止むを得ず楯を列べて矢戦に移る。この時、幕府方の由利中八郎維久は剛弓の名人であるから樹陰を楯として、和田方の古郡左衛門尉保忠の郎党を次々と射斃した。古郡保忠は大いに怒って馬から飛び下り、その矢を抜きとって見ると大鏃で長い箆に由利中八郎維久と刻んである。

「おのれッ」

とその矢を番えて答の矢を射返そうとすると、修理亮泰時が馬上で指揮している姿が目に映った。引き絞った矢先をそのまま泰時に移して、兵と羽音鋭く射放すと、矢は泰時の鎧の草摺を射て危く太腿を貫くところであった。

鎮西（九州福岡県周辺）の住人小物又太郎資政は、

「和田義盛殿に見参。」

と楯の間から突撃したが、これは朝夷名三郎義秀に呆気なく首を取られる。

ここでも目覚ましい働きをしたのは朝夷名三郎義秀で、義清・保忠と共に三騎轡を列べて敵陣に突入し、楯を蹴散らして斬りまくり、幕府方は度々退却した。この手の大将修理亮泰時も、黒雲巻いて躍りかかるような猛攻に辟易して、伝令を法華堂の将軍の所に派せて、援軍を請うた。

武家の棟梁でありながら、武事は好まぬし昨日来和田の攻撃に気を腐らせていた実朝は、「応援の武者を遣せ」と命じると共に、大江広元に「敵覆滅の祈願」を鶴岡八幡宮に捧げるよう願書を書かせ、その奥書（おくがき）に和歌二首を添えた。さすがに歌人将軍である。

祈願書は宮内兵衛尉公氏が使となって八幡宮へ参ったが、その直後のことである。

若宮大路から侵入し難しと見た土屋大学助義清は、手勢を連れて武蔵大路方面から亀ケ谷（かめがやつ）に進み、窟堂（いわやどう）の前の路を右折して側面から侵入しようとした。

八幡宮の西側からの道であるが、この時、幕府方はこの方面は意外と手薄だったと見えて、義清一行は山崩（なだ）れを打って侵入し、御旅（おたび）行（御輿が渡って来て休憩する所）へ出るため赤橋の所まで来たとき、どこからか鏑矢（かぶらや）一筋飛来して義清の眉間に当った。鏑は砕け散って鏃は深々と刺さる。急所の痛手で、義清は手綱（たづな）を控えて馬上にしばし揺らいでいたが、ついに落馬して息絶えた。あまりの呆気無い討死に、郎党が慌てて馳せ寄ったが、敵が遠くから駆けて来るのを見ると、首を奪われまいとして義清の首を掻き切って亀ケ谷（かめがやつ）に走り去ったので、続く郎従も四散する。義清の首は寿福寺に葬ったといわれている。

『吾妻鏡』は、「敵覆滅祈願による八幡宮の霊験」とし、「神鏑（しんてき）」と書いている。

亀ケ谷　現在寿福寺手前から北方へかけての谷で、武蔵大路から化粧坂（けわいざか）方面へ行く道のある所。

窟堂　寿福寺手前から八幡宮方面に東進する道の左山の手に岩窟があって、不動明王の石像をまつってある所で、この道を窟小路といい、現在雪ノ下二丁目。

寿福寺　源氏山を背に、亀ケ谷にある。鎌倉五山の一つで、亀谷山（きこくざん）寿福寺金剛禅寺といい、正治二年（一二〇〇）尼御台政子が明庵栄西（みんあんえいさい）を招いて建立した。実朝と政子の墓と伝えられる五輪塔が、裏手のやぐらにある。

幕府方は新手を入れ替え入れ替えして攻めるのに反し、和田勢は昨日以来の疲労の武者である。いくら死を決したとはいえ、矢を射尽して、郎党に拾い矢させて射返すだけで、そのうち矢を拾う者も射倒されて、残る武器は疲れた馬と太刀・薙刀だけ。ほとんどが矢傷を負い、あちらこちらに孤立して働きが鈍くなり、薙刀の柄や太刀を杖にして、次第にまた浜面に押し戻されて来る。酉の刻（午後六時頃）、曇天ながら西の空が不気味に紅みがさして、山陰にもやのように薄闇が漂い始めたころ、義盛が子息の中でもっとも愛していた四郎左衛門尉義直が、伊具馬太郎盛重に討取られたという報が入った。義直、時に三十七歳。クーデターに一味した咎で捕われ、義盛必死の歎願で助かった男である。

昨夜から一食も摂っていないし、今日一日中の激戦である。義盛は精神的にも肉体的にも藻抜けの殻のようになった。義直討死の報に虚脱したごとき目から涙が光って、皺の頰を伝わった。

「わしも逝くぞ。義直。」

とつぶやくと、くるりと振り向いて敵の方にふらふらと歩んでいった。矢が幾筋も飛来して、かすめたり鎧に刺さったりした。それでも太刀を杖に歩きながら、

「反逆の張本人、和田左衛門尉義盛ここに在り。討ち取って功名にせよや。」

と嗄枯声で叫ぶ。

「和田殿。御首級頂戴仕る。」

と馬を駆せらせたのは、江戸左衛門尉能範、御物射のように駆け廻ってハタと射て、義盛が膝を突く所

を飛び下りて首を掻く。哀れ義盛六十七歳で浜面の露と消えた。

子息達も諸所で孤立して、乱刃のもとに斃れる。五郎兵衛尉義重三十四歳、六郎兵衛尉義信二十八歳、七郎秀盛年齢わずかに十五歳。

こうした惨敗であるが、朝夷名三郎義秀はあくまで不屈の豪傑で、敗走する味方の殿（しんが）りとなって由比ケ浜に出、あらかじめ朝に用意させてあった六艘の船に残兵を収容し、敵の矢の乱れ飛ぶ中を悠々と漕ぎ出して行ったが、その後の行方は杳（よう）としてわからない。『和田系図』に拠ると、義秀は「乗舟渡　遂越高麗国云々」とあり、現在の北鮮の地に渡ったように作られているが、安房に脱れたとの説もあり、また、金沢道の朝比奈切通しは、義秀が一日で開いたとも伝承されているように、伝説的人物である。

義盛の長男新左衛門尉常盛、新兵衛尉朝盛、岡崎余一左衛門尉実忠、横山右馬允時兼、古郡左衛門尉保忠、山内先次郎左衛門尉政宣の六人は、散々暴れ廻ったのち戦場離脱して行方をくらました。

日はようやく沈み、鎌倉の空を重苦しく蒸し暑い暗黒が覆うと、辻々、邸の門前に篝が焚（た）かれ、その火明りの中に戦場掃除の雑兵の影が慌ただしく動く。ようやく怒号、矢唸り、剣戟の響き、馬蹄の音止んで、陽気の人声も戻って来たが、避難した街の民家は闇の中にひっそりとしている。和田方戦死の死体が、続々と由比ケ浜の砂地に列べられる。

一応和田勢は滅亡したと見て、義時は金窪左衛門尉行親と忠家を首実検所役（しょやく）として由比ケ浜に赴かせた。

まず江戸左衛門尉能範によって、義盛の首が差し出される。鬢髪（びんぱつ）すでに白く乱れて血で頬にへばりついた首は、無念の形相で半眼見開き、小雨に濡れたさまは涙しているようである。次々と差し出される中に、女子かと見紛う色白の首は七男秀盛、漆黒の髪乱れかかり、紅唇さめたとはいえぞっとするくらいの美しさ。

累々と列べられた姓氏不明の屍体は、腕の無いもの、識別不能なくらい顔を斬られた者、松明の明りで不気味の色に変じて鬼気迫るものがあり、潮騒の音すら地底から苦悶する死者の唸きのようである。検使所役も顔をそむける。激しく降り出した雨を理由に、首実検は忽々に終了した。

翌日も雨である。義時の命で、和田方の首二百三十四が固瀬川（片瀬川）の辺に晒された。とても梟首台には列べきれないので、義盛以下主だった者だけを台に懸け、あとは稲束を懸けるように丸太を組んで首を紐で吊し、それぞれの名札がつけられていた。

夕刻に、甲州に遁れた長男の和田新左衛門尉常盛と横山右馬允時兼が討たれて、その首が鎌倉に着いた。これも実検の後に固瀬川に晒された。

この日の午前中には、将軍実朝が法華堂から焼け残った尼御台政子の東御所に移り、それから西御門に幕を張って、今回の戦で奮闘して疵付いた者の実検が行われ、山城判官行村がその奉行を命ぜられた。『吾妻鏡』によると、九百八十八人の討死が出たと記してあり、負傷したものは少なくても五百人以上であろうから、和田勢がいかに勇猛であったかがわかる。次々と負傷者が現れて、政子や実朝・義時にいたわりの賞詞を受けたが、この中で特に人目をひいたのは、勇敢にも朝夷名三郎義秀に立ち向って、大腿部を斬られた北条相模守次郎朝時で、歩くのが不自由のために兄の修理亮泰時に扶けられて伺

和田塚「和田一族戦没地」石碑

候し、一座の感動を買った。

続いて論功の申請に移ったが、波多野中務丞忠綱と三浦左衛門尉義村が先陣を言い立てて口論となり、激したあまり将軍の御前も忘れて、忠綱が「盲目（めくら）か、汝は」と言ったことが災（わざわい）して、後の七日の行賞から洩れるというハプニングがあった。

また奮闘した由利中八郎も泰時に矢を射たと誤解され、義盛に同意していたのであろうと疑われた。和田方の古郡左衛門尉保忠が射返した矢であるといくら弁解しても、由利中八郎と書いた矢が証拠であると泰時が強調したので、これも所領を没収されている。矢に自分の姓名を刻むのは、功名が紛れぬ証拠のために行うのであるが、敵に矢を拾われて射返されると、こうした間違いが起きて馬鹿を見ることになる。泰時も八郎の弁解ぐらい理解しているはずであるが、意識的に罪状を作ったようである。

和田塚　現在の由比ガ浜三丁目江ノ電和田塚駅より南へ八十メートルほども行くと、左側に石に囲まれたタブの木のもとに「和田一族戦没地」と彫った石碑が建っている。俗に和田塚といわれているが、一名采女（うねめ）塚といわれているのは、古墳時代の墳墓であってかつては埴輪などが出土したところで、無常堂塚ともいわれていたのは、付近に無常堂と称する建物があったからであろう。

九日には、陸奥国岩瀬郡鏡沼（かがみぬま）南辺に流刑になっていた和田平太胤長が殺された。この合戦の素因（もと）はといえば胤長に関係したことであるから、和田一族が滅亡した以上、配流だけでは済まされなくなったのである。胤長、時に三十一歳。かつて建仁三年（一二〇三）六月一日、二代将軍頼家が伊豆の山で狩をもよおした時に、大洞窟を見つけて単身これを探険したが、帰って来ての報告に、数十里の深さの奥で大蛇（おろち）を斬殺して来たと話を作る男であった（『吾妻鏡』）が、弓馬の道にはすぐれており、三代将軍実朝にも寵愛されていた。それが実朝を廃する陰謀の張本人であったばかりでなく、和田一族滅亡につながる原因を作ったのであるから、非業の最後は当然である。胤長の死には後日譚がある。

奥州岩瀬郡鏡沼は、松尾芭蕉の通った「奥の細道」の鏡石町大字鏡田で、当時は大沼であったらしいが、現在は形ばかりの小沼となっている。ここの伝承では、胤長の妻が亡き夫を慕ってこの土地に来、悲歎のあまりかげ沼に鏡を沈めて投身した所といわれ、芭蕉は、「かげ沼といふ所に行に今日は空曇りて物影うつらず」と記している。

また義盛の子和田次郎義氏も、その後討たれた。

宝治元年（一二四七）六月四日・五日

三浦合戦

—三浦一族の滅亡—

三浦一族の矯慢

三浦義村が固い誓紙を交しながら、同族和田氏を裏切ったことは鎌倉武士にあるまじきことであるが、将軍も執権もその功を高く評価して、次第に優遇された。その将軍実朝は七年目の建保七年（承久元年　一二一九）正月に、二代将軍頼家の遺児の僧公暁（くぎょう）によって暗殺された。その裏には三浦義村がそそのかした形跡がある。

実朝には子が無かったので頼朝直系の血はこれで絶えたが、鎌倉幕府を経営するためにはやはり

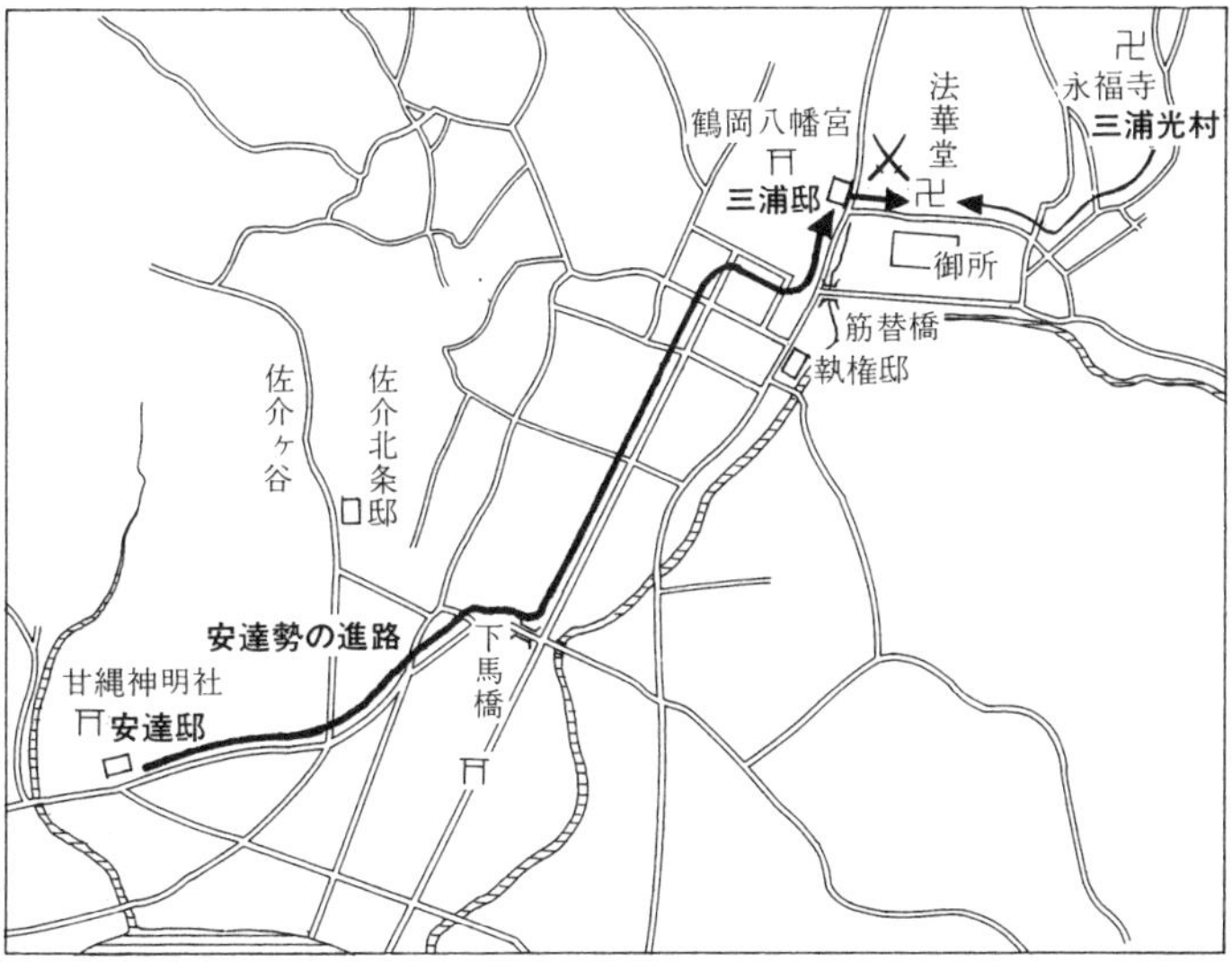

後継の将軍が必要である。当座は尼御台(あまみだい)政子と執権義時が牛耳ることができたが、形式的にもこのままでは済まされぬので、今度は皇胤を将軍として幕府を万代に安泰としようと、二階堂行光を京都に派したが勅許されなかった。

そこで三浦義村の提案で左大臣九条道家の子を迎えることになり、これは勅許されて七月十九日に鎌倉に着いた。年歯わずか二歳の藤原頼経である。それから七年後の嘉禄元年（一二二五）に、頼経はようやく四代目征夷大将軍の宣下を受けたが、九歳の将軍では何もわからない。まったくの飾り物で、実権は依然尼御台政子と弟の執権義時の手に握られていた。

こうした北条氏の経営する幕府には、後鳥羽上皇はもとより不満があったので、頼経が鎌倉へ迎えられた月には、鎌倉の出先機関である大内裏守護の職の源頼茂を誅し、それより密かに討幕の準備を着々と進めていた。そして承久三年（一二二一）には遂に諸国の武士を召して北条氏討伐の兵を起こしたが、幕府は大軍をもって三道より京都へ攻め上り、後鳥羽上皇を隠岐に、順徳天皇を佐渡に流した。承久の変である。

こうして幕府は朝廷への武力介入を行ったが、頼経が征夷大将軍に任じられる前年の元仁元年（一二二四）五月に、義時は六十二歳で歿し、執権職は子の泰時が継いだ。

その翌年の嘉禄元年に、女傑尼御台政子が六十九歳をもって歿した。

泰時は十八年間執権職をつとめたが、仁治三年（一二四二）六月六十歳で歿した。

この間、将軍頼経は次第に政務に関心を強め、武家制度の矛盾に気が付くようになると、幕府にとっては邪魔な存在となって来たので、寛元二年（一二四四）二十七歳で辞職を強要され、その子の未だ幼児である頼嗣を五代将軍とした。

また執権は泰時の孫の経時が四代を継いだが四年三月に病となり、弟の時頼が五代執権となった。朝廷も幕府も、目まぐるしい変動と紛糾のあった時期である。

三浦家は、義澄以来幕府草創の功臣として波瀾を潜り抜けて、生き残った中ではもっとも繁栄し、評定衆の重職を勤める家柄であるが、義村の時の和田合戦後は御厩別当をも兼ねた。御厩別当とは朝廷の左・右馬頭にも当るが、朝廷の空名と違って、幕府と全国武士団の馬や牧を管掌するのであるからすこぶる実権のある職である。生き抜くための泳ぎ方のうまかった義村は、この三十数年の間に北条氏と巧みに結び付き、泰時の女を子の泰村に娶らせ、わが娘を泰時に嫁がせるなど親密な関係を結び、多くの領国荘園を領して北条一族に次ぐ勢威となり、あまつさえ三浦一族の不遜傲慢が次第に目につくようになっていった。

例えば三代将軍実朝が暗殺されて以来、将軍の出行には帯剣した護衛を従わせる例となったが、嘉禎二年（一二三六）八月十五日に頼経が鶴岡八幡宮の放生会に臨むときに、義村は「護衛の帯剣者に勇士なし。わが四人の子のみ」と放言して、泰村・家村・資村・胤村を強いて加えしめたことは、『吾妻鏡』にも「傍若無人の沙汰にして人の耳目を驚かす云云」と記されるほどであった。

また実朝の時代に歳首の儀が行われたときに、大侍の座に義村が座くと、遅れて来た千葉胤綱がその上座についた。義村は傲然と胤綱を睨んで「下総犬は臥処を知らぬぞ」と嘲ったので、胤綱も負けていず、「三浦犬は友を喰う」と言い返した。和田一族を裏切ったことをいったのであるが、このように御家人朋輩から快く思われていなかったのである。

義村は延応元年（一二三九）に歿し、翌仁治元年にはその遺領は子の泰村・光村・家村・資村・胤村に分与されたが、一族の傲慢さはいよいよ激しさを加え、悉く御家人同輩達の顰蹙を買う状態であった。

この頃朝廷内でも内訌があり、左大臣藤原の九条道家も出家し、その余波は鎌倉にも及んで、頼経が職を辞せられ子の頼嗣が継いだのはこの時である。また四代執権経時が病に斃れ、弟の時頼が五代執権となったのであるが、これにもさまざまの紛糾があり、陰謀渦巻いて、一族の名越氏が前将軍頼経に昵近の者を語らって、再び頼経を奉じて時頼を討たんと計った。寛元三年（一二四五）五月のことである。時頼は鋭敏にこれを察知し、事前に手を打ってその与党の処分を行い、未だ御所にいた頼経を北条越後守時盛の佐介の邸に移し、七月十一日には京都へ護送せしめた。

この事件のときに、三浦一族も加担していると思われて嫌疑を受けたが、弁疏して疑いは晴れ、光村は頼経護送役の一員にされた。光村は頼経に寵を得ていたので、出発に当り、

「後日、必ず頼経を将軍として再び鎌倉に迎えん。」

と意を一族に洩らして泣いたといわれる。京都に上った光村は頼経の父道家と逢って、これも北条氏を怨んでいることを知り、ますます時頼を討とうという気持を固めた。こうしたことはしばしば憶測となり、流言が飛ぶ。

時頼はこれを察知すると、使を遣して泰村を諭して暴挙を止めるようにいったが、三浦氏不穏の流言は鎌倉中に拡がる。

時頼の外祖父は安達（足立）景盛入道覚地であるが、義村以来三浦氏の跋扈を早くより憎んでいたので、宝治元年（一二四七）に高野山より戻ると、子の義景と孫の泰盛に三浦氏に備えるための武備がおろそかであることを戒めたという。これは『皇代暦』『吾妻鏡』四月十一日の条に見えている記事で、三浦氏が密に武備を固めつつあることが一般に知れ渡っていたからであろう。

三浦一族の反旗・対峙　宝治元年五月、北条修理亮時氏の娘で、執権時頼の妹に当る前将軍頼経の御台所が十八歳の若さで歿した。時頼は三浦一族がとかく不穏の噂があるので、昵近さを示して気を和らげさせるために、義理の兄に当る泰村の邸に態と移って喪に服した。

二十七日

時頼は、急に泰村邸を去って己れの執権屋敷に戻った。虎穴に入ったようなもので危険を感じたのであろうし、光村らの陰謀の確証を握んだ情報でも入手したのかも知れぬ。うっかりすると謀殺される、と思ったのであろう。

時頼が小町大路の執権邸へ戻ると、泰村は慌てて邸へ赴いて他意ないことを弁疏陳述したが、時頼は体良くあしらっただけであった。笑顔低姿勢の陰に、すでに刀が振り上げられているのを見てとって

三浦泰村の邸　鶴岡八幡宮の東隣、現在の横浜国立大学附属中小学校敷地の一部に当る。

いたのである。

さりとて、時政が比企能員を招いて謀殺したほどの強引さを発揮できる状態ではなく、内外の状勢ともに複雑で、時頼の執権職すら安定しているとはいえない時であるから、やたら武力弾圧に出ることは反って武家体制と幕府機構を混乱におとしいれ、朝廷方に乗ぜられるおそれがあった。故に三浦が武力行使すれば討つという方針以外、こちらから積極的に三浦討伐をすることは避けたかった。

二十八日

時頼は、泰村をはじめとして一族・与党とおぼしき御家人を見張らせていたところ、泰村邸では夜暗に紛れて、所領の安房・上総から船で武器・武具・食糧を由比ケ浜に運ばせ、それが続々と泰村の邸に送り込まれていることがわかった。三浦の邸は執権邸の前を通った奥であるから、いくら夜でもわかる。

二十九日

執権邸の様子を探りに来たのか、態（わざ）と油断させるためか、三浦五郎左衛門尉資村が尋ねて来て雑談していった。

六月一日

時頼は三浦反逆の旗挙げ近いことを知って、近江四郎左衛門尉氏信を泰村の邸に遣して、何気ない振して様子を探らせた。座敷に通ると座る席も無いくらいに鎧櫃、箙（えびら）征矢（そや）・矢櫃があり、厩（うまや）にまで積んであった。戦備は充分であり、こうしたありさまを隠さずに見せるからには、蹶起する覚悟があっての

ことと察した。泰村は氏信に、

「我等(われら)一族ひたすらに上様に御仕え申しているのに、この頃同輩御家人共が三浦一族を敵視しているのは心外の至りでござる。なるほど我が家は宿老方の席を超えて恩寵を忝(かたじ)けなくし、一族悉く官位を授けられ、われも正五位下に叙されて数ヵ国に所領を有している故、嫉(そね)みを受くるやも知れぬ。しかしそれは祖父以来の忠勤によることで、吾等(われら)日々その栄運に感謝し、朋輩(ほうばい)とも手を結んで交誼を続けたいと存ずる所存なれど、執権をはじめ宿老共は吾等を敵視こそすれ交情を示す者とてござらぬ。かかる状態にありては、比企・畠山のごとくいつ滅ぼされるやも知れ申さぬ。降りかかる火の粉は払わねばならぬ譬(たとえ)、冤罪(えんざい)をもって討伐受くるのであれば、吾等も武門の意地、立ち向っても冤(えん)をそそがねばならぬ。そのために態(わざ)とこれらの武備あるを御見せ致した次第。反逆を起こすための準備ではござらぬ。執権殿が吾等を疑っておられるならそれは誤り。そちらこそ武備を解いて、われらと胸襟(きょうきん)を開いて下さることが第一でござる。」

と弁解して、道家・頼経に同情しての陰謀はひた隠しにしていた。氏信も適当に受け答えして戻ると、時頼に泰村の反旗翻すは時の問題と報告した。こうなった以上、時頼も猶予ならじと直ちに近国に軍触(いくさぶれ)を出した。

二日

小町あたりは軍兵でごった返し、並びの屋敷には樹立の見えぬほど多くの旗が翻った。

時頼の軍触(いくさぶれ)で早々に参着した人々である。これらの様子は、金沢道を距てて北側にある三浦泰村の邸にもすぐ知れる。このあたりにわかに殺気が漲り、昇る妖気が動揺しているようである。三浦方も、急いで一族を招集して武装に慌だしくなる。

しかし一族すべてが結束したとは限らなかった。一族のうち佐原遠江守二郎兵衛尉盛連の子の太郎大炊助経連、比田二郎広盛、藤倉三郎盛義、今津次郎遠江守光盛、同五郎左衛門尉盛時、六郎左衛門尉時連の六人は北条修理亮時氏や時頼と昵懇の間柄であったので泰村には応ぜず、執権邸に入った。

佐原経連は三浦大介義明の曽孫で、義明七男佐原十郎左衛門尉平義連、その二男が二郎遠江守盛連で、その子が経連である。比田・藤倉は義連の子の子孫であるから、皆和田・三浦とは同族であるが、和田の乱には三浦に応じて存続した家柄、今度三浦からいろいろ誘われたが応ぜず執権方に付いた。和田の乱では三浦が裏切ったが、今度は佐原一族に三浦が見捨てられた。

三日

快晴で風も無く、軍勢の旗も垂れたままである。時頼は僧を招いて「天下泰平」の祈禱を行わせ、幕府内では大納言法印隆弁が五穀断ちをし如意輪の秘法を修して、騒動が大事に至らぬよう祈った。嵐の前の静けさの一日であるが、各邸に充満した軍馬の嘶きが方々から聞こえる。泰村が朝起きて南の庭に何気なく目をやると、木肌も白々とした建札が立っていた。降りて行って見ると、

「此程世間の騒ぐ事　何故とか知らで候　御辺（お前・汝の意）討たれ給うべき事なり　思ひ参らせて　御心得の為に申し候」

と書いてあった。いつ、誰が、こんな嫌がらせの建札を立てたのか、執権方の者が夜中に忍び入って立

てたのか、味方で邸内にいる者がわざと嫌がらせで行ったのか、とにかく不愉快である。あっという間に執権方に軍勢が集ってしまった以上、勝目は無い。執権側の態度によっては、この際胡麻化しても挙兵を延期し、ほとぼりのさめたところで不意を襲う方が利口である。相手の状況を偵察する意味もあるので、泰村は使を執権邸に派遣し、

「泰村はじめ一族は、決して野心反逆の気持は持っておらぬ。吾が家を憎む者あるにより、泰村の身を案じて領国から郎従が集って来てくれたのを、三浦を嫉む者が讒訴したのであるから、もし御不審に存ずるなら、これらの者を領国へ返し、存念の無いことを示しましょう。大勢が集っていなければ御疑いは晴れるでしょうから、執権殿が御下知なされればそのように致します故、御返事賜りたい。」

といわしめた。時頼は、これを聞くとにやりと笑って頷いた。相手は意表を衝かれ、大分狼狽した揚句、急に低姿勢になった老巧さがありありと窺われる。

「若狭前司殿の御心底相わかった。明日使者を遣すであろうから、くれぐれも慎重になさるように。」

といって返した。

四日

時頼は、執権屋敷の隣に住む諏訪兵衛尉入道盛重と万年馬の介入道を使として泰村邸に赴かしめ、邸内に集っている軍兵の解散を命じた。泰村の妹を妻としている常陸国住人関左衛門尉政泰は、この分なら戦はあるまいと真先に兵をまとめて引き上げたが、途中で

「軍を解散させたのは、無勢にして泰村・光村らを討つためである。」

と知らせる者があったので、再びとって返し、夜に入って鎌倉につき三浦邸へ入った。

また子の刻（夜の十二時頃）、御所の向いに住む毛利蔵人大夫西阿の妻は泰村の妹であるが、白小袖に褐の帷子を着て侍女二人を従えて泰村を訪れ、

「三浦家を滅すということは夫の口から確かに聞きました。今ならこちらに付く御家人もあると思いますから、こちらから先手を打って攻め込んだ方が宜しいと存じます。夫は執権殿に従っておりますが、妾が説いて味方するようにさせます。」

とわざわざいいに来た。関左衛門尉政泰も慌てて戻って来るし、退っ引きならぬ土壇場が迫っていることを三浦一族は知り、再び緊張する。三浦邸が騒がしくなるので、執権方も緊迫する。

五日
暁方、時頼は再び万年馬の介入道を泰村の邸に遣わして、

「あれほど軍兵を解散させるよう話し合いがついたのに、また騒いでいるのは何事か、真に叛く意志が無いのであれば早々に解散させよ。」

と伝えさせた。

それでも解散した様子が無いので、さらに辰の刻（午前八時頃）、平左衛門尉入道盛阿に時頼の親書を持たせて泰村邸へ遣した。その文面は、

「こんな騒動を起こそうとしているのは、天魔に魅入られたとしか思えぬ。将軍家においても貴殿らを誅伐しようとは決して思っていないのに、疑心暗鬼におびえてただただ抵抗されようというのはま

ことに愚かな行為である。今までのごとく異心なく将軍家のために尽してくれることを願っているのであるから、そちらが安心するようないくつかの御約束も致そう。」

という意味のもので、執権側が折れたような内容を、盛阿入道は細かに説明する。一族協議したが、今はやはり温順しく従って、折を見て蹶起した方が良さそうだと決し、「執権殿の御意、御受け仕る」ということになった。盛阿入道は、

「この由、言上仕るにより、決して兵を動かしてはなりませぬぞ。」

と戻って行った。

一触即発の危機と緊張の連続。執権側が譲歩すれば何もことを急ぐ必要はない。連日の張りつめた気持がゆるむと疲労がどっと出る。妻女が運んで来た遅い朝食の湯漬を一口掻き込むと、泰村はガッと吐いた。胃の腑の神経すら緊張していたのである。

ようやく無難に移行できる見通しがついて、邸内の軍兵も安堵する。馬から鞍を外し、数日来、着たり脱いだり慌しかった鎧も今度はくつろいで脱ぎ、話し声も和やかになって笑い声すら交る。

安達一族の先駆け

安達（足立）高野入道（景盛）覚地の邸は甘縄にある。甘縄神明神社の傍であるが、朝になって時頼が平左衛門尉入道盛阿を和平の使者として泰村の所に派遣したことを知った。

大蓮坊覚地は、藤九郎盛長の子で、弥九郎といって二代将軍頼家に仕えたが、妾のことで頼家の怒りに遇って殺されそうになったところを、尼将軍といわれる政子によって宥められ、それより三代将軍実

朝に仕えた。従五位下出羽介になったが、実朝が承久元年（一二一九）公暁に暗殺されてから剃髪して高野山に入った。承久の乱には戦功を建て、北条氏と親しく、その娘は北条時氏に嫁して経時、時頼を生んだ松下禅尼である。前述のように、子の秋田城介義景・孫の九郎泰盛と共に深く三浦一族の傲慢さを憎んでいたから、今度合戦になれば真先かけて攻め込むつもりでいるし、昨夜から義景・泰盛父子は鎧を脱いでいない。郎党らにも、いつ出陣しても良いように馬に鞍をつけさせたまま待機させている。

覚地入道は父子を呼んで、

「執権殿が若狭前司に和平の使を出したることは、もとよりことを荒立てまいための御はからいなれど、こちらから和平を望まれるは三浦の威勢に屈したと同じことじゃ。かくなれば若狭前司一族のいよいよ増長慢になること目に見ゆるごとく、幕府の威信にかかわることじゃ。三浦は今討たねば過恨を後に残すことになる。勝敗は時の運、運は天に在り。遅疑することは無い。たとえ和平成りたるとも、今直ぐ打ち立って泰村めの首を上げて参れ。」

と命じた。父子そろって座を立つと庭に向って、

「馬引けい。」

と怒鳴る。それ出陣とばたばた馳せ集まり、総門押し開くと足音轟ろかして走り出る。人数は多くないが抜懸（ぬけがけ）の先陣は吾なりと、甘縄明神の門前（現在の由比ケ浜通り）を東に向って若宮大路の中下馬橋に出る。それより左折して若宮大路をまっしぐらに北進し、三の鳥居を越して赤橋の所を右へ折れ、神護寺の門前に達したときに、橘十郎公義が五石畳（いつついしだたみ）の紋描いた旗をさっと開く。

旗がひらめくと秋田城介義景が馬が空踏(から)みするほどに力を入れて、「えいえい」と音頭をとると、一団が走りながら「おう」と鬨を上げ、左折して筋替橋の北から三浦邸へ「どッ」と突撃した。門前に走った泰盛、馬上で弓を引き絞って兵(ひょう)と射ると、鏑矢は鈍い唸りを上げて泰村邸へ吸い込まれる。

鬨の声と共に飛来した矢が屋根にカラリと当って刺さったので、三浦邸では驚いた。和平成ってくつろいでいた時であるから、不意の攻撃は将(まさ)に寝耳に水。敵襲とは夢にも思わなかったから、状況察知に混乱がある。

「敵だっ、攻めて来たぞ。」

「おのれ、騙し討ちとは卑怯な奴。」

狼狽して、脱いだ鎧や箙(えびら)につまづきながら右往左往して武装する。安達勢は早くも築地によじ上り、中の者を狙って射る。ようよう門を閉じて侵入を防いだり、楯を縁に列べてその隙間から射返す。その間に安達勢が攻撃しかけたのを知って、「たとえ将軍執権の命なくとも、戦を目の前に見て戦わぬは武士の本分にあらず」と、時頼邸のまわりに駐屯していた武者達が、先を争って安達方に加わる。

丁度、和平の使者平左衛門尉入道盛阿が執権に報告している時であった。盛阿は「しまった。早まったことをしてくれた」と舌打ちしたが、続いて入って来る武者の報告を受けた時頼は、「六郎時定を討

神護寺　現在の鶴岡八幡宮境内の白旗明神社のあたりにあった薬師堂。承元二年四月三善康信が奉行して建立した寺で、薬師三尊と十二神将を祀ってあり神宮寺ともいわれていた。

手の大将とせい。陸奥掃部助実時は御所を守護せい」と、あらかじめ計画されていたごとくテキパキと命令を下した。

「それ出陣。」

とひしめく軍兵は喚声上げて従う。北条時定は身動きできぬほどの軍兵に囲まれて、塔の辻に押し出す。駆けるまでもない門前の目と鼻の先である。

泰村方も次第に体勢を立て直し、かねて用意したままの塀際に丸太を組んで板渡した上に駆け上り、外の敵を狙いうちに射落す。

三浦勢の抵抗と最期

和平交渉以前に、反逆の張本人三浦光村は当然執権方が三浦邸を攻めると思っていたから、その時は奇襲して逆に執権邸に突入しようと、兵を解散させる振りをして永福寺(ようふくじ)に八十騎ほどで潜んでいた。これは西に当って鬨の声や人馬のざわめきが聞こえても、じっと動静を隠していて、庶民の姿に身をやつした郎党が合戦場の状況を報告するのをいろいろと判断している。

毛利蔵人大夫季光入道西阿は、いよいよ合戦が始まったことを知り鎧をつけていると、泰村の妹である妻が、

「兄泰村が苦境におちているのを知りながら、執権殿のもとに駆けつけようとなさるのですか。日頃兄に同情し、立つ時は一緒といいながら、ここで優利な方につくというのは兄弟の情義、武士の道に外れたことではありませぬか。」

と袖にすがって泣き口説かれた。男は女の涙に弱い。不定見にも、

「それでは泰村殿を助けに参ろう。」

ということになって出陣した。

甲斐前司泰秀の邸は毛利入道西阿の隣である。これも出陣して西阿入道の軍勢と大路で逢ったが、執権邸へ行く様子でない。

「さては義理の兄弟のよしみで泰村応援に駆けつけるのだな。」

とさとったので、「ここで討ち取ろう」と考えたが、

「いやいや西阿の義理立て、武士として当然である。どうせ三浦の邸で討てば良いのだ。」

と思い直して見逃してやった。『吾妻鏡』は、これを「もっとも武道に叶う情あり」と褒めている。

ほとんど応援が来ない泰村一族は、毛利入道の敵中突破の来着は何よりの嬉しさ。不意討ちで苦戦しているものの、夜まで持ちこたえれば退却逃亡も可能であるし、逆襲して執権邸斬り込みの望みが無いわけではない。それに光村の奇襲用の部隊がいる。未だ自滅の期(とき)至ったとは考えていないのだ。

大軍を擁しながら、焦って来たのは幕府方である。合戦が長引くと敵に呼応するものが出て、鎌倉中が大乱戦になる恐れがある。時頼は御所に入ると、重職達と相談して泰村邸を焼き討ちにしようということに決した。しかし、風は北から吹きおろしているので、迂闊(うっかり)火を付けたら南にある御所・幕府・執

塔の辻　小町大路の北端で筋替橋と接したところ。石塔が建っていたので塔の辻といわれた。鎌倉には辻に石塔の建っているところが数個所あり、皆塔の辻といわれた。道祖神の風習の名残りであろう。

権屋敷、町大路までの多くの御家人の邸が類焼してしまう。攻めあぐんでいるうちに、天佑か神助か、風が海の方から吹きつけるように変った。

「それ火攻めにせよ。」

と幕府軍は、三浦邸の南側の民家に火をつけて廻る。火矢を射込む。車松明を投込む。火はたちまち燃え拡がり、風に煽られて黒煙は地を這って邸を包み込む。泰村方は煙に咽び、火に追われ、矢軍ができず邸の北へ追詰められる。幕府軍は南門・西門を槌矢で打ち壊し、築地に梯子打ちかけ、先を争って庭内へ躍り込む。邸での防戦これまでと泰村は、

「法華堂に籠れッ。」

と指揮し、北門東門から山崩を打って東北に当る法華堂へ駆け込む。黒煙がかかって来て、南の隣での合戦の様子を境内で不安気に眺めていた僧達は、驚いて逃げ散る。

法華堂は頼朝を祀る菩提所で、一段小高くなっているが、ここは和田の乱の時にも将軍の避難場所になった。ここは武士間の神聖な場所であるから、容易には攻め込んで来れない。泰村達はそれを利用して逃げ込んだのである。

永福寺に八十余騎で隠れていた光村は、西の方の山の樹々越しに煙が上ったのを見て、泰村の苦戦の様子が窺われるので、いよいよ奇襲部隊として執権邸か御所を衝こうと思っているところへ泰村から、

「法華堂に立て籠る」という伝騎が来た。そこで奇襲を断念したかわりに、

「永福寺は城にも等しき地形の良い所、こちらに移られて防戦し、万一の時には山を越して三浦に出

て、房州へ渡って再挙した方が宜しいと存ずる。」

と返事の使者を出した。しかし、泰村もすでに覚悟したらしく、

「いまとなってはどこへ逃げても助かることは難かしい。かくなる上は武士らしく、故右大将家の御像の前で潔良く自滅するばかりであるから、そちもここへ参集して欲しい。」

と申し送った。光村もやむをえず八十騎を引き連れ、法華堂の包囲陣を突破して集った。

法華堂境内は一段小高く垣がめぐらされており、僧坊もある。ここに籠れば、幕府軍も滅多に放火できない。じりじり包囲して斬り込もうと様子を窺うが、境内からは三浦方が矢を射懸る。

法華堂内には頼朝画像が掲げられ、木像が安置されて天井高く部屋は広い。すでに香がたかれて暗い天井には煙が漂よい、窓からさし込む光が筋をなしている。早くも毛利蔵人大夫西阿が念仏を唱え始めると、それを囲んだ泰村・光村・家村・資村、大隅前司重隆、美作前司時綱、甲斐前司実章、関左衛門尉政泰らがこれに唱和する。極楽浄土への成仏をねがう読誦も太く低く堂内に響いて、地底の地獄の唸きのごとく、互の顔も土気色でありながら不気味に光っている。扉や壁に鋭い唸りを上げて矢が次々と刺さり、庭で矢に当って倒れる音や叫び声がし足音が乱れる。

境内の外の包囲軍も喧騒を極めるが、無理の突入はしない。三浦の自滅は目前に迫っているし、強引

法華堂　現、西御門二ノ五、清泉小学校の裏あたり。白旗神社、頼朝の墓がある。頼朝の持仏堂があり、死後に廟所とされ、法華堂があった。

に突入して死に狂っている者の道連れの犠牲になる必要は無いからである。

三浦勢がほとんど矢を射尽してから、包囲軍はじりじり迫り、門を破壊したり垣をよじ上ったりして侵入し始める。約三刻(さんとき)余りというから午前中から戦が始まって午後三時頃である。一方的に攻め立てられてよく持ちこたえた方である。境内では生き残った軍兵が凄惨な死闘を演じ、怒号、刃の打ち合う音の中に、次々地響きを立てて斃されて行く。功を急ぐ御家人達が先を争って堂に近づいた時には、堂の縁には累々たる自決の骸(むくろ)が重なり合い、血は縁下の敷石に滴(したた)って流れるあり様であり、苦悶の唸きを上げて顔を上げる者もある。

とても堂内には踏込めないが、堂内の灯明すでに消えて暗い中に、香煙霞のようにたなびき、重なり合った屍体で腥風(せいふう)惨として鼻を衝く。腹を刺して前に伏した者、太刀をくわえて柄を柱に押しつけ貫かれたままで伏している者、差し違えて互に背から刃が出たままでこと切れている者、介錯された首が他人の骸の脇に転がっている者、誰が誰やら区別のつかぬくらいに重なり合って、中をのぞいた軍兵も思わず息を飲む。法華堂で自決した者は主だった者二百七十六人、一族の郎党ら五百余人という集団自決である。

事後処理

三浦氏全滅の報は、直ちに御所に報ぜられる。これが片付けば、あとは三浦に一味したと思われる与党の誅戮(ちゅうりく)である。直ちに長尾平左衛門尉景茂討伐の命が近江四郎左衛門尉氏信に下った。景茂の子四郎景忠は、泰村に同心して法華堂に籠ったが脱出していた。景茂は、後三年の役で勇名を馳せた鎌倉権五郎景政より六代目の孫である。近江氏信が長尾の邸を囲んだが人の気配がしないので乱入して見ると全員逃亡していた。が戻る途中で四郎景忠を発見し、捕えて幕府に連行した。中の刻（午後四時頃）、これほどの大事件であるから朝廷へこのことを奏聞するために、六波羅探題あての文書を作り、また全国の守護地頭らの動揺を押えるために鎮圧した経過の書類を起草せしめ、実検使を法華堂に派遣して死骸の実検があり、あちこちに人馬が馳り廻ったり辻々に篝がたかれ、武者達への給与で慌しく日は暮れた。

六日

早朝から三浦一族の残党狩りに急がしくなる。まず泰村の妹聟に当る上総国の上総権介秀胤を討てという命が、大須賀左衛門尉胤氏と東中務入道素暹に下された。秀胤は上総介平広常の曽孫である。

法華堂の屍体整理はなかなか大変で、午後になってようやく首実検となり、あらかた確認されたが、光村と家村らしい首は形を留めぬくらい斬られていて明瞭りしなかった。自ら顔を削ってから死んだものであろう。

七日

上総権介秀胤討伐の大須賀左衛門尉胤氏と東中務入道素暹の軍勢が上総国一宮大柳に到着すると、上総中の御家人が続々と参着して、秀胤の館を囲んだ。秀胤は三浦氏滅亡をすでに知っていたので、館の周囲を炭薪で積み囲み、討伐軍が鬨をあげて迫ると一斉に放火した。火は見る見る館を包み、黒煙は地を這って渦巻きつつ拡がり、攻撃軍は踏み込むことができなかった。上総権介秀胤・嫡子の式部大夫時秀・次男修理亮政秀・三男左衛門尉泰秀・四男六郎景秀らは、猛火の中で大声で念仏を唱和して自決したが、火勢あまりにも熾んで踏み込むことができないので首は獲れなかった。

八日

この日、法華堂の坊主が一人幕府に召喚されていろいろと聞かれた。それによると、五日に泰村達が法華堂に乱入して来たので恐ろしくなって逃げ惑ったが、脱出できず堂の天井裏へ上った。そのため泰村一族自滅までの一分始終を震えながら見ていたという。実に恐ろしい地獄絵の目撃者である。

九日

金持次郎左衛門尉が武藤小二郎左衛門尉景頼の手で、武蔵国において逮捕され鎌倉へ連行されて来た。法華堂での戦のとき、後の山を越えて逃亡し、武蔵国河簀垣の宿に潜んでいたところを六日に捕われたのである。

十日

このたびの合戦における奮戦振りを示す功績簿を提出させたところ、御家人達は競って差出したので瞬く間に数十通集った。

また軍触に応じて着到した者を控えた着到帳を将軍に御目にかけ、着到状には時頼が了承と書き署名加判してそれぞれに渡した。

着到帳と着到状は、後日の論功の折に影響する書類で、召しに応じた者の人名・人数を詳しく記録したもので、これの整理に執筆は数日かかっている。

また三浦合戦は敵味方に縁者が入り組んでいるので、情状酌量と厳罰になかなか面倒であったし、三浦一族の遺族の処置にも手間取った。

泰村の妻は鶴岡八幡宮別当の法印定親の妹であり、二歳になる男子があった。

光村の妻は後鳥羽院の北面の武士医王左衛門尉能茂法師の娘で、京都（みやこ）でも美貌をもって聞こえていたのを強引にもらった恋女房であるから、他人目（ひと）もうらやむ睦まじさであった。今度の合戦では別離し難い情から、互に下着の小袖を取り替えて遺品（かたみ）に身につけたくらいであるから、その悲歎は見るも痛々しく、それに嬰児（みどりご）が一人いた。

家村の妻は島津大隅前司忠時の娘で、これにも三人の幼児がいた。

これらの婦人は反逆者の妻とはいいながら、特に宥免（ゆうめん）恩赦として、皆髪を剃（そ）って尼とすることで落ちついた。

しかし男は、縁座の罪として縁に繋る者はほとんど罰せられた。合戦後の関係者討伐を含めて三浦方の死者は五千人ともいわれているから、意外と大きい事件であった。

文永九年（一二七二）二月騒動
弘安八年（一二八五）霜月騒動
正応六年（一二九三）平頼綱滅亡

北条家の内訌と安達一族の滅亡

「狡兎死して走狗烹らる。」

鎌倉幕府の創建以来功績のあった重臣が、北条氏によって次々と滅ぼされて行った。

安達家と北条家の内訌

三浦泰村一族滅亡のときに、攻撃の戦端を切ったのは安達一族である。その安達一族にも、「因果はめぐる小車の」という運命が、誰も気付かぬうちに忍び寄っていた。

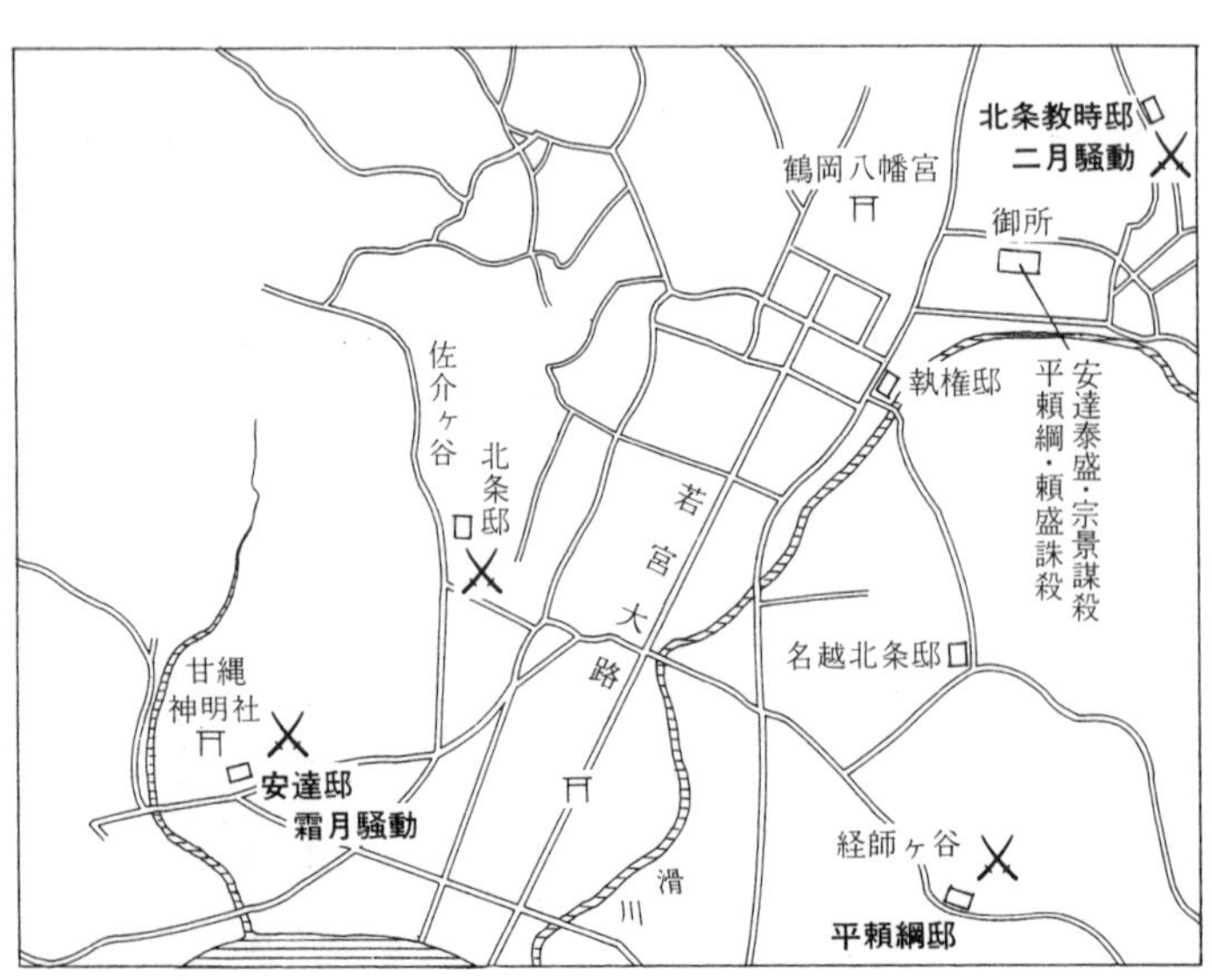

安達家は、源頼朝流人時代からの股肱（ここう）の臣藤九郎盛長を祖としている。盛長の子の景盛の娘が北条時氏に嫁して、経時・時頼を生んだ。

障子を全部貼り変えず、破れた所だけ切り貼りして、坂東武士は質実に暮すべきことを教訓したという説話の主はこの女性で、時氏没後は剃髪して松下禅尼といった。

安達家は硬骨の家であまり目立つ存在ではなかったが、隠然たる勢力を持っていて、幕府の実権者北条氏と縁戚関係を持って確固たる地盤があった。三浦泰村討伐には急先鋒となって北条氏に尽したので、それより幕府御家人の最上位となった。これまでの例のように、実はこうした状態が、北条体制の中では一番危険なのである。

しかし当分は、北条氏との間は緊密な間柄が続く。景盛の子の義景の娘、つまり安達泰盛の妹が得宗（北条義時の法名で、以後鎌倉幕府の執権となった者をいう）北条時宗の妻となった。

時宗が執権の時に、元寇、すなわち文永・弘安の役（一二七四年と一二八一年）があり、三度目の来寇を警戒して全国的に緊張し、諸国も疲弊し、御家人の不満もようやく起こりつつあった。そうした内憂外患の心労のためか、弘安七年（一二八四）の四月四日に、時宗は三十四歳の若さで死亡した。

遺児貞時が十四歳で得宗家を継いだが、子供では執権としての実務は勤まらない。重臣達に推されて、外戚の泰盛が後見人となって執政することとなった。将軍は飾り物、執権職は名目だけということになれば、実権は安達泰盛が握ることとなる。

幕府創設以来、政治を北条氏が牛耳っていたこと久しいが、ようやく実力ある御家人が力を振うようになったのであるから、喜んだのは全国の御家人である。

北条氏永年の弊害は、すでに表面化している。北条氏が権力確保のためには御家人を雌伏させる政策ばかりか、一族間でも権力取得のための醜い争いや殺し合いを行っている状態である。たとえば貞時の祖父時頼の時代にも、一族の名越光時（祖時政以来名越に邸があり、それを受け継いだ一族の北条氏を名越というが江馬光時ともいう）を三浦の乱に関係ありとして伊豆国江間郷に流罪とし、その弟時幸を自殺せしめたが、弘長三年（一二六三）八月には、その弟時章・教時を名越の邸から逐っている。一度嫌疑がかかると一族でも決して容赦せず、権力の敵と見做すのである。

僧形に身を俏（やつ）して諸国の御家人の様子を見て歩いたという「鉢の木」の伝説的物語の時頼にも、冷酷な北条家の血が享（う）け継がれていて、徹底的であったのである。この時頼も三十七歳で弘長三年十一月二十二日に亡った。

時頼は次男太郎時宗を愛していたので、時宗が得宗家を継ぎ、長男の次郎時輔（これは一寸おかしいが、時輔は庶腹だったかも知れない）は六波羅探題となった。こうしたことも、得宗家及び一族間で二派に分れるような揉め事の芽を胎（はら）んでいた。前記の名越の邸を逐われた教時は、当然時輔と気脈を通じ、将軍宗尊親王に接近して時宗排斥を企てようとした。

文永三年（一二六六）七月四日、残暑厳しい日盛りに教時は甲冑武装すると、薬師堂ケ谷の屋敷から打って出て、若宮大路に進出した。将軍を擁し時宗を討とうとしたのである。不意のクーデターを行えば、呼応する武士も多いと踏んだのであるが、実はこの計画は時宗の密偵によっていち早く察知され、すでに鎌倉中の御家人に触れられていたので、唯一人応じるものもなく、若宮大路を制圧したかに見えた教時の一人芝居となってしまった。じりじりとしたまま引っ込みつかずしているところへ、時宗の使者東郷八郎入道が馬を乗りつけ、

「平穏なる街中で何を騒ぐぞ。御所の命なきに兵を動かすとは何事じゃ。早々に陣を払って謹慎せい。」

と叱責したので、どうしようもなく、すごすごと邸に引き上げた。時宗はここで教時を討って騒動を起こすことの不利を知っていた。それよりも、もっと重要なことを決行する口実としたのである。

その夜、御所に時宗の手の者が乱入して将軍宗尊親王を拉致し、佐介ケ谷の北条時盛の邸に移した。そして翌朝には、もう京都に逐い返すべく護衛して東海道を発たしめた。

幕府の体制からは、将軍という名目が必要なだけであって、人物が必要なのではない。藤原頼経・頼嗣父子を、次々と将軍職から追放したのと同じである。将軍とて執権職以外の者と手を結ぶ気配が見えたら、追放するのである。

そして、政治のまったくわからぬ宗尊親王の子供の惟康親王を将軍とした。

教時は手も足も出なくなったので、慌てて弁解し誓書を出したので、時宗はただ黙認したが、これで済んだわけではない。

文永九年（一二七二）二月十一日、油断しきっていた時章・教時兄弟は、不意に時宗の軍勢に邸を襲撃されて一族全滅した。それればかりでは無く、時宗の兄に当る時輔も討手を受けて六波羅で殺された。

これを「二月騒動」という。

元軍がしきりに日本を犯さんとの風聞乱れ飛ぶ時に、挙国一致してことに当らねばならぬのに、内紛で揉めたのである。得宗家としては内部から粛正し、諸国の御家人を統合しようとしたのであろう。得宗家に脅威を与える禍根は、少しの容赦もしなかったのである。かくして文永・弘安の役の二度にわたる国難を克服した時宗も、労(つか)れ果てたかのごとく若くして死んだ。

泰盛と北条家の対立

安達泰盛が得宗家の少年貞時の外戚として後見人となり、実権を握ったのはこれからである。『蒙古襲来絵詞』に、竹崎五郎季長が安達邸に伺候して己れの戦功を陳述する図に、対面している偉丈夫姿が泰盛である。幕府の権力者としての貫禄充分で、将軍・執権に代って、すべての処理の任にあたったことが窺われる。『北条九代記』などに、城陸奥入道覚真と記されているが、この頃は未だ入道していなかった。

北条氏長年の専断に反感を持っていた全国の御家人達には、泰盛の登場は期待をもって迎えられた。泰盛は新御式目三十八ヵ条を発してそれにこたえたが、泰盛の声望上るほどに、北条一族の反感は強まって来た。

得宗家では、貞時が実権を持つといっても、それは十四歳の少年で名目だけであるから、この調子で行くと、将来は得宗家および一族の地盤と権力は泰盛に奪われてしまうというおそれを抱き始めた。権力維持に固執する北条氏にとっては、泰盛の信望が容易ならざる敵に見えて来る。

まず、得宗家にもっとも忠実な佐介ケ谷の北条家が、泰盛排斥の陰謀を企てた。

密偵を使って摘発するのは北条家の得意とするところであったが、泰盛もこれに倣って用心深く北条一族の動きを内偵させていたので、この陰謀を握んだ。その陰謀は修理権亮時光と六波羅の時国が主であることがわかると、泰盛は時国を政務上打合わせの用ありとして招き、その下向の途中で逮捕して常陸国下館に拉致した。同時に時光を捕えて拷問して白状させた。その結果、時光は佐渡に流罪、甥の時国には討手が差し向けられて殺され、また佐介ケ谷の北条氏も攻められ、時元一人脱出したが、全国に指名手配書が廻った。泰盛としては北条一族を厳しく叩いておく必要があった。

北条家御内人の奸計

後見人として登場してからの泰盛の態度は、諸国の御家人からは好感を持たれたが、納まらないのは北条家の被官達である。彼らは幕府御家人より低い陪臣であるが、得宗家が政治の実権を握っている時は、その権威を笠に着て、御内人として御家人の上にたって胸をそらせていられたのである。御内人達にとっては、泰盛の後見人執政は脅威であり、憎い存在であった。

御内人で執事に当るものは御内人の管領職、つまり内管領として執権の命を行使したが、泰盛が後見職になってからは力を失った。当然名目上の執権貞時を挟んで、泰盛方と御内人側との激しい摩擦が起こる。泰盛としては、甥の貞時が成人して政務に明るくなれば引退するつもりで、執政の間に積年の悪弊を正して幕府を安泰にしておくつもりであったろうが、御内人や内管領が排斥運動を始めると我慢がならない。

得宗家の内管領は平左衛門尉頼綱である。頼綱の妻は貞時の乳母であり、内管領は側近であるから、出仕しては貞時に泰盛を悪く吹き込む。ここに、頼綱にとっては安達一族を滅すまたとないニュースが飛び込んで来た。

安達泰盛の嫡男宗景が、曽祖父景盛は征夷大将軍源頼朝の血を享けた子であるから、源氏を名乗ってもさしつかえないとして源姓に改めたというのである。

安達景盛が果して頼朝の子であったかどうか、それを証するものは無いが、子孫の宗景が源姓を名乗ろうとしたからには何か信ずべきものか、あるいは安達家にそうした伝承があったのであろうか。

当時、頼朝家三代の血筋を唱えることは大変なことになる。つまり将軍家を継ごうという気持があると、直結して考えられてもいたし方のないことで野望ありと見られるのである。『保暦間記』は、

「誠ニ左様ノ気モ有ケルニヤ」

と肯定しているが、果して事実であったろうか。幕府積年の悪弊改革に邁進し、北条一族の陰険な策謀が恐ろしいことは充分承知している泰盛にとっては、特に北条一族やその内管領・御内人と鎬を削っている最中に、そんな危険なことはしないと思われる。『保暦間記』に、

「共ニ種々讒言ヲ成ス」

という状態であるから、これは内管領平左衛門尉頼綱のデッチ上げではあるまいか。陰謀にはデマが付きものである。論拠も証拠もないにもかかわらず、人々はそれを信じる。

〝良薬は口に苦し〟で、泰盛の言より、得宗家のためを思って申し上げるという素振りの頼綱の言の方が信じられ易い。貞時は未だ少年であるから、乳母の夫の頼綱の甘言には釣られる。

「あの安達家は藤原氏の流れ故に、先祖代々藤氏と称してござる。泰盛の息子の城介宗景は先般、曽祖父景盛が故右大将家（頼朝のこと）の子なればとて急に源姓に改め申したと聞いてござる。これ偏(ひと)えに将軍家初代の血筋を言いたてて将軍にならんとする下心と存ずる。そのための改姓という噂もござりますぞ。もしこれを見過しては、代々将軍家を補佐して来た得宗家とその一族はどうなることにござろうや。安達奴(め)が当家を亡(な)きものと謀(たくら)んでいることは前からでござる。さきほど佐介の一族も罪も無きに憂き目に遭せしも、この北条家を次々と滅さんための手段(てだて)にてござる。城介奴(め)が源氏を称して、諸国の御家人に呼びかけて将軍職になれば、当家は滅亡の淵に追い込まれるは必定、かかる陰謀は芽のうちに摘まねば、取り返しがつかぬ事に相成り申す。」

と誠しやかに吹き込んだ。

貞時は少年とはいえ、得宗家の主として北条一族を背負っている重責がある。一族を危機に陥れることは防がねばならない。頼綱の言葉にコロリと引っかかった。執政してくれる叔父ではあるが、それよりは自分の家の方が大切である。少々こうるさい後見人がいなくとも、熟練の内管領がいる。この際、安達一族を滅すにしかずという御内人達の意見を、受け入れざるを得なくなった。

ことは迅速を尊ぶが、何せ安達家は現在では幕府内随一の実力者であり、全国御家人の支持がある。下手な行動をとると全国的争乱になりかねないし、こちらが破れることもある。結極、北条氏がよく使う奥の手、営中で泰盛父子を暗殺し、同時に安達邸を襲撃して一挙に滅してしまえということになった。比企一族を滅した時と同じ手口である。

安達家滅亡

弘安八年（一二八五）十一月十七日の午後、かかる謀略ありとは夢にも知らぬ城陸奥守覚真入道泰盛と子息の秋田城介宗景は、御所に出仕したところを囲まれ、乱刃のもとにあえない最後を遂げてしまった。

同時に、甘縄の神明社の傍にある安達邸も襲撃され、泰盛の弟の時景、甥の時長らも凶刃のもとに死に、一族は灰燼と共に滅んだ。

また、この夜、泰盛に好意を持っていると目された鎌倉の御家人邸が五百余個所も襲撃された。

夜から翌朝にかけて、大路・小路、山際・谷戸（やと）にかけて武者が喚き駆け乱れ、馬蹄がたえず轟き、あちこちで火災が起き、将軍御所まで延焼した。

鎌倉に住む人々にとっては、恐怖の一夜であったろう。

頼綱の指揮したクーデターは、鎌倉だけでは納まらなかった。直ちに指令が諸国に発せられて、全国

甘縄神明社と安達邸址碑　近くの長谷観音、大仏周辺の喧噪がウソのよう。

の御家人で泰盛に好意を持っていると思われる者を討つようにさせた。追捕は北条家の身内にまで及んだ。越後守顕時も連坐していると見られ、総州垣生庄に遷された。これを霜月騒動といっている。

頼綱の横暴と滅亡　頼綱は、一挙に実権を握ってしまった。しかし、これは政治上の粛正ではなく、勢力争いであるから、実権を握ると元の北条の悪弊に輪をかけて、専横と乱脈の振舞が激しくなって来た。

執権貞時には未だ是非の判断力は無いから頼綱の言いなりになっているが、その専横には目に余るものがあるのに気付いて来る。北条一族の中にも頼綱を嫌う者が出て来た。

内管領による政治の乱れは、やがて次の高時の時代にまで及び、これが北条氏滅亡の一因ともなったのである。

内管領をトップとして、御内人の利益が優先されて御家人は無視された。当然訴訟も公平でなく賄賂（わいろ）が公然と行われ、不平が満ちると密偵が探り、密告が行われ、拷問によって無実でも無理に罪状をでっち上げて処断された。鎌倉時代を通じてもっとも暗黒政治の時代であり、こうした状態が数年続いて全国に怨嗟（えんさ）の声が満ちた。

しかし、歴史上の輪廻の運命は、例外なく平左衛門尉頼綱入道の前にも訪れてきた。頼綱入道はすべ

甘縄　甘縄神明社があるところから名付けられたが、神明社は天照大神以下の五社明神で、甘縄明神・神明社・神明宮ともいい和銅三年（七一〇）の創建で、鎌倉最古の神社という。現在の長谷一丁目十一番地あたり。

てが意のままになることによって奢り高振って、子息廷尉頼盛（資宗ともいう）を将軍にしようという野望すら抱き始めていた。『保暦間記』によると、

「其後平左衛門入道果円　憍（オゴリ）ノ余ニ子息廷尉ニ成タリシガ。安房守ニ成テ飯沼殿トゾ申ケル。今ハ更ニ貞時ハ代（よ）ニ無キガ如クニ成テ。果円父子天下ノ事ハ安房守ヲ将軍ニセント議シケリ。彼入道嫡子平左衛門宗綱ハ忠アル仁ニテ。父ガ悪行ヲ歎テ此事ヲ貞時ニ忍ヤカニ申タリ。」

とあるごとく、霜月騒動より八年目の正応六年（八月改元して永仁元年、一二九三）四月二十二日、頼綱入道の運命も極まった。

「貞時ハ代ニ無キガ如ク」とあるごとく、全然無視されていた貞時も、すでに成人していてことの善悪の判断もつく。数年来の頼綱入道の振舞を苦々しく思っているところに、こともあろうに頼綱の長男宗綱から大変な陰謀を告げられた。安達宗景が源姓を名乗って将軍になろうとしたというデッチ上げどころではない。もっとも目をかけた側近である者の、しかも先祖が明瞭でなく、ただ平姓を名乗る頼綱の子を将軍にしようと思い上っての陰謀であるから、貞時は驚くより呆（あき）れた。それも噂ならとにかく、頂本人頼綱の長男宗綱から、「大義親を滅す」忠誠心のあらわれとして聞かされたのでは、疑いを入れる余地は無い。

まさか長男から洩れているとは露知らぬ頼綱入道果円と次男安房守頼盛は、尊大に構えて御所に出仕して来たところを、営中の武者に囲まれてたちまち斬殺された。

そして時を移さず、貞時の命を受けた軍兵が経師ケ谷（きょうじがやつ）の頼綱入道邸を襲撃した。

権勢を誇って奢る頼綱邸には百人近い一族郎従がいたが、不意を打たれて次第に斬り斃され、放火したために猛焰の中で九十三人がことごとく斬り死したという。頼綱方がこれだけ死ねば、攻囲軍にも多少の死傷者があったであろうし、殲滅しようとしたのであるから、少なくとも五百や千の軍兵が動いたはずである。経師ケ谷の局地的戦闘であるが、決して小競合(こぜりあい)的合戦ではない。大町に近いから「すわ、また合戦よ」と庶民は慌てて逃げ出し、混雑を極めたものと思う。

ところで、密告した忠義者の宗綱ではあるが、大逆罪の家族であるから、形式的にも宗綱を許してはおけない。捕えられて佐渡国に流罪となった。

後、宗綱は召し帰されて内管領となったが、反逆者の家の烙印を捺(お)されるとなかなかうまく行かなかったらしい。「大義親を滅す」忠誠心とはいうものの、父と弟を殺してまで生き延びるずるい人物という印象の方が強い。記録には理由が記されていないが、宗綱はまた上総国に流罪となった。

貞時はその後いろいろ改革を行うが、正安三年（一三〇一）に従弟の師時に執権職を譲って薙髪(ちはつ)し、応長元年（一三一一）四十一歳で没した。

経師ケ谷　長勝寺東方の谷で、現在の材木座二丁目と大町五丁目の入り組んだあたり。ここは元久二年に畠山重忠が討滅された時に、一味と思われた榛谷(はんかい)四郎重朝父子が三浦義村によって攻殺された所であるといわれる。

元弘三年（一三三三）五月二十二日

新田義貞の鎌倉攻め

——北条氏滅亡——

七里ヶ浜の磯づたい
稲村ヶ崎　名将の
剣投ぜし古戦場

北条氏九代約一二〇年の栄華の夢を破った新田義貞の鎌倉攻めは、鎌倉を舞台とする合戦の中で、やはり最大規模、最激戦の戦いであった。

新田義貞立つ

これまで紹介した合戦は、和田・畠山合戦をのぞき、北条氏が政敵を蹴落とすもので、わかりやすい構図といえた。ところが、建武中興期から南北朝、足利幕府確立期にかけての諸戦は、敵・味方、親子、兄弟、主従入り乱れ、離合集散を繰り返し、なかなかわかりにくい。背景を十分に説明しないと、その戦いの意味は理解できないが、鎌倉での攻防を中心に、背景説明は必要な範囲にとどめたい。

清和源氏、八幡太郎義家から十代の孫、新田義貞は正安三年（一三〇一）の生まれ、新田宗家を継いだころ、北条政権は弱体化しつつあった。幕政は頽廃の極に達し、天皇親政をもくろむ後醍醐天皇は、幾度か討幕計画の失敗を重ねながら、元弘元年（一三三一）八月、幕府討滅に立ち上がった。大塔宮護良親王や楠木正成が、西の京畿で幕府軍に抵抗を続け、また足利尊氏も反旗を翻して六波

125 新田義貞の鎌倉攻め

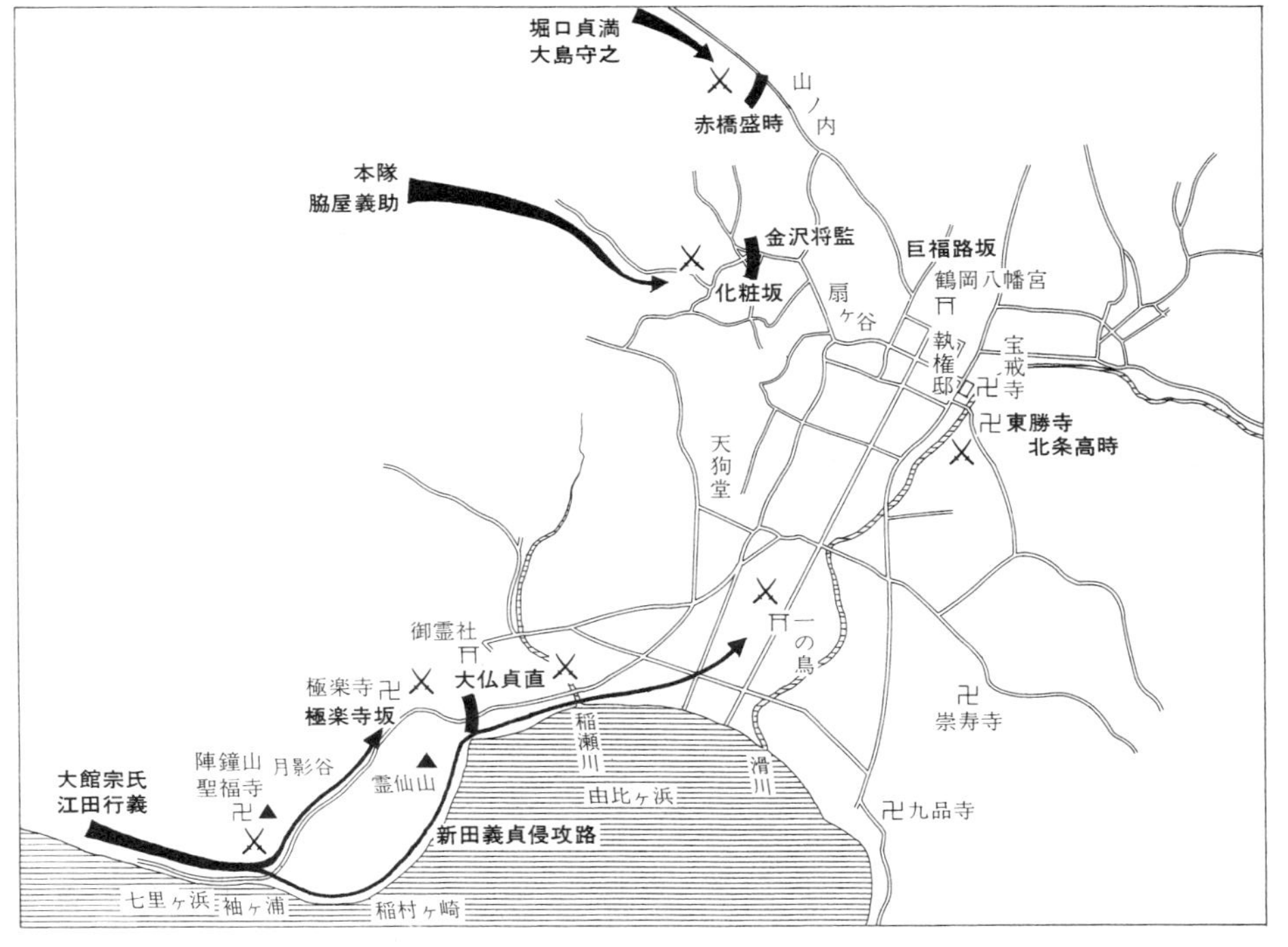

羅探題を攻めんとしていたころ、気脈を通じたように、関東で新田義貞が反幕の兵を挙げた。元弘三年（一三三三）五月八日、卯の刻（午前六時頃）、上野国生品明神の社前に集った悲愴の決起者は、義貞の弟脇屋次郎義助をはじめ、大館、堀口、岩松、里見、江田らの一族郎党わずか一五〇騎余にすぎなかった。が越後・信濃の一族、また関東一円の一族・地方武士団が次々と合流して、またたく間に大軍勢にふくれあがった。

九日には利根川を越え、武蔵国に入り、十一日から十六日にかけて小手指原・分倍河原で鎌倉勢と激突し、危ない局面はあったもののこれを大破して、逃げ帰る幕府軍を追って鎌倉に迫った。

鎌倉の攻防

さて、鎌倉は、頼朝の幕府開設以来、三方を山に囲まれ、一方は海の天然の要害と見られてきた。鎌倉の出入口はほとんど谷間を縫った道や切通しの七ヵ所であり、谷々が複雑に入り組み、崖をなしたり樹木が密生しているから、確かに騎馬戦が戦いの主な形態であった時代には、そうであった。しかし、戦いの形態が騎射戦から歩射・徒歩太刀打戦に移行し、足軽悪党をも含めた大量集団戦となってくると、さして険しくない鎌倉の山々（山というが、ほとんど一五〇メートル以下であり、地理学的には丘陵である）ぐらいは登破侵入できるし、樹々が密生していることによって反って隠密に侵入しやすい。戦闘法が変って徒歩戦が多くなると、鎌倉は金城鉄壁とはいえないのである。

ところがこの時点では、幕府方も、攻め込む新田方も騎馬戦を未だ重んじていたから、戦いはやはり旧鎌倉道沿いに展開された。

義貞は、十六日は関戸で一日軍馬を休養させ、軍の編成整備に当った。新田軍大勝利と聞いて、近国より馳せ集った軍は着到帳には六十七万余騎と『太平記』は記すが、これはもとより勇ましくも調子良い軍記物語の常套的な誇張表現である。仮りに十分の一に見積って六万七千人。現在でいえば六個師団に相当し、これだけの人数でも大変である。

鎌倉時代初期頃までの軍記物は、比較的実数に近い表現と思われるが、『太平記』頃からは誇張が飛躍的に大きい。また軍記物の人数の読み方にも、注意が必要である。たとえば百人といった時は、騎馬武者・徒歩武者・郎従・下部・雑人打ち混ぜて百人である。百騎といった場合は、馬上武者百人に、馬の口取り、徒歩の郎従・雑人が付属するから人数は倍にも三倍にもなる。騎とは馬上の武者の数だけをいったもので、徒歩の者を入れないから実数は倍以上である。簡単に五千騎が馳せ集ったと書くが、乗替馬や荷駄馬を含めると一万頭以上、人数も一万数千人に及ぶのであるから、五千騎は想像以上の大軍である。まして六十七万騎は誇張はなはだしいもので、その十分の一も怪しいのである。

それはともかく、関東中から武者が義貞の陣へ馳せ参じたのは事実であろう。おそらく鎌倉幕府の命で、やむなく北条勢に従っていた者の中から、義貞優利と見て離反して馳せ集った連中と、軍触(いくさぶれ)に応じないで様子を見ていた連中が、勝馬に乗ったものであろう。

旭日の勢いにも似た義貞は、こうして大軍を擁し、攻撃編制を行った。

まず大館二郎宗氏を左将軍、江田三郎行義を右将軍とし、十万余騎（数字は『太平記』のものであるが、前述の通り割引いて考えて欲しい。以下同）を率いて片瀬腰越方面から進ませて極楽寺切通し口に向ける。

また堀口三郎貞満を上将軍、大島讃岐守守之を裨将軍(ひしょうぐん)（副将軍）として十万余騎を洲崎方面に派し

化粧坂　今でも雨天時は滑りやすい。

た。

そして、本隊は義貞・義助が大将軍となって、一族の堀口・岩松・山名・大井田・桃井・里見・島山・額田・一井や、諸国より馳せ集った軍勢四十万七千余騎が化粧(けわい)坂より攻め入ることとした。

しかし化粧坂は現在の地形でもわかる通り、九十九折(つづらおり)の坂で侵入軍には不利であるから、ここを主力の大軍が侵入口としたとは思えない。「円覚寺正統院雑掌申状」によると、義貞は聖福寺に陣を布いたことが知られるから、七里ケ浜の音無川を北に遡った丘陵の陣鐘山（聖福寺跡）に陣を布き、右軍・左軍を指揮したのであろう。

一方北条方では、相模左馬助高成・城式部大輔景氏・丹波左近大夫将監時守を大将として三手に分け、化粧坂口には金沢越後左近大夫将監に安房・上総・下野の勢三万余騎、極楽寺切通し口には大仏(おさらぎ)陸奥守貞直に甲斐・信濃・伊豆・駿河の勢五万余騎、洲崎には赤橋前(さきの)相模守盛時に武蔵・相模・出羽・陸奥の勢六万余騎をつけて固めさせた。また幕府周辺には北条一族八十余人が諸国より集った十万余騎を率い、これは苦戦している所へ派遣する遊軍とした。

十八日の卯の刻（午前六時）。早くも村岡・藤沢・片瀬・腰越・十間坂と水が浸み拡るように迫った新田軍は、村々の民家五十数ヵ所に放火して鬨の声を上げる。一ヵ所から鬨の声が上ると、連鎖反応のように続けて鬨が拡がるから、鎌倉の山々を揺るがして遠雷のように聞こえる。西北に当って山越しに黒煙が濛々と朝空を汚し、薄れ拡っているのを見ると、早や合戦たけなわで、苦戦しているのではないかと鎌倉の人々は不安にかられる。守勢の心理は弱いものである。風にのって人馬のどよめきも聞こえ、今にも谷々あたりから敵が現れそうで、街中は騎馬武者が馳り廻り、海寄りの街は非難する人で大混雑である。『太平記』の名調子によれば、

「是ぞ此霓裳一曲の声の中に漁陽の鼙鼓地を動かし来り、烽火万里の詐りの後に、戎翟の旌旗天を掠めて到りけん。周の幽王の滅亡せし有様、唐の玄宗の傾廃せし体たらくも角こそは有りつらんと思い知らさるるばかりにて」

と中国古代の周の幽王の滅亡時や、唐の玄宗皇帝敗退をうたった長恨歌の一節を引用して、鎌倉幕府滅亡の序曲を奏でている。

洲崎　現在の寺分・梶原・山崎一帯をいったものである。いま京浜急行電鉄の有料道路の坂の中程に、「洲崎古戦場」と彫った石碑がある。

化粧坂　『吾妻鏡』には気和飛坂と書き、『太平記』では仮粧坂と書いている。木生坂・嶮い坂の意であろうとも、平家の武将を首化粧して実検した所、あるいは娼家のあった所ともいわれているが、深沢・梶原へ抜ける要衝である。

聖福寺　北条時頼の開基であるが、今は廃寺となっている。

赤橋盛時の奮戦

しかし、北条氏もいくら頽廃したといっても、鎌倉武士の誇りがある。赤橋相模守盛時の六万余騎は洲崎口で、堀口三郎貞満・大島讃岐守守之率いる十万余騎と激突した。一日中押しつ押されつ戦ったが、盛時方は次第に討たれ、山ノ内方面へ潰走し始めた。赤橋盛時も止むを得ず殿(しんが)りして、千代塚で残兵をまとめるとわずかに三百騎あまり。『太平記』によると、一日一夜に六十五度の斬り合いであったとしている。

かくなる上は巨福呂(こぶくろ)坂方面に退き、援軍を頼んで戦った方が良いと南条左衛門尉高直をはじめ一同がすすめたが、盛時は足利家と縁戚関係ある自分であるから、後退すると、閨類（赤橋盛時の妹登子は足利尊氏の妻である）を頼って生き延びたといわれる。それより、ここで潔よく死した方が武士のいきざまである。援軍を頼む必要はないと坐して割腹すれば、「主人死して誰か生きていられよう」と南条高直も腹を切る。近付く敵の足音を聞きつつまわりの郎従も次々と自決し、九十余人一ヵ所に折重なったので雑兵は四散する。十八日の夕刻、洲崎口が一番先に破れたので堀口・大島の大軍は関を上げて山ノ内まで進出した。

極楽寺口の激闘

極楽寺の切通し口は、大仏陸奥守貞直の率いる五万余騎、木戸を構え逆茂木(さかもぎ)植えて手前に楯を並べ、両側の尾根にも逆茂木・柵を結い廻し、一歩も入れまいと防備は厳重である。

鎌倉への西からの入口は、古くは稲村ケ崎の南端を蜀の桟道のごとく危険な道が通じていたのであるが、永仁の頃に忍性が極楽寺南に切通しを開いたと伝えられる。当時は今より道も細く、坂も高く急であったと思われる。故に、ここは要害の関所的重要の所である。

十九日の暁方、ここへ押寄せたのは大館二郎宗氏と江田三郎行義の十万余騎。いかに大勢でも五騎と並んで進めぬ挟い急坂であるから、待ち構えていた大仏勢に猛烈な矢衾（やぶすま）を浴びせられ、逆茂木の手前に折り重って斃れた。勇猛をもって鳴る大館宗氏は、

「楯を翳（かざ）して進め。力におぼえのある者はあの逆茂木を抜いて捨ていッ。」

と指揮する。次々と矢を射込まれる楯を一面に並べ揃えて前進し、力自慢の武者が逆茂木の端から「えい」と声出して引き抜く。身をさらした者はたちまち多くの矢を受けて斃れるが、それにも屈せず突撃口が開くとどっと攻め入る。大仏勢もこうなっては矢を射る隙（ひま）は無いから、太刀・薙刀を振りかざして乱戦となるが、後から後からと侵入する大館勢に怖気（おじけ）付き、御霊（これい）社・稲瀬川方面に後退する。大仏貞直は御霊社近くに本陣を置いていたが、この口が破れたら鎌倉市街は急所を衝かれたと同様であるから、必死に迎撃して大乱闘となる。

千代塚　『梅松論』に記されている地名で、寺分あたりにその名が残っていたらしいといわれるが、現在はわからない。

陣出の泣塔　現在、JR大船駅敷地内にある俗にこう呼ばれる宝篋印塔（ほうきょういんとう）は、この時の北条方の戦死者の霊を弔らうために建てられたものといわれる。文和五年（一三五六）の銘が刻まれているから、この合戦より二十五年後のものである。高さ二メートル余の塔で、「願主行浄預造立　石塔婆　各々檀那　現世安穏　後生善処　文和五年丙申二月廿日　供養了」と刻まれている。いろいろの伝説があり、青蓮寺にこの塔を移したら、元の場所に戻りたいと毎夜すすり泣いたので旧位置に戻されたといわれ、赤橋相模守一族以下郎党怨みの場所である。

極楽寺　かつては大寺院だったが、今はこじんまりとしている。

由比ケ浜から稲村ケ崎を望む

小山の左端が旧道、左端よりやや右に凹んだ所が極楽寺切通し道。高い所が霊仙山。

御霊社　イチョウやタラの大木が茂る。

この時、若党・中間(ちゅうげん)・軽装の者百余人を引き連れた本間山城左衛門尉が側面から大館軍に襲いかかったので、大館軍は苦戦し、切通し口はおろか腰越まで敗退した。大館二郎は髭を震わせて怒り、

「かほどの敵に追い崩さるるとは言い甲斐なし。我に続けや。」

と真先に立って再び極楽寺坂を突破した。本間の若党がこれを見て、「良き敵と見かけたり」と群がって襲いかかり、馬から引き落とすと大勢で押えつけて宗氏の首をかく。続く武者も主の仇と奮戦するが本間方は意外と強い。大将討たれたと知った大館・江田軍は、再び腰越まで敗走する。

本間山城左衛門尉が意気揚々と戻って来ると、極楽寺坂切通し口は、大仏勢によって前より厳重に防備が固められた。

本間は大仏貞直恩顧の士であったが、何らかの理由で勘気を蒙(こおむ)り、屋敷に籠っていたので軍触(いくさぶれ)にも

御霊社　関東平氏の流れの大庭・梶原・長尾・村岡・鎌倉の五氏の先祖をまつって五霊社といったが、その中の鎌倉権五郎景政だけが有名になって権五郎社とも呼ばれた。旧村社で長谷寺の南、江ノ電極楽寺トンネルの北側で、坂の下四番にある。『吾妻鏡』文治五年に御霊社鳴動の記録があるから、鎌倉幕府開府以前からの社である。

洩れていたが、新田軍が南下し極楽寺口が危しと知って、若党・中間を総動員して駆けつけたのである。江戸時代の若党・中間は武家奉公人で身分が低く三一（さんぴん）とさげすまれるが、室町時代頃の若党は若い郎党の意味、中間は雑色・侍級（クラス）であるから強剛の者も多かった。

大館宗氏の首を携（さ）げて大仏貞直の前に現れた本間は、勘気御免を願った上で「亡び行く北条家のために冥途へ赴く先導をせん」といって割腹した。『太平記』は、天晴れ勇士の振舞に「涙を流さぬはなかりけり」と感動の言葉で記している。

大館・江田軍はそれより数回攻め寄せるが、切通し口はいよいよ厳重で突破できない。山ノ内方面、化粧坂方面は序々に侵入しているが、この極楽寺坂口は二日かかっても攻めあぐんでいるし、大将宗氏戦死の報は義貞にとっては打撃（ショツク）であった。

鎌倉は浜面（はまおもて）から侵入した方が、鶴岡八幡宮社前まで平地で攻め易いのであるが、この極楽寺の切通しは難攻不落の場所である。腰越・片瀬から船に乗って浜面に上陸したくも、付近の船はほとんど北条軍が軍船に利用して海からの侵入に備えているばかりか、稲村ケ崎の旧道通過を防ぐために待機している。しかし鎌倉侵入のもっとも有効な地域は、この西の方面以外無いと見た義貞は主力を義助に預け、精強の武者二万騎を選んで大館・江田軍応援に駆けつけることにした。

二十一日の夜、江田軍の先導で極楽寺切通し口に近付く。左は霊仙山（りようせん）から極楽寺の山々に黒々と鎮まる月影谷、前はなるほど山が屛風のように立ちふさがっており、切通し口のみ凹んだ急坂で、そのあたりだけ篝（かがり）がたくさんたかれて人影がちらつき、警備も厳重で一夫関（かん）に当れば万夫も抜き難い所であ

る。一度は、宗氏がよくここを突破したと感心するほどである。『太平記』に、

「明行く月に敵の陣を見給えば、北は切通まで山高く路嶮しきに木戸を構え、垣楯を掻て数万の兵、陣を並べて並居たり。南は稲村崎にて、沙頭路狭きに、浪打際まで逆茂木を繁く引懸て、澳四五町が程に大船共を並べて矢倉（櫓）をかきて横矢に射させんと構えたり。実にも此陣の寄手叶わで引きぬらんも理なりと見給えば」

とある。義貞も、この口の戦局がはかばかしくない理由がわかり、しばし考えこんだ。

義貞、稲村ケ崎の奇襲

稲村ケ崎の先端には鎌倉に入る旧道はあるが、断崖の下の崩れ易い細い路で、波打際である。そこにも逆茂木・乱杭厳しく打ち並べ、無理に一人ずつ通ろうとすれば、海上の船から狙い討ちである。

夜も明けようとする頃になっても名案が浮かばない。苦しい時の神だのみ、龍神の加護を願って、稲村ケ崎の崖上から佩いていた黄金造りの太刀を投じて引き潮の霊験を得たことは、『太平記』によって

十一人塚　大館宗氏討死の場所は、『梅松論』では、稲瀬川の傍とも書かれているが、また稲村ケ崎の西隣の袖ケ浦ともいわれている。そして宗氏の部下十一人が主に殉じて討死したので、その霊を弔うために後に十一面観音を祀った堂を建てたが、その跡は十一人塚といって、現在、稲村ガ崎一丁目十九番地鎌倉海浜公園内、極楽寺川の西側にある。

江戸時代に松平定信の編纂した『集古十種』の馬具の部一の巻に、「相模国鎌倉極楽寺蔵大館次郎鞍図」として、里漆塗鞍に丸に花菱紋の軍陣鞍が掲載され、大館二郎所用として現在も伝わっているが、形式からいって時代はやや下る品である。大館宗氏の奮戦をしのぶ土地であるから、後に大館氏の子孫が奉納したものかも知れない。

有名になった。とにかく義貞率いる大軍が浜面より侵入できたことは事実で、龍神の感応あってか大引潮となって稲村ケ崎方面から侵入したと伝えられる。

「義貞馬より下り給いて、冑を脱いで海上を遥々と伏し拝み、龍神に向って祈誓し給いけるは、伝え承る日本開闢の主伊勢天照大神は本地を大日の尊像に隠くし、垂跡を滄海の龍神に顕し給えりと。吾君其苗裔として逆臣のために西海の浪に漂い給う。義貞今臣たる道を尽さんために、斧鉞を把って敵陣に臨む。其志偏えに王化を資け奉って、蒼生を安からしめんとなり。仰ぎ願わくば内海外海の龍神八部、臣が忠義を鑑みて、潮を万里の外に退け、道を三軍の陣に開かしめ給えと、至信に祈念し、自ら佩き給える金造りの太刀を抜て海中に投給いけり。真に龍神納受やし給いけん、その夜の月の入方に、前々さらに干る事も無かりける稲村ケ崎、俄に二十余町干上って、平沙渺々たり。

横矢射んと構えぬる数千の兵船も、落ち行く塩（潮・海水のこと）に誘われて遥かの澳に漂えり。不思議というも類なし。義貞是を見給いて、伝え聞く後漢の弐師将軍は城中に水に渇に攻められける時、刀を抜て岩石を刺ししかば、飛泉俄かに湧出でき、我朝の神功皇后は新羅を攻め給いし時、自ら干珠を取り海上に擲給いしかば、潮水遠く退いて終に戦に勝事を得しめ給うと。是皆和漢の佳例にして、古今の奇瑞に相似たり。進めや兵共と下知せられければ江田・大館・里見・鳥山・田中・羽川・山名・桃井の人々を始めとして越後・上野・武蔵・相模の軍勢共、六万余騎を一手に成して、稲村ケ崎の遠干潟を真一文字に懸通りて、鎌倉中へ乱れ入る。」

由比ケ浜から津波のごとく押し寄せる新田軍に、幕府方は狼狽する。庶民は小坪口から衣笠の方へ逃げようと混雑し、馳せ交う馬蹄に蹴散らされる。鬨の声は北からも北西からも南からも鎌倉を押し包むように拡がり、早や若宮大路の並木には流れ矢が立ち始める。稲瀬川付近から由比ケ浜沿いの漁家民家は次々と火がかけられ、それが海風に煽られて黒煙と共に街へ流れ、焔は火焔車のごとく飛翔して街や邸に燃え移る。合戦に火事はつきもので、また攻める方には効果的である。煙の中から続々と現れる新田軍は、手当り次第射殺し斬捨てて進んで来る。

こうなると持場を守っていた北条方も持ちこたえられず、巨福呂坂口も化粧坂口も先を争って幕府方面へ退却して来るから、幕府に待機していた十万の遊軍も応援するところでなく、ただ慌てて離脱するばかりである。

長崎父子の奮戦

しかし北条一族にも、名を惜しむ勇士は多い。

長崎三郎左衛門尉入道思元と子息勘解由左衛門尉為基の二人は、七千余騎で極楽寺切通しで奮戦していたが、義貞軍が浜面から侵入したと知ると、小町口が危しと急ぎ新田軍に駆け入って防戦した。この例から見ても、義貞軍は稲村ケ崎口からばかりの侵入でなく、極楽寺切通し口からも激しい攻撃と侵入を行っていたことがわかる。

和田文書にある三木俊連の軍忠状によると、俊連は新田蔵人七郎氏義の軍に従って、五月二十一日霊山寺にいる北条方の攻撃に苦戦しているのを、門を破って敵を追散らしたと記されている。されば山を越えて極楽寺の裏手に出て奇襲したものと思われ、極楽寺側面、切通し、稲村ケ崎の三面のいずれが主力かわからぬように混乱を起こさせて、侵入したものと推定される。

むしろ極楽寺切通し突破に主力を置くように見せかけて、稲村ケ崎の干潮を渡渉して奇襲したものとも思われ、極楽寺切通しが一番の大激戦地であったことがわかる。

長崎入道思元と為基は、奇襲部隊の侵入を阻止しようとして小町口防禦に転進したのである。

もう防ぎようが無いが、少しでも喰い止めて、北条一族自滅のための時を稼ぐのが残された道である。ふと西を見ると、天狗堂・扇ケ谷方面にも激しく煙が上る。化粧坂口が破れた証拠である。

「扇ケ谷も破れたりよな。吾は馳せて応援せん。汝はここにて防ぎ戦え。」

と思元がいったが、これは今生の別れの意味。さすがに猛（たけ）き為基も思わず涙ぐむのを、思元は態（わざ）と目を怒らし、

「共に討死の身なるに、今しばしの別れに涙ぐむ奴があるか。」

と罵（ののし）って馬を駆け去る。為基も気を取り直してはるか天狗堂の方を見送るが、親を思う心のほどは哀れである。

為基はあとは死に狂いするだけであるから、来（らい）太郎国行（くにゆき）の鍛えた三尺三寸の大太刀を馬上で振り廻して新田勢に突入したが、その勇猛さに新田勢も後退して遠巻きにして矢を浴びせる。太刀をもって矢を斬り払うものの、馬に立つ矢は七筋、さすがの名馬も苦痛によろめき、ついに一の鳥居の前でどうと倒れる。為基は太刀を杖に立ち上るが、栗のいがのごとくに矢を受けて、全身蘇芳（すおう）色に染まって堪えきれず片膝ガバとついて崩れる。「してやったり」と、軲子（りうご）（立鼓）引両（ひきりょう）の笠験（かさじるし）なびかせた武者に率いられた五十騎ほどが、包囲の輪を縮めて我先に首を取らんと駆け寄れば、血走った目を見開いてすっくと

立った為基は、

「何奴じゃ。戦に労れて昼寝しているのを起こす奴は。それほどわが首欲しくば取らせてやるぞ。」

と鍔元まで血の染みた大太刀振りかぶって、雷神が落ちかかるように襲いかかれば、その形相に驚いて逃げ散る。踏みとどまる者は刃向う隙をあたえず斬って落とし、両手を拡げて追い廻しているうちに、何処へ行ったか姿が見えなくなってしまった。

父と別れるときに、「死出の山路にて待ち申さん」といって涙を浮かべたくらいであるから、敵手にかからぬように死場所を求めて、おそらく猛火の燃え熾る民家にでも飛び込んで自害したのであろう。

鎌倉武士の死に様

極楽寺坂切通し口の大将大仏陸奥守貞直も、怒濤のように押し寄せる新田軍に対して一歩も退かず、残兵集めるとわずか二百余騎をもって最後の突撃を行った。新田勢に揉み込まれたと見ると全員玉砕。新田軍が由比ケ浜を東に進撃した跡には、地を這う者ばかりで起き上る者もない。

山ノ内に向った金沢武蔵守貞将も部下をほとんど討たれ、自身も七カ所の傷を受け、鎧に立った矢を折りかけて全身血まみれになったが、それにも屈せず馬を馳らせて東勝寺に行き、

「敵は早や巨福呂坂にかかり候。御覚悟のほどを。」

天狗堂　現在の長谷通りから佐介ケ谷に入る右手の山の南端で、佐助一丁目一番地あたり。愛宕社があったのでそう呼ばれた。

と膝をついていえば、高時は蒼白の顔に微笑を浮かべて、

「武蔵殿の働き満足に存ずる。今は北条家滅亡する時に至りたるも、和殿を両探題（六波羅に二つの探題あり。五月初め足利高氏によって亡ぼされているが、これは幕府の要職で貞将はかねてよりこの職を望んでいた）に任ずべし。」

とすらすらと御教書を書いて渡す。貞将膝行してこれを戴き、

「忝けなく存ずる。冥途の思い出にこの上なき餞なり。」

といってから矢立を取り出して御教書の裏に、「我百年の命を棄てて公が一日の恩に報ず」と大文字に書いて鎧の引合せより懐中に入れ、再び馬に乗ると巨福呂坂口に駆けつけ、敵中に突入して討死した。

　さきに子息越後守仲時を六波羅で討死させた普恩寺前相模守入道信忍も、化粧坂でほとんど部下を失ない、残るは郎従わずか二十余人、新田勢は谷々にまで入り込んだから敵中に取り残された形となり、もはや脱出もできない。傍の堂に入ると一同向い合って座し、信忍は矢立から筆を取り出すと傷口の血を染めて、

　まてしばし死出の山辺の旅の道同じく越えて浮世語らん

と御堂の柱に書くと、肌押しくつろげて一番に割腹して前に伏す。続いて郎党も次々と自決するが、乱入する新田軍をまるで意にもかけぬあり様で、やがて全員が血に染んだ床に顔を伏せた時は、仏前の香煙が立ちゆらぐのみであった。

　塩田陸奥入道道祐と子息民部大輔俊時も敵中に孤立して、付近の堂へ籠った。「自害せんほどに皆々

防ぎ矢仕れ。」と二百人ほどの部下を境内に配置して、介錯人として狩野五郎重光と三人で堂の扉を閉める。自害したら堂に火を放って敵に首をとらせるなと言い含め、親子は太刀を外し、甲冑を脱いで仏前に座って最後の読経を始める。遠近から聞こえる鬨の声や、時折扉に当る流れ矢の音。狩野五郎は後に控えていたが次第に落ちつかなくなり、「様子を見て参る」と境内に走り出て物見する真似をして駆け込むと、

「防ぎ矢仕る者共皆討死し、敵は乱入致し候えば早や〳〵御自害なされ。」

と叫んだので、塩田入道は「さらば」と割腹、俊時も同じ枕に伏す。続いて追い腹を切るかと思った狩野五郎は、これを見澄すと扉をあけておのれの郎従を呼び、塩田親子の甲冑太刀をひとまとめにさせて負わせ、また討死した同輩の武装を探って金銭や目ぼしいものを掻き集め、二人で裏山伝いに逃れ去った。重恩の主人をあざむき、火事場泥棒的行為をする武士もあったのである。狩野五郎はそれより円覚寺の蔵主寮に隠れていたが、後に船田入道に捕われ斬られて、由比ケ浜で梟首にされた。

塩飽新左近入道聖遠は自邸に籠っていたが、子息の三郎左衛門尉忠頼を呼んで、

「わしは執権殿の恩義にむくいるために自害しようと思うが、そちは御恩を蒙ったというほどではないから、ここからいずくなりとも落ちて出家となり、我が菩提を弔いくれよ。」

と命じたが、忠頼は、

「父上が御自害なさるのを見捨てて何で逃げられよう。われらこそ冥途の先導をなさん。」

といいも果てず、手を衣の下に入れたままで短刀で腹切り裂いて苦痛の顔も見せず、正座したまま蒼白

になって行く。これを見た弟の塩飽四郎は、吾も遅れじと腰刀抜くのを入道聖遠が止めて、「わしが死んでからにせい」といったので、腰刀を鞘に収めて父の前にかしこまる。聖遠入道は頷くと郎従に曲彔を中門の所に運ばせ、その上に結跏趺坐すると硯を取り寄せ、悠々と筆をとって、

提持吹毛　截断虚空　大火聚裏　一道清風

と書くと郎従にそれを渡し、四郎に「吾が首を討て」と命じ、両手を合せて頸さしのべた。四郎は直垂を両肌脱ぎとなって立ち上ると、太刀振りかぶり気合一声、血飛沫と共に聖遠の首は宙を飛んで石畳に転がる。その首とって前に置くと、太刀を逆しまに取って腹に突き立てるが、力あまって刃は背に長く抜ける。それを見た郎従が、後より折り重なるように刃に貫かれて伏す。誠に凄じい光景である。

古くは自決法として自ら頸を掻くか、刃を口より刺すか、胸を刺したものであるが、『太平記』には村上義輝をはじめとしてほとんど切腹である。切腹が行われるようになったのは鎌倉時代末期頃からのようであるが、切腹は即死しないで苦痛の長引くために、介錯人によって処理される。しかし苦痛をもかえり見ず腹をさらけ出して潔ぎ良さを示すというのは、武士の性格に合ったと見えて、後世まで行れたが惨たんたる光景を現出するものである。

安東左衛門尉入道聖秀は新田義貞の奥方の伯父であるが、稲村ケ崎・極楽寺切通し口破れたと聞いて、三千余騎を引連れて稲瀬川まで進んだが、雲霞のごとく押寄せる義貞方にたちまち破れて百騎あまりとなって戻って来ると、自分の邸も早や焼け失せ妻子眷属の行方もわからない。幕府も執権邸も灰燼に帰し、高時一族は東勝寺に移ったとのこと、小町大路北口の塔の辻で馬より下りて焼跡を見れば、感

慨無量、須臾転変の煙くすぶるのみである。栄枯盛衰世の常とはいいながら、あまりにも早い変りようにしばし惘然としているところに、義貞の奥方の使者という者が尋ね尋ねて走って来た。薄墨の文には、

「いかようにも取りはからうから、降参して来て欲しい。」

と女心の優しさを吐露した内容である。聖秀は冷く笑って、

「一族滅んで、何で我一人生きて降人の恥をさらさんや。」

と文を腰刀に巻くと、立腹切って崩れるように前に伏した。

壮烈長崎高重

一番壮烈な戦い振りは、長崎次郎高重である。高重は武蔵野合戦以来鎧を脱ぐ隙もなく転戦し、ここ数日も山ノ内方面で必死の防戦をしていたが、残兵を集めるとわずか百五十騎。それもほとんどが負傷し、矢は射尽し、太刀薙刀は鋸のようで、武器・食糧の補給も無い。新田軍は湧くごとく押し寄せ、谷々に侵入しあちこちで鬨をあげ、放火する。東を見ると山越しに黒煙がいくつも渦巻き、幕府御所も執権邸も灰燼に帰した様子。注進によって、高時入道一族は葛西ケ谷の東勝寺に移ったとのこと。もはやそこを最後の場所と決めたらしい。高重は百五十騎を谷に結束させ、

「入道殿の消息見て参る間、ここから一歩も退くな。」

と命じて唯一騎、東勝寺へ馳せ戻り高時入道の前にかしこまり、

「今はもう敵の手にかからぬうちに御自害なされる時なれども、高重最後の御奉公として今一度敵を懸け散らして冥途の御案内仕りますれば、それまで御待ちなされたし。」

といえば、その健気な心根に高時入道も思わず涙ぐんで見送る。高重は血まみれの鎧を脱ぎ捨て、死出の晴着に筋縞に月日の紋押した帷に、精好の大口はいて、赤糸威の腹巻を着たが、兜・袖・籠手をつけなかったのは働き易くするためである。兎鶏という秘蔵の愛馬を引き出し、金貝の鞍に小総の三鞦はでやかにつけたのに飛び乗ると、一鞭あてて駆け出す。行く先は山ノ内ではなく崇寿寺である。

その門前に乗りつけると馬を下りて門を潜る。鎌倉中が阿鼻叫喚の巷と化しているが、ここは静寂、北条勢もいないから新田勢も攻めて来ない。付近の者も皆避難したか人影もなく、降るような蟬時雨の中を苔を踏んで庫裡に案内を乞う。南山和尚が本堂から現れると、高重は立ったまま拝礼してから、

如何是勇士恁麼事（勇士とは、いかにあるべきか）

と教えを乞うと、南山和尚はすかさず、

吹毛急用不如前（剣をふるって前進あるのみ）

と静かに答える。高重、アッと恭礼して左廻りに向きを替えると、あとは見返りもせず門前に出て馬に打ち乗る。すでに馳せ集っていた百五十騎を従え、「笠験を取れッ」と命ずる。北条は平家の流れであるから、笠験（敵味方識別のため兜の背後の笠験印の鐶につける合印の小旗）は赤布。これをかなぐり捨てたから、あたりは血を撒いたよう。笠験を捨てるとは、敵に紛れ込む決死の意である。

「敵は義貞ただ一人をねらえ。」

とさっと一鞭あてれば集団となって駆け去ると、あとは土埃の中に赤の笠験が焔のごとくに舞う。

若宮大路は義貞勢が進んでいる。その勢の中へ悠々と割り込んで行くから、新田方は敵とは思わずに

通す。あと半町ほど（約六十メートルほど）で義貞を打ち囲む部隊に近付いたところ、義貞の前に馬を進めていた由良新左衛門が早くも高重に目を止めて、

「あれは長崎高重なるぞ。それ引包んで一人も残さず討取れ。」

と指揮したので、義貞の前陣武蔵七党の三千余騎、どっと喚声あげて押し包んだ。三千に百五十騎では物の数ではない。包囲の渦に揉み込まれて次々落馬して首を取られる。この時の高重の奮戦振りは『太平記』が長文をもって描写しているが、主従八騎になってもなお義貞に近付こうと暴れ狂い、義貞方でも聞こえた横山太郎重真・庄三郎為久はじめ三十数人を討取ったが、義貞に近付くことはできなかった。先刻山ノ内に残した部下のこともあるので、高重はさっと駆け抜けて山ノ内指して進んだが、ここもすでに新田勢のために占領されて傷ついた味方が這うように退って来る。高重は腰刀抜いて腹巻の草摺切り落とし、大手を拡げて敵と組まんと馳せ廻る。髪は乱れて靡き、雷神の荒れ狂うがごときあり様に、敵はあちこちに避け逃るので調子にのって駆け廻ったが、生きて戻って高時入道に自害をすすめる約束をおもい出し、さッと敵中を駆けぬける。

追えば逃げる癖に、高重が背を見せると児玉党の五百余騎が「逃ぐるとはきたなし、返せ」と追跡する。「おのれ」と馬首を返して向うとまた逃げる。山ノ内から葛西ケ谷まで十七度も追いつ追われつし

崇寿寺　今は山ノ内に移転しているが、当時は今の弁ガ谷材木座四丁目にあって、元享元年（一三二一）に北条高時の開創した金剛山という臨済宗の寺である。開山は南山士雲で、高重も日頃参禅していた。

たが、児玉党もあきらめたので悠々と馬をダク足にして戻った。高重に立つところの矢は二十三筋、蓑を着たように折りかけて、血を滴(したた)らしながら東勝寺の高時の前に坐った。諸方で破れて軍兵四散したとはいえ、ここを死場所と馳せ参ずる武者も多い。境内も堂内も軍兵で一杯である。

「方々(かたがた)、敵は早や迫りつるぞ。御自害なされ。高重切腹仕(つかまつ)って手本を見せ申して冥途(めいど)の先導仕らん。」

といいながら腹巻脱いで後へ投げ捨て、高時入道の前に置かれた高杯(たかつき)の上の盃とって、脇にいた舎弟の新右衛門尉に、

「酌(つ)げ」

と差出す。悠々と盃を三度傾けると、隣に座す摂津刑部大夫入道道準の前に置き、

「思い差(ざ)し申すぞ。これを肴(さかな)に盃を干されよ。」

というと、おもむろに左の脇腹に腰刀を突き立て、右の脇まで一文字に掻切って腸を繰出して前に伏す。道準、このあり様にすでに酔ったごとく、凄い笑いを浮かべると、

「あわれ肴や。この肴据えられては、いかなる下戸(げこ)なりとも、飲まぬ者はおるまい。」

と、盃とって一口飲んだが、もう異様の雰囲気に堪えかねたごとく、飲み残しを諏訪入道の前に置き、

「御先を仕(つかまつ)る。」

と腹を切る。諏訪入道も目をギラギラさせてこのあり様を見ていたが、我に反ったごとく盃とって、

「酌(つ)げ」

と新右衛門尉に差し出し、ことさら悠然と三杯飲み、高時の前に置き、

「若者共はそれぞれ芸を尽しての最後のさまを見せ申したが、われは老人なれば同じような振舞も致したくはござらぬ。ただおとなしやかに割腹仕るにより、われの腰刀を送り肴に致す故、この腰刀を御使い下され。」

と皺腹静かに撫でながら、上体を左前に捻って拳も通れと突き立て、唸きと共に体を戻せば一文字に血が吹き出すのを、さらに刀を鳩尾から下に斬り下げ、刀持つ手を高時の前に伸ばしながら、血の拡りの中に顔を伏せる。すでにあたりは碧血が拡って薄暗い堂内は腥風鼻をつき、居並んだ一族身動きする者もなく、ただ香煙が霞のごとく漂ようのみである。ここばかりは矢唸り怒号も聞こえず、静寂の幕が包んだようで、境内を走り廻る軍兵の影が他所の世界のようである。

高時の最後・北条家滅亡

これらを黙々と見ていた高時入道は、我に返ったように前の盃取ると、新右衛門尉が膝行して酌をする。新右衛門は元服したての十五歳の少年であるが動顚した様子もなく、ただ顔は蒼白となっているので紅唇が目立つ。静かに提子を置くと、祖父の長崎入道円喜の前に座り、

「一族自滅の時なれば、祖父に刃向けたりとても不孝のそしりはあらじ。年老いて御腹召さるるも面倒と存ずる故、われが介錯仕る。御免。」

と、円喜入道の左の脇の下を二刀刺し、抜いた刀を我が腹に突立て引廻して祖父に重って伏した。

「うーむ。天晴れな小冠者の振舞いかな。」

高時入道は盃飲み干すと諏訪入道の刀を取って割腹、これに続いて身動きできないほど堂内に詰めていた一族があちこちで唸きを上げて自決し、堂の縁も足の踏み場もないほどに自決した武者で一杯である。境内で防ぎ矢していた武者もそれぞれに固って集団自殺し、ここに北条氏九代の栄華は槿花一朝の露と消えた。自決者総数、一族、門葉、郎党合わせて、八百七十余人と『太平記』にある。

東勝寺跡　金網で囲まれているが、それほど広くはない。

腹切りやぐら　東勝寺跡のすぐ上にある。
標識が倒れて、穴の上にたてかけられていた。
八幡宮や大仏周辺がいかに混雑していても、
ここは北条氏の最後を偲ぶ静寂境。

「屋形に火を懸けたれば、猛炎昌に燃え上り、黒煙天を掠めたり。」

と『太平記』は記しているから、東勝寺はこの時に焼亡したようであるが、後に復興して暦応五年（一三四二）には関東十刹の内に入れられ、室町時代末期頃に廃寺となったようである。『本朝高僧伝』によると、開基は北条泰時であるが、開山は退耕行勇とも請勇あるいは西勇禅師ともいわれ、北条氏一族の菩提寺であった。

＊　＊

昭和五十年に鎌倉市で東勝寺跡を発掘した時に、焼瓦や焼土が見られたが人骨はなかった。おそらく由比ケ浜一の鳥居付近に運んで埋めたものであろう。

しかし、『太平記』に記す八百七十余人すべてを運んだとも思われない。東勝寺から山一つ越えた釈迦堂ケ谷の数ある墓の中の宝篋印塔に、「正慶二年（元弘三年）五月二十八日」と刻んだのがあり、報国寺にも「北条新田供養塔」があるから、諸方に分れて北条方の戦死者は埋められたのであろう。そのため、北条一門の確定した墓は不明である。

また小町通りから筋替橋に出る右側に宝戒寺があるが、これは高時滅亡後に、後醍醐天皇と足利尊氏

東勝寺　現在、東勝寺の跡と目されるのは小町三丁目十番地あたりで、小町通北端に近い所を右に折れて東勝寺橋を渡った奥である。ここの突き当り東方にある屛風山の中腹に葛西ケ谷やぐらがあり、俗に腹切りやぐらといわれるのが木立を前にしてある。中には北条高時一族の多宝塔といわれるものがあり、これは後に足利尊氏が北条氏の供養のために建てたもので、そぞろ哀れをさそう一画である。やぐらとは、岩穴、岩窟のこと。

宝戒寺（萩寺ともいわれる）**と北条執権邸旧蹟碑**（宝戒寺の入口にある）

が北条一門供養のために建立した寺で、寺建立の折の寄進状には「当今皇帝被施仁慈之哀懼為度怨念之幽霊於高時法師之旧居被建円頓宝戒之梵宇」とあるごとく、もとは高時の邸跡といわれている。

鎌倉の惨状は、目を覆うものであったろう。散乱した死屍は折柄の夏の日に腐爛して異臭を放ち、市街は見渡す限り焼野原となり、崩れ残った土塀のみが白々と眩しく荒涼として野犬さまよう光景は日射しが明るいだけに無惨である。おそらく復興は庶民の街から始まったであろうが、藤沢遊行寺（ゆぎょうじ）をはじめとする念仏宗の僧侶達が、鎌倉中から死体を集めて来て由比ケ浜の一画に埋めた。海風によって漂よう異臭を無情の風と涙して、時には白骨化した頭骸骨に供養の経文を墨書し、犬に噛られた骨の露出した骸（むくろ）を一日に数十回も運ぶ僧侶の群れ。

由比ケ浜の一画からは、昔より人骨がよく発掘されるといわれていたが、昭和二十八年には若宮大路一の鳥居付近、現在の簡易裁判所から公団アパートにかけて、数

九品寺

群に分れて夥しい人骨が発掘された。調査によって刀創・刺創・打撲創のあとが多く見られ、合戦で死亡した者と推定されたが、過去からの量を見ても、戦死者だけでなく戦争のとばっちりを受けた庶民や女子供もあったと思われる。

義貞は無辜の人々の殺戮を命じたり、敵方の大虐殺を指令したことはあるまいが、狂気の戦場心理はひたすらに殺戮にかり立てる。こうした大量殺人はさすがに義貞もあと味が悪く、北条氏への憐愍の情も湧いたと見えて、建武三年（一三三六）に九品寺を建ててその霊を弔ったと伝えられている。

九品寺　材木座五丁目十三。開山は風般順西。内裏山霊嶽院九品寺といい、浄土宗の寺。由比ケ浜で発掘された多数の人骨もここへ改葬されている。「九品寺」の扁額は、新田義貞の直筆の写しと伝えられる。鎌倉では唯一、義貞ゆかりの寺。

建武二年（一三三五）七月・八月　中先代の乱
建武四年（一三三七）十二月末　北畠顕家と呼応
正平七年（一三五二）二月　新田義興らと呼応

北条の遺児・時行の鎌倉反攻

北条の遺児・遺臣

北条高時には二人の子があった。一人は重臣五大院右衛門尉宗繁の妹に生ませた万寿、もう一人は扇ヶ谷に住む側室・二位殿に生ませた亀寿である。東勝寺での集団自決の直前、高時は、宗繁に万寿を託し、亀寿を諏訪三河守三郎盛高に託して落ちさせた。

宗繁は、新田方の船田入道に降って万寿の居所を教え、殺さしめた。所領安堵を期待してのことだが、この背信行為は世の嘲りを受け、その

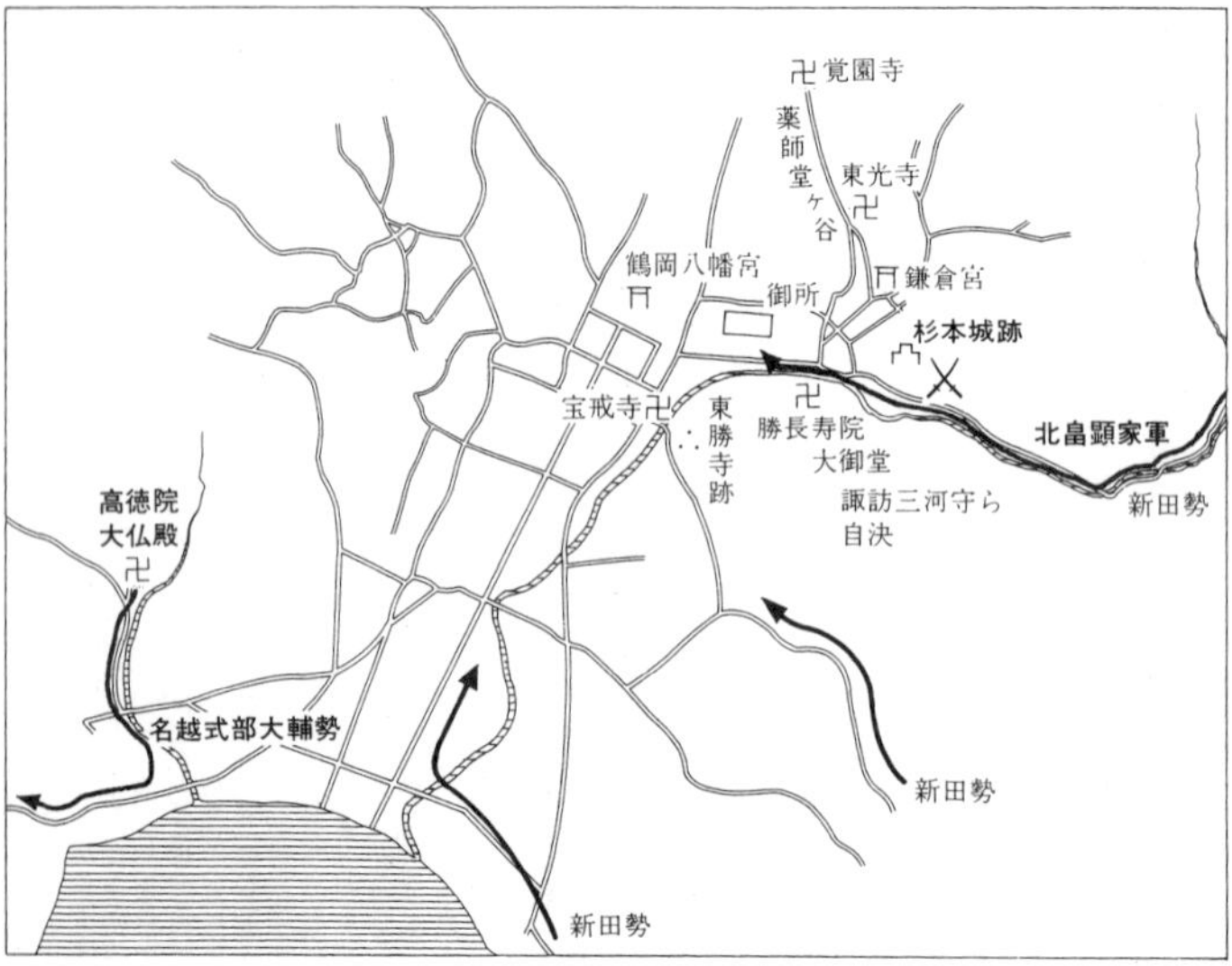

後宗繁は流浪して乞食になったという。

一方、亀寿は、忠誠心の厚い諏訪盛高の庇護により信濃に脱れ、諏訪大社の祠官（上の宮の祝（はふり））諏訪頼重にかくまわれた。

また、この時、高時入道の弟・四郎左近大夫入道彗性と一族の名越太郎時兼も、鎌倉を脱出していた。彗性は奥州へ逃れ、還俗して北条家再興をねらった。そして秘かに上洛して北条氏と親しかった一品太政大臣西園寺藤原の公宗に仕え、刑部少輔時興と名乗り、その信頼を得ると、後醍醐天皇を暗殺して政権を奪取する野望を吹き込んだ。公宗の計画したクーデターの内容は、邸に天皇の臨幸を仰いで湯殿で弑（しい）し、時興を近畿方面の大将、亀寿（時行）を関東方面の大将、名越太郎時兼を北陸道方面の大将として一斉に蜂起する計画であったが、『太平記』によると、天皇は夢の予感でこれを察知して、公宗は捕えられて殺された。西園寺公宗の計画が、果して事実であったか否かははっきりしない。が、後醍醐天皇の建武新政が欠陥だらけで、皇室内部の訌争、寵臣佞臣（ねいしん）の勢力争いなど、朝廷が伏魔殿化していたことがうかがわれる。主謀者時興は素早く東国へ逃れ去ったが、名越太郎時兼は野尻・井口・長沢・倉満らの豪族、越中・能登・加賀の勢六千余騎を集めた。

時行、第一回目の鎌倉攻め

信濃の亀寿（時行）を奉戴した諏訪三河守入道照雲は、信濃の滋野一族・三浦介入道・三浦若狭五郎・葦名判官入道・那和左近大夫・清久山城守・塩谷民部大輔・工藤四郎左衛門ら宗徒の大名五十余人、駿河・伊豆・甲斐・相模・武蔵の北条恩顧の者五万余騎を集めた。

京都でのクーデター失敗は知ったであろうが、軍触(いくさぶれ)をして兵を集めた以上、計画は中止できない。後醍醐天皇派の新田義貞方と対立する足利一族を討って、旧北条方の朝敵汚名をすすぐ機会でもあるので、まず征夷将軍成良(しげよし)親王を奉じて関東を押えている鎌倉の足利直義（尊氏の弟）を討てということになった。足利氏に幽閉されている護良親王を救出し、成良親王をも奪えば大義名分は立つ。

亀寿（時行）を擁する五万余騎の大軍は、迎撃した渋谷刑部大輔や小山判官秀朝らを大破して鎌倉に迫った。守勢の不利を覚った直義は、京の兄・尊氏と合流するため成良親王を守護して、急ぎ鎌倉を脱出した。すでに、鎌倉は、北条氏滅亡でもわかるとおり、不抜の天然要塞でもなく、戦略上も、その価値はかなり低下していた。直義の処置は、賢明といえる。

直義の鎌倉脱出は、建武二年（一三三五）七月十六日のことである。この脱出のどさくさにまぎれて、薬師堂ケ谷に幽閉されていた護良親王は、直義の命によって淵辺(ふちのべ)伊賀守の手にかかって殺された。護良親王は、早くから足利氏の野望に気づき、足利氏にとっては、政敵であったのである。

直義の脱出によって、北条時行勢は一兵も損(そこ)なわず血塗らずして鎌倉に入った。兵火に遭うことなく鎌倉に無血入城できたのは、数ある鎌倉合戦の中でもこの時だけである。

ところで、『太平記』をはじめ幾多の史書が、亀寿という幼名でなく、北条時行という名乗りを用いて、時行に関した経過を記しているので、あたかも時行は青年武将か少年大将の印象を受け、北条家復興の意志に燃える凛々(りり)しい人物のように思われ勝であるが、実はこの時はまだ三歳の幼児であるから、北条氏滅亡時の印象も感慨も湧くはずは無かった。

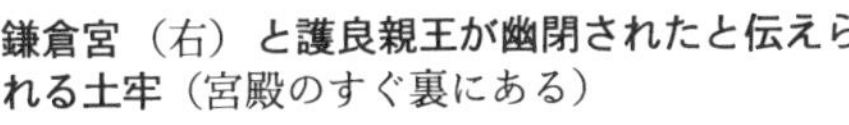

鎌倉宮（右）**と護良親王が幽閉されたと伝えられる土牢**（宮殿のすぐ裏にある）

また、この事件は、「中先代の乱」ともよばれている。先代は北条政権時代、後（当）代は足利政権時代、先代と後代の中間のわずか二十日あまりの期間を北条政権の復活と見て中先代といったもので、『太平記』でも「中前代」といっている。また、時行その人を指していう場合もある。

ちなみに、時行の兄に当る万寿を相模太郎邦時というのも、後でつけられた名である。元弘三年に、船田入道の手に捕われて殺されたとき何歳であったか明瞭でないが、亀寿が一歳とすればおそらく二・三歳であろう。亀寿が元服して相模二（次）郎時行と名乗ったために、兄の万寿もおくり名式に相模太郎邦時と元服名をつけられたものであろう。

薬師堂ケ谷　現在の二階堂地区の鷲峰山（しゅぶせん）真言院覚園寺境内に、北条義時が夢の御告（おつげ）によって薬師如来を祀る堂を建保六年（一二一八）に建立したのに因む。護良親王は、ここの一郭に幽閉されて悲運の最後を遂げた。後に東光寺がその菩提所となったが、廃寺になっていた。明治二年（一八六九）二月に明治天皇の勅命で、寺跡に親王の霊を祀る鎌倉宮が創建された。俗に大塔宮（おおとうのみや）というのがこれである。

亀寿が時行と名乗ったのは、それから二年後の建武四年（一三三七・延元二年）に、南朝の後醍醐天皇から朝敵御免の勅許を得て左馬権頭に補任された五歳の時に、形式的に元服を行った時であろう。

尊氏・直義、鎌倉を奪回

さて、あっさり鎌倉を放棄して西走した足利直義一行は、矢矧（やはぎ）の宿に留まると、ここから早馬の注進をもって朝廷へ関東兵乱の状を告げた。当然亀寿討伐の軍が下向し、尊氏がその将に任命されるであろうから、ここに留って参河・尾張・美濃・近江の軍勢を集めておく必要があった。朝廷では尊氏に討伐を命じたが、尊氏の希望する征夷大将軍の職は授けず、征東将軍とした。尊氏は不満であったが、ことは急を要するのでこれを受けた。ぐずぐずしていると関東は北条家の旧臣によって恐るべき勢力となり、朝廷の動向によっては足利氏が孤立するおそれがある。尊氏は急遽手勢五百騎を率いて京都を出陣したが、尊氏を武家の棟梁と頼む大名は意外と多く、続々と後を慕って馳せつけるので、矢矧宿で直義と合体したときにはかなりの軍勢となり、駿河国まで進撃した時は五万余騎と着到帳（ちゃくとうちょう）に注（しる）されている。

尊氏の大軍東下するの報は鎌倉にも入る。諏訪三河守は諸将を集めていろいろと軍議をこらす。先に、直義が、大軍を前にしては防戦不可能と見て鎌倉を脱出したように、他所の天嶮を利用して迎撃すべしと決定すると、名越式部大輔に三万騎を率いさせて駿河国に進出させることにした。

八月三日出陣の日、丁度秋台風が相模を襲ったらしく大風雨となり、旗は吹き千切れたり、びしょびしょになって竿にからまって倒れたり、甲冑武者はずぶ濡れとなって建物に駆けこみ、出陣式どころではなかった。街の民家も邸も吹き倒されるもの多く、馬は不安気に狂い嘶（いなな）いた。当時のことであるか

鎌倉大仏　いつも観光客で賑わっている。

ら、この台風襲来は不吉の前兆としか思えなかった。

あまりに激しい暴風雨なので、出陣の武者のうち五百人ほどが長谷の大仏殿に避難した。当時草屋根・板葺屋根が一般であるから、太い棟木（むなぎ）や重い屋根瓦の大仏殿は少々の暴風雨ではびくともしないと思ったのであるが、人の出入り激しくて風の吹き込む隙があったのか、物凄い風圧が加わったのか、さしもの大仏殿がメリメリと傾き倒壊したので、その下敷になってほとんどが死傷した。

「戦場に赴く門途（かどで）にかかる天災に逢う、此戦はかばかしからじとささやきけれども」

と『太平記』にあるように、出陣の人々に悪い予感を

鎌倉の大仏　大仏のある寺は高徳院といって、現在の長谷四丁目にある。『吾妻鏡』には、釈迦如来と記されているが、印相からいって阿弥陀如来である。頼朝と政子の発願で作られたと伝えられ、建立は年代不明。

はじめは木像であったらしいが、建長四年（一二五二）に鋳造となったようである。大仏殿の中に納っていたが、この暴風雨で建物が吹き倒され、また応安二年（一三六九）の台風、明応四年（一四九五）の地震による大津波で堂宇が破壊されて以来、現在まで露座（ろざ）になっている。

与えてしまった。戦に出陣からには一応死は覚悟するのは常識であるが、誰も好んで死にたくはないから、細心の縁起をかつぐのが武士の心情である。大仏殿が倒壊して梁に打たれて死ぬというのは、仏に見放なされたようであり、また仏罰を受けたようで嫌な気持である。翌日に日延べして出発したが、名越勢が佐夜の中山に着いたのが八月七日。先陣はその先の橋本に着いたばかりである。

盟主は未だ三歳の幼児で、馳せ集ったのは寄せ集めであり、名越式部大輔には三軍を統一する貫禄がない。情報によると、尊氏・直義兄弟の軍勢は五万と称され、未だ続々と馳せ参ずる者があるという。二倍の敵に対してはじめから勝目はないし、敵対したことによって折角うまく守りぬいて来た所領を没収されたくない。北条軍に応じながらも、首鼠両端を持して、具合悪ければ敵に降参しかねない連中であるから、はじめから戦意が無かった。

八日に尊氏方から先制攻撃をかけられると、敗れぬさきに名越勢のうしろに控えている軍勢がまず退却したので、総崩れとなり、退くうちに軍勢は次第に脱落し、鎌倉への入口十間坂（茅ケ崎市十間坂三丁目）に来た時はわずかに数百騎。ここで支えなければ一挙に鎌倉へ山崩れ込まれるので、さすが名を惜しむ武士はここを先途と戦う。

わずか二十日あまりの夢であったが、こう脆くも夢破れては鎌倉へ戻っても自滅あるのみである。高時入道の最後に倣うわけでもあるまいが、かくなる上は亀寿を中にして蜂起した一門集って自決すべしと、名越はじめ三百余騎、勝長寿院の大御堂に集った。

鎌倉で覇を唱えようとしたのは槿花一朝の夢。鎌倉武士は呆気ないほどあきらめが良い。諏訪三河守はじめ宗徒の大名四十三人、思い思いに腹を切り、あるいは刺し違えて自滅したが、寺に火をかけなかっただけ良心的である。

この時も市街戦の行われた様子がないから、今度は尊氏・直義が無血入城したことになる。

時行の死骸確認もなく、行方も杳（よう）としてわからないままに月日は過ぎて行く。

時行、北畠顕家に呼応し第二回鎌倉入り

尊氏・直義は朝廷に不満があり、また関東の治安・威令全（まっ）たからずとして鎌倉に居を定めて上洛しない。頼朝に倣ったわけである。尊氏に対立する新田義貞は、これによって尊氏兄弟に反意ありとして天皇に奏上するので、京都と鎌倉は次第に不穏となり、十二月八日には遂に勅命によって新田義貞が節度使（せつどし）に任命されて、尊氏兄弟討伐の大軍を率いて下向する。

十一日には迎撃する足利軍に義貞は箱根竹の下で敗退し、天皇は再び吉野に潜幸する。尊氏兄弟は義貞軍を追って上洛し、近畿をはじめ諸国はまた戦乱に明け暮れるようになる。

二年後の建武四年（一三三七）、義良親王を奉じて陸奥守として下っていた北畠顕家が、奥羽五十四郡の大軍二十万を率いて上洛する途上、鎌倉を攻略した。この時に、死亡していたと思われていた北条時行が伊豆でその所在を明らかにして、北畠顕家に呼応して鎌倉攻略の兵を挙げた。

大御堂　源頼朝が父義朝の菩提を弔うために建てた寺で、勝長寿院といい南御堂ともいわれ、この堂のある谷を大御堂ケ谷と呼んだ。現在の雪ノ下四丁目であるが人家が立て並び、勝長寿院址の碑が建っている。七一頁の勝長寿院の説明も参照。

そして後醍醐天皇から朝敵御免の勅許を得たばかりか、左馬権頭従五位下に叙せられたのである。童名の者が叙任されるはずはないから、この時急いで元服して北条次郎時行と名乗ったものと思われ、五歳で官位を受けたことになる。二年間行方をくらましていたくらいであるから、時行自身が吉野の行宮（あんぐう）に参内して勅許を得たのではなく、誰か側近の者が使者に立ってのことであろうが、そうとすればまことに異例の御沙汰である。

一度滅した北条氏であるが、関東武士団に対する北条氏の重味は無視できないものがあり、たとえ幼い遺児であっても、南北両朝の争いには持駒の一つとして用いることができると思ったからであろう。興亡不安の日々を送る南朝としては、一人でも多く味方を得たい気持から、ずいぶんと御手軽な優遇に出たものである。建武新政にこぎつけるまでに、多くの犠牲をはらって苦闘した楠木正茂でさえ従五位上河内守左衛門少尉であったのに、かつての朝敵の子でわずか五歳の幼児が、参内もせずに左馬権頭というのは南朝の弱体を物語るものであろう。

これによって時行を擁する一党は晴れて官軍となり、大義名分も得たことになる。おそらくこの陰には、諏訪大社の諏訪一族の働きがあったものと思われる。

北畠顕家の大軍が利根川べりで八万の鎌倉勢を破ったところ、忽然と湧いたような時行勢は五千余騎をもって箱根・足柄の地に進出して、呼応して鎌倉を攻めることを顕家に申し送った。

十二月に入ると、北畠顕家勢は大挙して鎌倉に攻め入ったので、わずかの守勢の足利義詮はたちまち破れた。金沢道の杉本城を守る斯波（しば）陸奥守三郎家長の敗死により、総崩れとなった足利方は三浦へ脱出し、北畠軍は続々と鎌倉へ入った（この時の模様は、次項で詳述する）。この時の時行勢についての詳細は不明であるが、当然西の方から侵入して北畠軍と合体したと思われる。

とすれば、時行の鎌倉入りは二度目となる。

時行五歳であるから、この時も、さほどの感懐は抱かなかったと思われる。

北畠顕家は鎌倉に入ったものの、目的は上洛にあるので、ここで正月を越すために一時駐屯したが、翌延元三年（一三三八、暦応元年）一月八日には総軍出発したから、時行の鎌倉滞在は十日ほどである。

その後北畠勢は近畿の諸方で奮戦し南朝方を鼓舞したが、五月二十二日に顕家は阿倍野で討死して南朝方はまた振わなくなる。そこで後醍醐天皇は、宗良親王を奥州に下して義軍を募らせることとし、新田左兵衛佐義興と北条左馬権頭時行に関東の足利方に応じる大名を討つように命ぜられた。北条氏を滅した者の子と、滅ぼされた者の遺児が共同して足利方と戦うことになったのも奇しき因縁であるが、義興は青年武将で、時行は年齢わずか六歳の幼児である。

宗良親王の一行は下向するに当り、東海道筋の陸路は足利方の勢力の強い所でありまた日数もかかるので、海路を選ぶこととし、九月十三日に伊勢国司北畠親房の所領である大湊から軍船を仕立てて東航した。遠州灘にさしかかった時に、丁度台風通過らしく大暴風雨に見舞われ、船団は散り散りになって宗良親王の船は伊勢に戻り、時行勢は遠江国に上陸したが足利方に追われ、駿河の引佐郡引佐井伊谷の豪族井伊介高顕のもとに匿まわれた。

そして二年後の興国元年（一三四〇、暦応三年）正月、足利方の高師泰が大軍を率いて井伊介高顕の三嶽城を攻めたので、城は遂に落ちた。時行は家臣に擁されて脱出し、また行方がわからなくなる。

幼君を守護する北条遺臣も見上げたものであるが、それも北条氏の遺児を担ぎ出すという利用価値がまだあったからで、それゆえ戦うことより幼君を守護して生き延びさせ、看板にする必要があった。だから危険に遭遇すると、いち早く行方をくらましてしまう。こうした存在の時行であるから、潜行して、この後十二年も記録には現れない。もっともこの間、南朝方は全般に振わず、豪勇・神出鬼没の新田義興すら消息不明の時期である。

時行、三度目の鎌倉入り

そして正平七年（一三五二、文和元年）、新田義興・義宗兄弟と脇屋義助の子義治が梅花薫る閏二月、突如として上野国で兵を起こして南下し、足利尊氏と武蔵国小手指原で戦ったときに、あらかじめ連絡あったものか時行も呼応して挙兵した。大乱戦のうちに、鎌倉へ攻め入った義興・義治らに時行も従ったが、この時はようやく二十歳の青年武将になっていた。これが時行三度目の鎌倉入りである。わずかの守護兵しかいなかった鎌倉は、さしたる戦闘もなかったので、戦火の被害は少なかったようである（この時の模様も一七七頁以下に詳述）。

元弘三年の大合戦（新田義貞の鎌倉攻め）から二十年、足利氏の拠点として鎌倉も目覚しく復興していたであろうが、北条氏滅亡の悲劇の遺跡は諸所にある。父高時の邸あとには、北条氏一族の霊を弔うために建立された宝戒寺、その東方葛西ケ谷には高時一門の自滅した東勝寺跡、一族討死の場所も多く古老の記憶に残っていることも多い。この時こそ初めて、時行は鎌倉のたたずまい一つ一つを感慨無量で眺めたに違いない。一歳の時から敵の目をかすめて流浪し、長じるまでに体験目撃した変転極まりない世のあり様と、人の情けと無情を想い返せば、この土地で出家遁世したい気も湧いてきたかもしれないが、時行を襁褓（むつき）の頃から守護してくれ、臥薪嘗胆（がしんしょうたん）して尽してくれた側近の豪族達に対して、そうした弱気や愚痴はいえなかったであろう。

そして今度も、鎌倉は永住の地ではなかった。新田義宗が笛吹峠で足利尊氏の大軍に大敗すると、関東の諸将はまた足利方の傘下に馳せ参じる。

せっかく鎌倉を確保した義興・義治・時行は、孤立して今度は攻められる立場となる。鎌倉は小勢で守れる所ではないばかりか、囲まれると脱出困難の土地であるから、酒匂・河村らの諸将のすすめに従って、相模国の国府津（こうず）の奥の天嶮を利用して籠城することに決して、三月四日一同鎌倉を脱出した。

国府津の奥地を足利方が攻撃したのかどうか不明であるが、時行はその後そこも離れてまた流浪潜伏を繰り返す。義興・義治もここを離れて潜伏しているから、足利氏の本拠としての鎌倉を狙うには距離的に良いが、拠るには良い地形ではなかったのであろう。

そして翌正平八年、時行は遂に捕われて鎌倉に護送され、龍の口の刑場で二十一歳の生涯を終えた。時行が鎌倉で過ごした日数は、生涯を通じて一年にも満たない。四度目に鎌倉入りしたときは墓穴に入る時であり、名門北条氏も時行をもって終るが、生まれた時から死ぬまで流離の運命にもてあそばれた薄幸の人物である。時行に関した鎌倉での合戦は、あまり血腥（ちなまぐさ）いものはない。

建武四年（一三三七）十二月二十八日

南朝の貴公子・北畠顕家の鎌倉攻め

後醍醐天皇念願の天皇親政である建武中興(けんむのちゅうこう)は成ったが、当

北畠顕家の南下

初から紛争が絶えなかった。恩賞においても公卿や寵臣に厚く、武家に薄い面があり、勲功第一と目された足利尊氏の希望した征夷大将軍の職が護良親王に与えられたので、尊氏を武家の棟梁と仰ぐ武家方の反感を買った。また寵臣佞臣が暗躍して、朝廷の乱脈振りを歎いた藤原藤房卿は遁世した。護良親王は新田義貞と結び足利尊氏と対立したが、謀反の陰謀ありと訴えられて捕われ、足

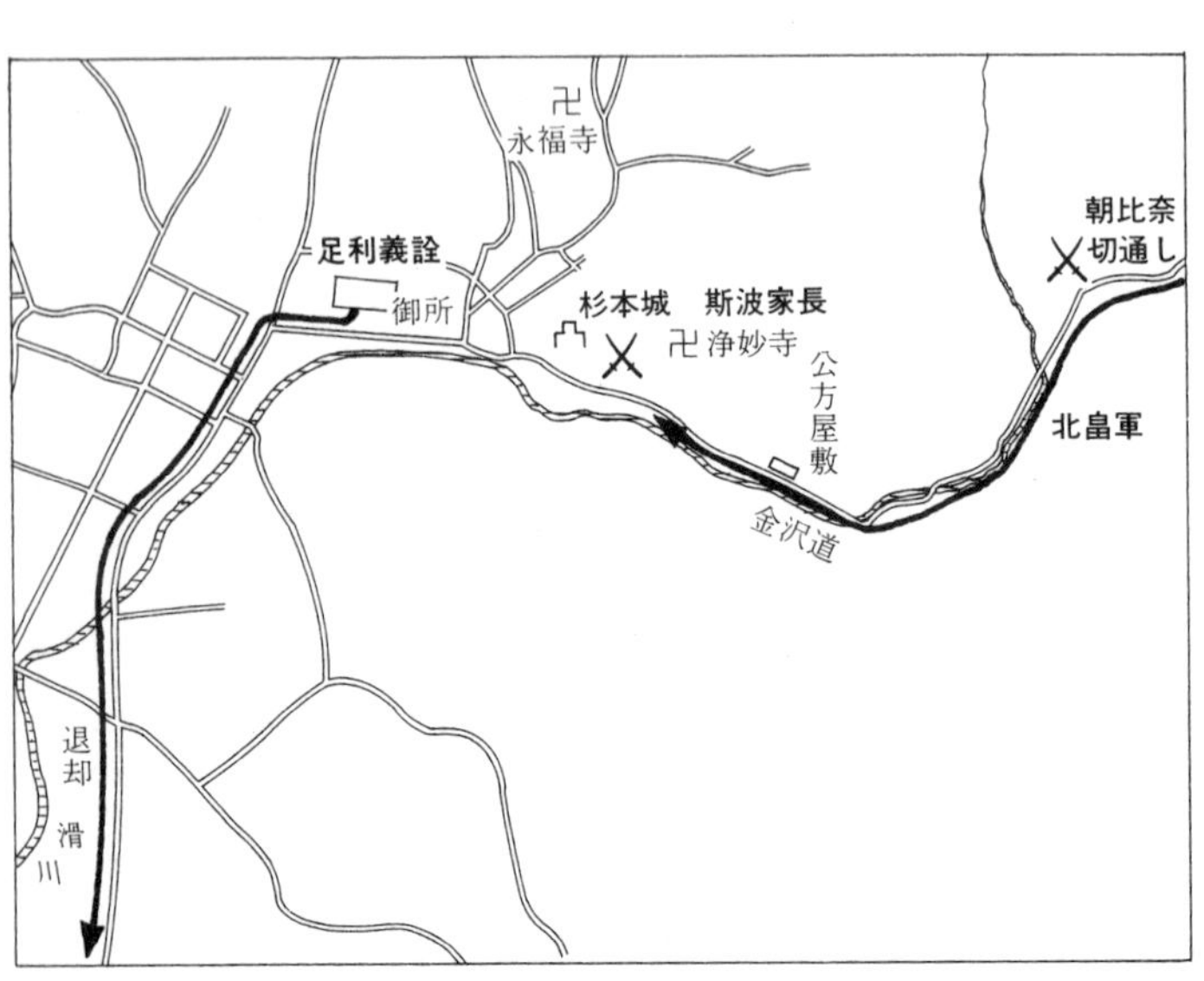

利方の強引な処置によって鎌倉の薬師堂ケ谷に幽閉された。そして建武二年（一三三五）、北条時行の鎌倉侵入の際のどさくさに弑されたことは、前述の通りである。

これをきっかけとして足利氏は天皇方と離反し、再び戦雲は濃く流れ始める。義貞は勅命によって尊氏討伐に出陣するが、箱根竹の下で破れて西走し、尊氏はこれを追って上洛するが、奥州の国司北畠顕家の軍に破れて九州へ落ちる。

やがて九州で勢力を盛り返した尊氏は、大挙して海陸より京都を目指して東上し、兵庫の湊河（みなとがわ）において迎撃の楠木正成・新田義貞を破ったので、後醍醐天皇はまた吉野に潜幸する。純忠の臣正成は討死し、義貞は北陸に落ち、朝廷は尊氏の擁立した光明院が立ち、ここに南北両朝となった。両朝それぞれに分れた全国の武士は互に攻防し、尊氏は征夷大将軍となり武家をほぼ掌握した。

この間、北畠顕家は陸奥守となって五十四郡を切り従がえると、建武四年（一三三七、延元二年）八月十五日に十万余の大軍を率いて南下し始めた。目指すは京都恢復であるが、その途上に、足利氏の関東での拠点である鎌倉がある。鎌倉には尊氏の三男の八歳になる義詮（よしあきら）が、管領として派遣されていた。

顕家が十万余騎を引きつれ懸軍（けんぐん）長駆南下すると、小説・稗史はことも無げに大部隊が進撃しているように書くが、宿泊・糧食・馬匹の能力の限度を考えると、地図の上に線を引くように簡単ではない。前述のように、何騎と書くことは馬上武者の数をいうのであるから、十万匹の馬の意であり、長途の行軍には必ず乗替馬を用意するのが常識であるから、少なくともその倍が必要であり、武器・糧食運搬用に使う牛馬もいるから、十万騎といえば二十五万頭くらいの馬と牛が想像される。

日本全国の馬を集めても、こんなにいないであろう。『太平記』の十万騎は十分の一以下に見るべきである。徒歩集団の百人・千人はさほどの集団に見えぬが、騎馬の百騎・千騎は意外と多く見える。

一万騎が延々と行軍したり、広野に駐屯したら見渡す限りという形容通り大部隊に見える。顕家が奥州五十四郡を大動員したとしてもせいぜい一万騎くらいであったろうが、宣伝戦は今も昔も変りは無いから、誇張して敵をおびえさせるために、十万といったかも知れぬ。一万の大軍でも長途の行軍は大変である。八月十五日に出発して九月の半ば頃上野国へ入ったのであるから、約一月かかっている。大軍の移動がいかに手数のかかるものかがわかる。

あるいは北畠中納言源顕家は少壮気鋭の武将であるが公卿育ちであり、二年前に足利尊氏の軍を西へ敗走させているから自信満々、ことさらに軍容を示して、諸国の豪族に呼びかけつつ悠々閑々と南下したのかも知れない。

北畠軍南下の報はいち早く鎌倉にも報ぜられ、これを迎え撃つべしと直ちに関東中に軍触を出すとたちまち八万騎ほどになった。これも実際は八千騎程度であろう。

鎌倉勢は武蔵国に進出し、利根川の南岸に陣して迎撃したが、もろくも緒戦から敗れてしまった。顕家は幸先良しと武蔵国に進撃するが、鎌倉街道を急いで南下していない。早く上洛しなければならぬはずの北畠軍であるが、なぜか延滞している。それには、記録には洩れているが、何か必ず理由があったはずである。宮方・武家方に分れている関東でも、大勢は足利方の方が多い。宣撫招致の工作も重要であったのに違いない。

そのうちに、敗死したと思われていた亀寿（時行）を擁した北条の旧臣らが、伊豆で兵を集め鎌倉を衝くために箱根・足柄に集結しつつあるという報らせが届き、また新田左中将義貞の次男徳寿丸が上野国で兵を起こし、二万騎を率いて入間川の北畠の陣に馳せ参じた。

気性の激しい徳寿丸（義興）は、北畠勢が鎌倉攻めを延引するなら新田勢だけでも攻め込んで見せると豪語したので、顕家も腰を上げざるをえなくなった。しかし実際に北畠・新田勢が鎌倉に侵入したのは十二月下旬である。記録には無いが、おそらくその間、途中で足利方と小競合いが行れ、一進一退していたものと思われる。

鎌倉に北畠軍迫るという状態になったのは、寒風吹きすさぶ十二月二十日頃である。利根川岸で破れて以来、鎌倉方には離脱する者が多かったのか、二十五日頃の鎌倉方はわずかに一万騎あまり、北畠勢の十数万とくらべたら物の数ではない。この点から見ても、十月頃から諸方で小競合いを行っては討ち散らされ、降参したりして人数が減り、そうした状況で日数がかかっていたことが想像される。

義詮の意地

鎌倉の主は、わずか八歳の義詮である。もちろん八歳の義詮では何もできない。高・上杉・桃井・斯波の一族が側近として補佐しているが、今回の北畠の大軍にはとても太刀打できない。叔父直義の故事に倣って鎌倉を明け渡して退却し、父尊氏勢と合流して逆に鎌倉攻めした方が良策である。あるいは、頼朝の故事のごとくひとまず船で安房・上総へ渡り、ここで勢を集めてから武蔵に進出して敵の背後を衝くのもよい。

上杉民部大輔・上杉中務大輔・桃井播磨守・斯波陸奥守・高大和守ら錚錚たる大名の側近の間では退

却と決定したが、軍の駆引もわからぬ子供でも義詮は鎌倉の棟梁であるから、決裁を受けて命令を受ける手順を踏まねばならぬ。

義詮を上座中央に据えて軍議が開かれ、早速退却論が展開される。

生まれた時から人に立てられ、四年前の鎌倉落ちの時さえ数百人に守護されて来た義詮、まして現在は征夷大将軍の跡継として、従五位上左馬頭で鎌倉の主となって関東の諸大名に君臨する立場である。尊大以外卑屈さは微塵もないから、大の男が戦かわぬうちから退却案ばかり練っているのがまったく気に入らない。自ら太刀とって戦った経験もないから、戦の悲惨さ恐ろしさも知らない。また子供心にも、父から鎌倉管領を命ぜられているという自負があるから、一戦を交えずして退却するのはどうしても我慢のならぬことである。とうとう、我慢しきれずに口を切った。

「この場の評定、歴戦のつわもの達の言葉とは思えぬぞ。戦をするからには必ず一方が負けるのは当然のこと。それを勝つか敗けるかわからぬうちに、怖気を振って負けるものと思い込んでいるのはどうしたことじゃ。

この義詮は父君の御目がねにかなって鎌倉の管領を命ぜられたものなれば、今敵が大勢なればとて、ここで一矢も射かけずに退却するなどというは末代までの恥辱であるぞ。なるほど軍略として撤退するのももっともの法なれど、他人目からはそうは見てくれず、ただおびえて逃げたとそしられるばかりであろう。故に武士たるものは、小勢にても敵に仕掛けられたら潔よく馳せ合せて戦い、かなわぬ時は討死するまでのこと。また戦った上で退却すべきと知った時にこそ、一方を打破って安房なり上総なりに退いて兵を募り、上洛する敵の背後を追撃して京洛(みやこ)におらるる父君の軍勢と挟み撃ちにするなど、時に応じて考えるべきではないか。戦わずに退却を先に考えるというのは、武将の考えることではない。」

と子供に似合わぬ広言を吐く。こういわれると、歴戦老巧の大将達も、武門の意地にかけても退却を先決とすることはできない。無謀の空元気(からげんき)で無益の出血を強いられるが、やむをえない。形式的でも総大将の言には逆らえない。連日頭を突き合せての謀議も、これで命令が下りたも同然である。一応戦った上でというが、多大の犠牲が出るのは覚悟せねばならぬ。

「流石(さすが)は源氏の棟梁の兒(ちご)。」

と感嘆する者もあれば、

「兒(ちご)の一言で多くの人命が失なわれる。」

と蒼ざめる者もあったが、そうと決まれば直ちに鎌倉七口の守りを固めねばならぬし、義詮に内密に三浦方面に船の用意をせねばならぬ。十万の北畠軍に対してわずか一万をどう配置するか、結局化粧坂口・洲崎口・極楽寺坂切通し口を主として、あとは見張り程度と、大倉御所の東の朝比奈の切通し口である。

大倉御所　足利氏が鎌倉に地盤を置いた際に、将軍御所になぞらえて言った。現在の二階堂地区で杉本寺のある山の西北側一帯に当る。この山は大倉山といって東は熊野山に続くが、古くは頂上に観音をまつる堂があった。

斯波家長、杉本城を守る

現在、杉本寺のある山は、源平の昔、三浦大介義明の嫡子杉本太郎義宗が三浦の衣笠城の支城として館を構え、観音堂を南側中腹に移した所で、ここを東からの防衛拠点として斯波陸奥守家長が守ることになった。俗に杉本城というが初期の山城形式のもので、麓を金沢道が通り、その前は滑川である。東北西の後部は馬蹄状をなし、前を大手とすれば、後は人馬を収容して関を設ければ搦手口に適している。金沢道から滑川にかけて逆茂木、鹿砦、柵を結い延べれば、一応朝比奈方面からの敵は防げるし、東隣の熊野山に出砦を作れば東側は南北にかけて堅固となる。斯波三郎がここをどのくらいの兵で守ったか記録では確かめられないが、三百人の討死を出しているくらいであるから、五百から千くらいの人数が割り当てられたと思われる。『太平記』では「志和三郎」と記してあるが、当て字で本当は斯波である。

斯波三郎家長（『常楽記』では長家）は足利高経の嫡子で、『武衛系図』によると、その祖は尊氏の祖の泰氏から出ており、足利一族の中ではもっとも重きをなしている。ゆえに家長は元服すると共に従五位下陸奥守（一に伊予守）に任じ、斯波郡（現在の岩手県紫波郡）高水寺に本拠を置いて斯波を称した。これは北朝から補されたもので、南朝から陸奥守に補されたのは北畠顕家で、はからずも陸奥国の二国司の軍勢がここで戦うことになるのである。家長時に十七歳。陸奥国高水寺にはおそらく代官を置いていたのであろうが、そこは北畠顕家の手によって攻められ、土着の武士団は北畠軍に従軍していたであろうことは想像に難くない。

また一書に、延元元年（一三三六）四月十六日に、鎮守府将軍に任じられて奥州へ下向する北畠顕家と斯波家長が片瀬で戦ったことも記されているから、顕家と家長はよくよく因縁がある。

家長奮戦

大体鎌倉侵入は新田義貞の例でわかる通り、北・西が主力となるから、その方を多く警戒したのであるが、北畠勢は意外と東から侵入したようである。もちろん朝比奈の切通しには厳重な柵を設けて守備していたのであろうが、脆くも破れたらしく、大軍は溢れるように金沢道を西進し、杉本城の守備兵と激突した。

当時の山城形式のものは後世の城と違って石垣を積んだものでは無く、丁度この時代に描かれたとされる飛騨守惟久筆の『後三年合戦絵詞』に見られる城砦のごときものが大部分で、天然の急斜面や崖を利用した外郭であるから、蝟集（いしゅう）して這い上れば侵入できる。

杉本寺　杉本城があった。

現在の杉本城跡を見ると、馬蹄形の尾根には狭い面積の平場（ひらば）が高低いくつにも区切られてその遺構をとどめているが、石垣を組んだ形跡はなく、ただ所々に開鑿したと思われる壕らしきものが見られるだけである。この各平場に、おそらく櫓（やぐら）・建物があって、区切りごとに防戦したのであろうが、徒歩兵であればよじ上っても戦えるし、数をたのんで四方から攻めれば容易に城内へ入れる。

斯波三郎は尾根をあちこち走り回って指揮した

が、人海戦術にはかなわない。

矢は射尽し、斬り込んでもたちまち押しつつまれて斃れる。「もはやこれまで」と、家長は西隣に当る大倉御所に使を馳らせ、「防戦かない難ければ、疾く疾く落ち参らせられるべし」といわせ、義詮一行が落ちて行く時間稼ぎの防戦をし、ついに力つきて割腹して果てた。これに続いて島田平内五郎・板倉平次・板倉三郎貞泰らも自決し、ここで討死する者三百人といわれる。一説に、家長は杉本観音堂の縁で自決したともいわれ、堂傍に五輪塔が集っているのは、この時討死した武者達を弔った墓といわれている。

他の攻め口からも、もちろん北畠勢は攻撃をかけたことは当然で、『太平記』にも、

「とても勝べき軍ならずと一筋に皆思ひ切たりければ、城を堅し壘を深くする謀をも事ともせず一万余騎を四手に分けて、道々に出合、懸合々々一日支て各々身命を惜しまず戦ける。」

とあるが、身命を惜しまず戦ったのは十七歳の純情武将斯波三郎家長の杉本城守備隊ぐらいで、他の守り口は、一応戦って義詮の面目を立てたら退却するつもりであったろうから、大した戦闘ではなかったらしく、『太平記』も詳しい説明はせず、また名ある部将・武者の戦死した様子も見られず、ただ、

「志和三郎杉本にて討れたり」

と記すのみである。しかし、局地戦ながら三百人戦死したというのはなかなかの激戦で、斯波勢がいかに奮戦したかがわかる。

杉本城攻撃の様子は、その西側にある大倉御所にも当然わかる。矢叫び、怒号、時折あがる鬨の声。おそらく小鎧着て五月の節句武者人形のように可憐の義詮も、縁に立って東方の山を眺めていたであろうが、子供であるからさすがに顔蒼ざめ紅唇のみ鮮やかであったであろう。側近の大名達に囲まれ、諸方から刻々と入る敗報、早や持場を破られて続々と引き上げて来る武者団、斯波三郎から早く落ちられたいとの連絡を受けて、ついに「退却せよ」の命令が出された。すでに御所内の武者は全員乗馬して待機している。あとは大将が乗馬するだけであるから、直ちに馬が索き出され中門廊の縁につけられる。上杉民部大輔が、抱き上げるようにして義詮を馬に乗せる。

義詮の鎌倉落ち

「出発」

と高大和守の号令で、義詮守護の一団はどっと西進する。小町大路より左折して山を越して三浦に出て、安房に逃れる予定。上杉民部大輔と宮内少輔・桃井播磨守は由比ケ浜で打ち合わせ通り分れる。これは相模・武蔵に分散して潜み、北畠勢が上洛に西進したら、安房から迂回して武蔵に入った義詮らと呼応の軍勢を集めて追撃するためである。

鎌倉は、こうして易々と北畠顕家軍の入城するところとなった。『太平記』にも、

「戦う兵は少し（中略）皆思ひおもひに成てぞ落られける。」

とあるから、鎌倉市中は大した兵火に見舞われることはなかったようである。

この日を『常楽記』では十二月二十二日とし、斯波陸奥守家長戦死の記入ある『奥州斯波系図』では二十五日、『太平記』では二十八日としている。いずれにしても寒風枯枝を吹き揺がす師走の下旬で

あった。

北畠顕家軍は鎌倉で労れを休めて正月を迎えるが、八日には西上のために出発しているから約十日ほどの滞在であった。

この間に、頼朝の故事を見倣ったごとくまったく同じコースで、義詮一行は安房に渡り、上総で軍勢を集め、武蔵に進出すると、江戸・葛西・三浦・鎌倉をはじめ坂東八平氏・武蔵党が続々と着到を告げて、たちまち三万余騎となる。その上に下野国の芳賀入道禅可が紀党・清党を引具して集まり、義詮が再び鎌倉に入ったときは五万余騎になっていた。そして直ちに出発、西上する北畠勢を追って美濃国の青野が原の合戦となる。やがて転戦した顕家は阿倍野で討死する。

この鎌倉合戦はどんな意義があったのであろうか。はじめから敗け戦とわかっていて戦かい、斯波三郎勢だけでも三百余人の討死を出して敗走した無駄な戦のように見える。一少年の虚元気から生じた損害ともいえるが、大局から考えると義詮の虚勢もまんざら意義なしとはいえない。始めから戦かう意志なしとして鎌倉を脱出したら、関東中の武士が離反して、それこそ北畠軍に集ってしまったであろう。少年の盟主ながら、かなわぬまでも一戦したことを知り、かつ義詮なお健在と知ったからこそ、敗れても軍兵が馳せ集ったのであるから、軍略を知らぬ少年の意気が反って効果を上げたともいえる。

義詮の邸の位置

義詮のいた邸を、浄妙寺の東方の後にいう公方屋敷に推定する史家が多いが、それは疑問である。なぜならば、北畠軍は朝比奈の切通しを越えて東方から攻め込んでいるのであるから、公方屋敷の地域が義詮の邸だとすると、杉本城攻略以前に浄妙寺東の屋敷は攻めら

浄妙寺　明るい雰囲気の寺である。

れているはずである。義詮屋敷が攻められた記録は無いし、杉本城は東方から攻めて来る防禦上の地点であるから、義詮屋敷は杉本城の西側か北側方面と見なければならない。つまり大倉(蔵)方面か、もっと鎌倉の中心部に屋敷があったと見るべきであろう。

元弘三年(一三三三)千寿王後の義詮が鎌倉を脱出したときに、『太平記』では大蔵谷を落ちたとしており、大蔵の地区は頼朝の幕府があったあたりから二階堂・雪ノ下の一部までを含めた漠然とした用い方の地名であるが、足利氏の屋敷が大蔵にもあったことを示している。また『梅松論』に、

「義詮の御所四歳の御時。大将として御こし(輿)に召れて。義貞と御同道にて関東御退治以後は二階堂の別当坊に御座有しに。」

とあって、二階堂永福寺の別当坊を御所としたことが記され、これより二年後の建武二年(一三三五)、中先代の乱後の八月にも尊氏・直義兄弟は二階堂別当坊に入り、また『鶴岡社務記録』には、新田義興の鎌倉占領後に尊氏が鎌倉に入った文和元年(一三五二)三月十二日に二階堂別当坊に入っている。

元弘三年北条氏滅亡時に、市中の邸寺社あらかた焼亡したが、大倉ケ谷の永福寺一帯は焼け残ったの

で、御所として別当坊が用いられたのであろう。

また『梅松論』には中先代の乱後に尊氏が、

「若宮小路の代々の将軍家の旧跡に御所を造られしかば。師直以下の諸大名屋形軒をならべける程に」

とあって、現在の雪ノ下一丁目の十番地から十六番地あたりの旧幕府跡に御所を営造したことが窺われるから、北畠顕家の鎌倉攻めの折には、義詮は二階堂永福寺の別当坊か、この若宮小路の旧幕府跡の御所か、いずれかにいたことになる。

合戦の場合の地理的条件を考えると、永福寺の方が山に囲まれて防禦には良いが、退却は困難の土地である。若宮小路の方は中央に位置して四方への指令によく、また退却はいずれの方にも可能である。ゆえに、永福寺別当坊を住居としていても、敵迫るという状況下には若宮小路の御所に移ったであろうし、尊氏の留守中は義詮が御所の主として住んでいたと見てさしつかえない。

顕家も、一時的にもせよ大軍を駐屯させる必要があり、この時は鎌倉市内を放火したり破壊はしなかったであろうから、被害の少なかった戦といえるであろうが、食糧調達で市内はおろか近郷近在まで、後々まで窮乏したであろうことは想像される。

正平七年（一三五二）二月十三日

新田義貞の遺児・義興の鎌倉攻め

小手指原の戦い

正平五年（一三五〇）頃から足利氏も内訌が引き続き、尊氏の庶子直冬の変、尊氏と直義との不仲、重臣高師直・師泰の滅亡、尊氏・義詮親子の南朝方への降伏、義詮と直義の争いと直義の死などの騒動があり、北朝内部にも揉めごとがあって、雌伏していた南朝方も諸方で動き始めた

そうした気運の中の正平七年（一三五二、文和元年）、新田義貞の遺児・左兵衛佐義興（よしおき）、少将武蔵守義宗（よしむね）、義貞の舎弟脇屋義助の子左衛門佐義治（よしはる）の

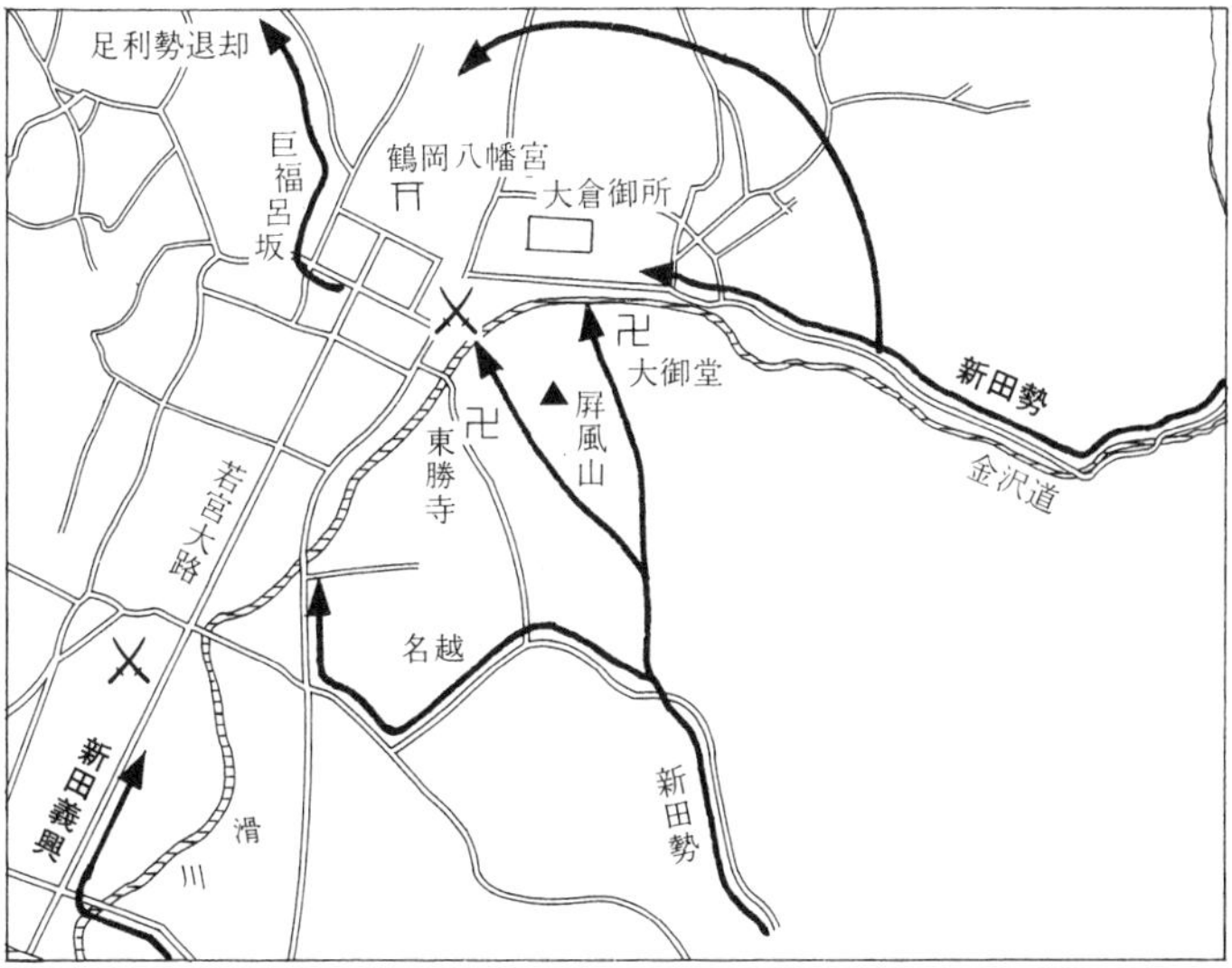

三人が、不意に上野国に兵を挙げて、鎌倉にいる征夷大将軍足利尊氏を討とうとした。

これは吉野の南朝後村上天皇が由良新左衛門尉入道信阿を内密の勅使として、足利氏討伐蹶起の綸旨を新田家に賜ったからである。

尊氏親子の帰順降伏を納れたものの、武家政治の体制に奔走する足利氏を滅してしまおうとして計画されたものである。新田家としては綸旨を戴かなくとも足利家は仇敵であり、挙兵の時機を窺っていたのであるから、義興・義宗・義治は急いで一族に触れるとたちまち二十万余騎が集り、武蔵国へ進出したのが二月八日。行く先々で寒風に梅花が薫る。

鎌倉には尊氏と四男の左馬頭基氏がいたが、この報を知って大いに驚き、急いで関東中に軍触を出したところ、新田方の威容におそれてある者はすでに新田方に応じ、ある者は去就に迷ってなかなか参着しない。

しかし、将軍が動座（将軍の出陣をいう）すれば必ず軍兵が馳せ集るというこれまでの経験があるので、尊氏は十六日の早朝にわずか五百騎の手勢を引き連れて武蔵国に進発した。

予想した通り、後から追いつく者、諸国から馳せ参じる者らが牽きも切らず続々と追従して、小手指原に近付くころは八万余騎となった。

新田勢も十八日には小手指原の北側に布陣し、今度こそ一挙に足利勢を粉砕して尊氏の首をあげ、無き父・叔父の霊を慰めんと寒風に足踏みして待ち構える。無数に立つ大中黒の白旗は秋の薄の穂波のように靡き、軍馬の嘶きは陽炎のように立つ。

十九日には足利勢も続々と小手指原の西側に集結し、これも枯野を埋め尽すように二引両の白旗を漣のように靡かしているが、両軍互に敵陣を観望して陣備えのために移動を開始する。

二十日の早朝、どちらからともなく先を争って原の中央に突撃し、やがて入り乱れて矢軍・太刀打戦となる。

これが、関東戦史上有名な小手指原の激戦である。激闘数刻、やがて足利勢が総崩れになって大敗した。尊氏もわずかの勢に守られて石浜まで四十六里の敗走をした。

石浜については、東京都台東区の隅田川右岸の石浜城と、東京都福生市の多摩川べりの牛浜であるという二説がある。いずれを採っても小手指原から四十六里は無い。四十六里は正確なものでなく、単に語呂が良く長距離の表現の一例に過ぎない。

総崩れになった足利軍は四方に分散するので、勝に乗った新田勢も分散して追撃する。

義興・義治の深追い

三将のうちの新田少将武蔵守義宗は他の部隊と離れてしまい、敗残の足利勢が諸方から迎撃するので深追いは反って窮地に陥ると用心して、兵を集結させて小手指原に引き上げる。

猛将新田義興と脇屋左衛門佐義治は、今日こそ尊氏の首を獲んものと追撃の手をゆるめなかったから、気が付いて見ると廻りに従う者わずかに三百騎足らず。四散した敵を右往左往して尋ねて行くうちに大中黒の旗を見て、あちこちから投降して来る。降参して来る者は味方の戦力として必要であるから応待しているうちに、遂に尊氏の旗本勢を見失ってしまった。

やむをえず引き上げようとしたところ、先刻の戦の時に姿を隠していた足利勢の仁木左京大夫頼章と舎弟越後守義長の勢三千余騎が襲撃して来た。仁木勢は新手の精鋭で十倍に近い。新田方は今朝よりの激闘で労れきっている。

しかし、新田義興は、死してからその怨霊が雷火になって仕返しをしたという伝説を生じたほどの激しい猛将であるから、真先立って血路を開き落ち延びること二十余町、さすがに仁木方も追って来なかった。義興達が勝っていながら小勢でいると襲撃されたように、このあたりには四方へ散って追撃している新田勢がまだいるから、いつ逆に包囲されるかわからないことを恐れて、仁木方も兵をまとめて引き上げたのであろう。それほどこの戦いは敵味方共に混乱していたのである。

残兵をまとめてみると二百人あまり。

鎌倉を目指す

「いかがしたものか。」

と義興・義治は主立った者達と協議する。

「このあたりは四方へ追い散らした将軍方の軍勢が、未だうろついているに違いない。先ほどの仁木勢のように、われわれを小勢と見れば必ず襲って来るでござろう。武蔵守殿（義宗）の勢でもいればとにかく、その行方すらわからぬ今、これだけの人数で上野へ帰陣いたそうとするのは討死しに行くようなもの。どうせ討死致すのであれば、ここは鎌倉に近き故に鎌倉に打ち入って、あわよくば左馬頭殿（足利基氏）の御首級（みしるし）頂戴致し、また鎌倉を攻め落せば、四散した軍兵も馳せ参じ、足利方は本拠を失って没落すること必定と存ずる。」

という意見が出て、一同もっともと同意し、

「さらば打ち立って鎌倉に攻め入らん。」

と労(つか)れた身体を励まし、傷の手当をして出発したのが夕刻。

夜半に関戸を過ぎたころ、行く手の闇に松明(たいまつ)のあかりが狐火のように明滅して、武者の集団が近付く気配である。

「おのおのは誰殿の勢なるぞ。」

と義興は馬をとめて叫ぶ。足利方の武将の名を聞いた途端に斬り込むつもり。黒々と集った相手方は、ちょっとざわめいたが中から声あって、

「吾等(われら)こそは石堂・三浦・小俣・葦名・二階堂の勢なり。新田殿に味方せんとて参るところ。そちらの勢は将軍方なるや。将軍方なれば新田殿への手土産(てみやげ)の戦、一人も残らず討ちとってくれん。名乗らせ給え。」

と一人が群れから出て来た。夢想もしなかった幸運である。

「おッ。味方にてござるか。吾こそ新田左兵衛佐義興と脇屋左衛門佐義治なり。」

相手も意外に驚いたようであるが、新田勢にとっては天の助けである。

この一軍は、石堂四郎入道・三浦ノ介・小俣宮内少輔二郎・葦名判官・二階堂下野守次郎の勢の六千余騎である。

元々新田方であったのが、先頃薩埵(さった)峠の合戦で尊氏に降参し、今度尊氏の軍触に応じて出陣したので

あるが、小手指原では傍観し、足利方が総崩れの敗戦を知って、鎌倉の足利左馬頭基氏を攻めようと夜闇に紛れて南下していたのである。故に一戦もしていないから、手傷を受けた者もいない精鋭である。

早速その場で大休止して軍議を開く。六千余騎の勢であれば、留守部隊の鎌倉勢と戦っても勝目はある。軍略定まって出発すると、神奈川で夜は仄仄(ほのぼの)と明ける。鎌倉はあとひと息であるからここでまた大休止し、兵糧を使い馬に飼糧(かいば)を与え軍容を整え、また斥候を派遣して報告を待つ。

東から二手に

物見の報告によると、予想した通り南遠江守の率いる安房・上総の勢三千騎ほどに御所の警備がわずかの人数とのこと。化粧坂・巨福呂坂口を切り塞いで小人数がいるのみで、極楽寺坂切通し口は不明。ほとんど尊氏出陣に随従していてガラ空きに等しい鎌倉である。しかも昨日は三浦方面に新田方が集っているというので、南遠江守が進撃したが流言であったので、今朝戻りつつあるとのこと。将(まさ)に天佑である。

義興は六千余騎を二手に分けて東北の方から進撃を開始した。『太平記』には、

「鶴岡へ旗指少々差遣して、大御堂の上より真下りにぞ押寄せたる。」

と記されており、もう少し具体的に説明の欲しいところであるが、他の記録からも詳細は窺えない。

化粧坂・巨福呂坂・極楽寺坂、大仏口あたりから攻めずに、東の方から攻めたようである。とすれば金沢道を西進したり、由比ケ浜の東端、山を迂回して小坪口の方から侵入したとも思われる。この方が北や西から攻めるより御所への最端距離であり、山や谷に紛れて侵入し易い。徒歩戦が発達すると、山は防禦の対象にならない。騎馬では山は不便であるが、徒歩兵は反って山を踏破して出没自在に働ける

ことは、すでに楠木正成が千早城、赤坂・金剛山城で実証している通りである。新田勢の一部は鎌倉の北方の山をどう潜行したか、旗差（軍の旗持ち）と兵少々を迂回させて鶴岡八幡宮背後に出させ、大軍が来たように多くの旗を林立させた。

おそらく朝比奈切通し方面から十二所に出て、ここで二手に分れ、陽動作戦の旗差隊は浄明寺地区あたりから、現在のハイキング・コースの尾根道を通って八幡宮裏山を南下したのであろう。騎馬でなく、徒歩武者なら可能である。

化粧坂・巨福呂坂口から敵迫るの報がないのに、いきなり八幡宮裏に旗が翻って鬨（とき）の声がしたので鎌倉中が驚く。特に大倉の御所は近いから警護の武者や、三浦から戻って、馬の鞍を外して一息入れていた南遠江守の勢が慌てた。

「素破哉（すわや）。敵は鶴岡まで攻め入ったるぞ。」

と御所に駆けつける。すると今度は大御堂方面からも鬨の声が上る。敵の姿が見えず諸方から鬨が聞こえる方が、見当がつかないだけによけい不安を生じる。いつの間にか敵は鎌倉の中心に侵入していると思うと、恐怖心の方が先である。それでもさすがは鎌倉武士、

「御所を守護せよ。」

「門を閉じよ。」

と防戦の仕度をする。新田勢は名越の方から廻って大宝山を越えて釈迦堂ケ谷（しゃかんどがやつ）から大御堂（おおみどう）や、屏風山方面から東勝寺側に出て攻め下ったのであろう。徒歩武者は樹立の間を縫ってあとからあとから現れ、滑

川を水飛沫（みずしぶき）あげて渡渉し、金沢道に下ると喚声を上げて襲いかかる。朝比奈方面から金沢道を西進した騎馬武者、名越方面から小町大路・若宮大路を進んだ騎馬武者は、揉み合って大倉に殺到する。

小俣宮内少輔は、昨夜の打ち合わせで本日の軍奉行に選ばれたので、晴れの戦振りを見せんと、手勢七十余騎一団となって若宮大路に布陣する南勢に突入する。三浦ノ介、葦名判官、二階堂下野守次郎、石堂四郎入道はいずれも鎌倉に邸を構えたことのある人物であるから、谷々（やつ）小路々々はよく知っている。ここを駆け抜け彼処（かしこ）に待ち受け、南勢を追詰め追懸け討ち取る。戦に放火は付きもの。やがて民屋から火の手が上り、西の海風に煽られ黒煙は渦巻いて地を這い、矢は乱れ飛んで武者は駆け違って斬り合う。

由比ケ浜方面から北上した新田義興は、逃げ散る敵の群に馬を馳らせたちまち三騎を斬って落としたが、敵の振りはらった太刀先が左の籠手（こて）の手甲を切り削り、さらに手綱（たづな）を両断された。切れた手綱は馬の首の両側に垂れ、馬がそれを踏んで転びそうになったので、敵が懸って来る最中にもかかわらず馬をとどめ、太刀を左脇に挟んで顔が鐙（あぶみ）に接するほどに蹲（かが）んで左側の手綱を取り上げ、右手を馬の轡（くつわ）まで伸して右の手綱をとって取り合わして結んだ。敵はその隙を「得たりや応」と駆け寄り、兜から背中にかけて三太刀四太刀と斬りつけたが、義興は悠然と手綱を結び合わしてから太刀取り直し、

「来るかッ」

と睨んだので、敵はその形相だけで逃げ出す。

奇襲を受けた足利勢は散々の敗北で、南遠江守は左馬頭基氏を守護して鎌倉を脱出する。『太平記』

では、

「石浜を指して落られけり。」

とあるから、父の尊氏が石浜に軍勢を集結させていたことを知っていたと思われる。また海辺や西の方から脱出したのではなく、おそらく巨福呂坂口から洲崎へ、そして鎌倉街道を北上したものであろう。と推定すれば、この方面からの新田勢の侵入は無かったと見るべきである。

とにかく新田勢は大勝利である。

形勢逆転　義興達はここを拠点として、小手指原にまだ布陣しているであろう弟の新田少将武蔵守義宗や、本国上野国へ連絡の使者を派遣した。

ところが義興・義治と協力の石堂の一党が鎌倉攻めをしている間に、武蔵国での状況はまったく一変していた。

武蔵野で敗れたりとはいえ、将軍尊氏に対する武士団の声望は意外と強く、将軍健在と知って続々とその陣に駆けつけ、四散した部下も所在を尋ねて集って来る。たちまち八万騎となって、碓氷（笛吹）峠を背に布陣していた義宗の二万騎と合戦になった。今度は義宗が大敗して、碓氷峠を越えて上野国にもとどまれず、長駆して越後国まで逃避してしまった。

こうした結果は、義興達を鎌倉に孤立させたことになる。義興が鎌倉を陥したと知って駆けつけてくれた者を含めても、わずか六・七千騎に過ぎない。一方大勝した尊氏勢は、その旗本に馳せ参じる者がますます増えて八十万に余る大軍である。鎌倉恢復のために行動を起こしたとの報に、今度は義興らが窮地に立った。

東海地方はもちろん足利将軍方の勢力であり、関東もあらかた将軍に従ったとなると、逃げるには北陸か東北以外に無い。しかし、そこへ行くには敵中突破するより仕方が無いし、集ってくれた連中は向背定まらぬ者が多いから、状況不利と見たらいつ寝返るかもわからぬし、退却途中で味方に寝首をかかれるおそれがある。さりとて鎌倉にいれば自滅は明らかである。

槿花一朝の夢とはこのことで、あまりの急変に一同呆然自失。まず協力してくれた連中から騒ぎ始める。一番油断のならぬのは石堂・小俣・二階堂・葦名らの部将である。かつて新田方であったのが、薩埵（さった）峠の戦で足利方に降服し、尊氏敗走するとまた義興方についた。この時代は将軍尊氏をはじめとして、多くの武士が帰服したり離反するのが常であるが、これも生き残るための智恵である。

相模の豪族松田・河村・酒匂らが口をそろえて、

「それがしらの所領の内に相模河の上流に険しい所がござるによって、ひとまずそこに移って越後・信濃の同志と連絡をとり、再挙を謀った方がよろしいと存ずる。」

とすすめるのでそれに決した。『太平記』には「国府津（こうず）山の奥」とだけ記されている。

鎌倉にあること、わずか二十日ほど、義興らは三月四日、片瀬・腰越の波打際を、夕日に影を長々と引いて西に向った。興亡変転極まりない動乱の時代とはいえ、一行の肌には三月の浜風がうそ寒く感じられたことであろう。

応永二十三（一四一六）十月

管領上杉禅秀の乱

鎌倉公方と関東管領

足利尊氏の第二子基氏が、関東仕置のために鎌倉管領（かんりょう）を命ぜられたのは正平四年（一三四九）九月、十一歳の時である。鎌倉管領とは関東管領のことで、鎌倉にいる関東の管領職ということである。初代管領基氏の少年時代、もとより政治能力は無いから執事として上杉憲顕と高師冬がつけられたが、高一族は滅んだので上杉家がその実権を独占した。

基氏のあとは、その長子氏満が正平二十三年

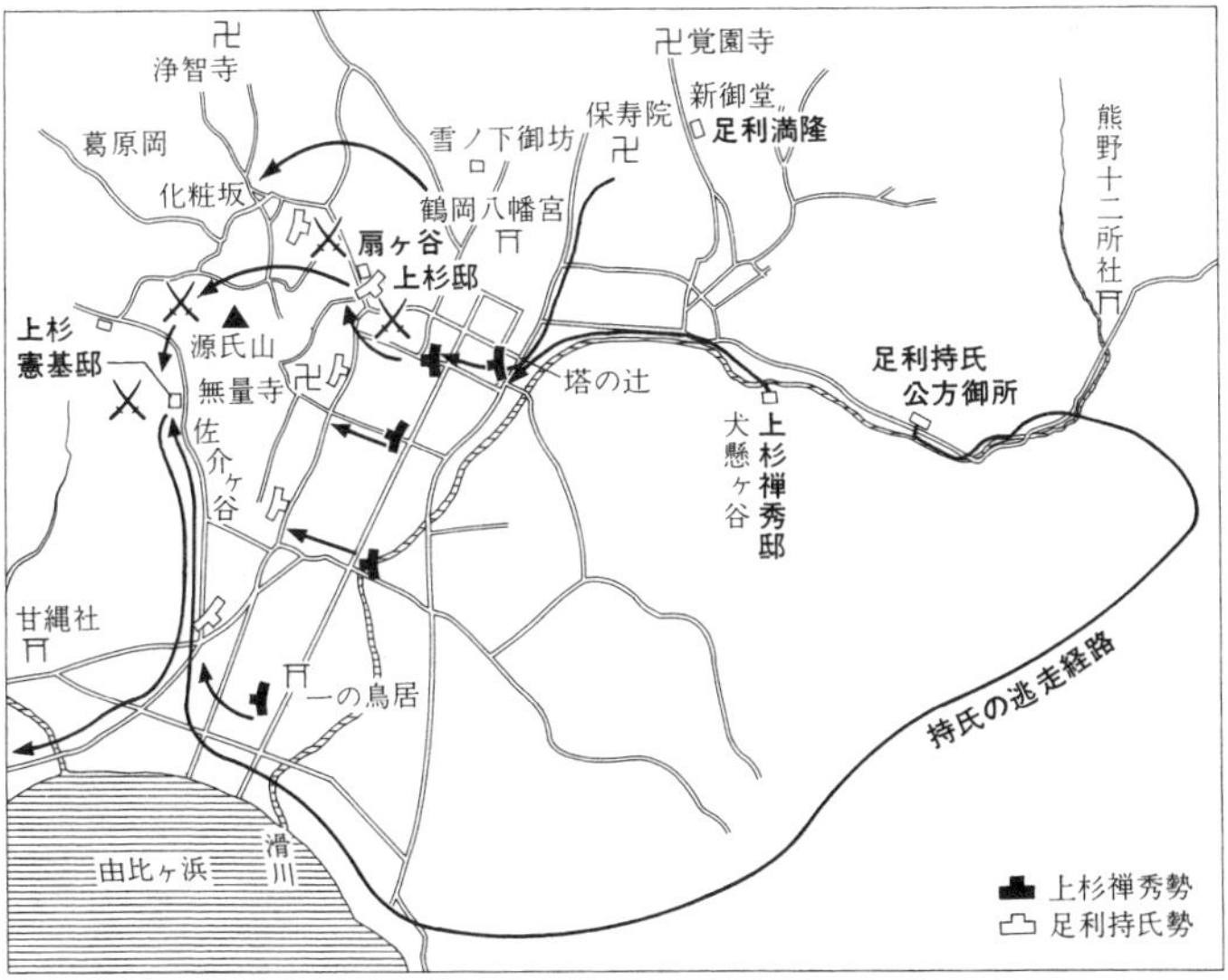

（一三六八）五月に九歳で継ぎ、天授四年（一三七八）京都の騒動に乗じて三代将軍義満に代ろうとし、上杉憲春の諫死によって事なきを得た。この頃から幕府の執事を管領というのに倣って、鎌倉も自ら公方と称し、執事の上杉氏を関東管領というようになった。

応永五年（一三九八）十一月には氏満の子満兼が三代目の公方となった。満兼は将軍義満と不和であり、翌年には義満に背いた大内義弘に応じて兵をあげたが、乱収まったので不発に終った。義満は管領上杉憲定をして満兼を説得せしめ、幕府と和睦するようになった。そしてその職にあること十一年、応永十六年（一四〇九）七月二十二日に三十三歳で歿した。

時にその長子幸王丸は十二歳であったが、九月に四代鎌倉公方になった。満兼の時の管領は、山ノ内に住んだので俗に山ノ内上杉といわれる安房守長基（俗名憲定）と、犬懸ケ谷に住んだので犬懸上杉といわれる中務入道禅助（朝宗）が勤めたが、禅助は満兼の死を悲しんで遁世し、上総国長柄山の領所に籠居してしまった。主君を慕う忠誠心の表れに見えるが、また新らしい幼君を見限ったようにも見え、側近にも動揺の色が表れ、野心のある者や佞臣が暗躍しはじめた。

八月になると、満兼の弟満隆の住む新御堂小路の御所ににわかに人の出入りが繁くなり、やがて謀反の噂が流れた。

その頃、公方の御所は浄妙寺の東南の金沢道より胡桃ケ谷に向ったあたりにあり、鎌倉の中心から東に外れたところであるから、万一謀反が事実であったら防ぎにくい所である。

山ノ内上杉安房守長基は驚いて、急ぎ手兵を幸王丸の御所に派遣して警護させたが、それでも心もとないので、佐介ケ谷の自邸に幸王丸を移した。八月十五日のことである。

物々しい動きに、素破哉合戦が始まると鎌倉中が大騒ぎになったが、それより慌てたのは新御堂の満隆で、計画は未だ熟したわけではなく、また洩れるとは思っていなかったので、身の危険を感じて頗る低姿勢となって御所に伺候し陳弁し、管領の上杉長基にもいろいろと申し開きしたので、隠謀事件はそのまま揉み消されて、九月三日に幸王丸は御所に戻った。

持氏と禅秀

幸王丸は翌十七年に十三歳で元服し、足利四代将軍義持より諱の一字を賜って持氏と名乗った。十四歳のとき、良き傅役であった上杉長基が三十八歳で歿したので、今度は犬懸ケ谷上杉中務入道禅助の子右衛門佐禅秀入道氏憲が管領となった。

禅秀は『今川記』に、

「此の人父の家を継ぎ政道ただしくて礼儀を乱らざりしかば民の愁もなく人の恨みもあらざりしに」

と記されるほどの剛直明快の管領で、評判は良く、理非曲直に強い人物であった。『湘山星移集』にも、

「良薬は口に苦く忠言は耳に逆らう習なれば連々上意に背く事既に多し」

とあるように、面をおかして諫言もすれば物に臆せず進言もする。

新御堂小路　正確な場所は未詳であるが、覚園寺の薬子堂を新御堂といったからそのあたりであろうと思われる。『喜連川判鑑』『湘山星移集』などに新御堂満隆や新御堂御所の名が見える。

生まれた時から将種高貴と自負して我まま一杯に育った十五歳の持氏には、気に入るはずがない。応永二十三年（一四一六）四月下旬、たまたま禅秀の家人で常陸国小田の住人越幡六郎が、単に気に入らぬということだけで罪も無いのに持氏の勘気に触れ、そればかりか所領をも没収された。そこで禅秀が理非を諫め六郎の宥免を願ったところ、持氏は怒って禅秀を露骨に憎むようになった。主従の間柄がこうなると庶政は乱れて来る。そこで禅秀は管領の御役は勤めかねると辞職を申し出たところ、

「面(つら)あてに職を辞(や)めたきことを望み、われを軽んじるもっての外の奴。もとより汝を管領にして置くつもりは無い。」

とますます怒って、五月十八日に禅秀を罷免し、山ノ内上杉長基の子安房守憲基に管領を命じた。

禅秀の反旗

禅秀は犬懸ケ谷の邸に蟄居したが、憤懣やるかたない。

やがて秋七月の半ば頃になって、禅秀は新御堂小路の満隆の御所に伺候した。いろいろと物語りなどしたあとで充分打ち解けてから、

「実は今宵参上致しましたるは、余の儀ではござりませぬ。」

と声をひそめた。満隆も、禅秀が何か心に秘めていることをいいに来ているくらいは推察していたから、急に目を光らせて頷く。

「御所様（満隆を指していう）には、この頃の関東の御政道をいかが思召(おぼしめ)されそうろうや。公方家（持氏のこと）の御はからい御裁許全く条理にはずれ、佞臣(ねいしん)の言いなりにて日夜の淫楽、民の怨嗟の声はなはだ多く、関東八ヵ国の武士で恨みに思わぬほどのものは一人としてござりませぬ。このままにて

は謀反・一揆を起こす者も現れ、やがて関東は大争乱の巷と化し、御当家の滅亡もまぬがれ難きことと存ずる。

されば、かくならざる前に御改革なされるが肝要と存ずるが、それには公方家の御弟君（持氏の弟の持仲）は御所様（満隆）の御猶子（養子）で御聡明の御方。この御方が鎌倉公方におつきになられ、御所様が後見なされて御政道を正されますのが最も良いことと存じ奉る。某も忠言耳にさからって、このように蟄居致す身となり申したが、御所様も先年あらぬ御疑いをかけられ、危うく御腹召さんばかりのことありましたが、これ皆佞臣と公方家の暗愚のしからしめるところにて、今後もどのように辛き目に遭うか、はかり知れぬと覚悟せねば相ならぬ今日、一日も早く改革の御決断召されますのが上策と存じます。」

と言葉を尽くしていえば、満隆も遂に同意し、計画をすすめることになった。

八月に入ると、関東の諸将に満隆の御内書と禅秀の作成した京都様（京都にいる四代将軍義持）よりの御下知として、持氏公並びに山ノ内上杉憲基を討伐して御政道を糺すための軍触という書類が内密に廻送された。

犬懸ケ谷　杉本寺の前の金沢道から滑川の犬懸橋を渡った谷間で、衣張山の釈迦堂ケ谷の東隣りの谷である。一に衣掛谷といい、上杉憲房の子憲藤からここに住んだので犬懸上杉と呼ばれているのである。地名の起こりは、狩猟をしたときに犬が懸け廻ったからと伝承されているが、『源平盛衰記』にも記されているから鎌倉時代以前からの名である。

禅秀は領国上総に召集と徴発の命を出し、持氏方に察知されぬように武器・武具は俵につめ、軍兵を運送の土民に仕立てて続々と犬懸の邸に運ばせた。

また軍触に応じて、禅秀の聟に当る上野国新田城主岩松治部大輔、同じく聟の千葉新介兼胤、渋川左馬助をはじめ鎌倉在住の大名木戸内匠助・二階堂・佐々木らの一類も禅秀方についた。

関東の武士団の動きにわかに慌だしく、鎌倉に入って来る武士も目立って来たので、挙兵寸前に悟られて弾圧されては破滅であるから、日数を繰り上げて十月二日には満隆と持仲は西御門の保寿院に移って、持氏討伐の旗を上げた。

禅秀は犬懸ケ谷の邸を出て、塔の辻に陣を張る。保寿院の道から西南に下って金沢道を遮断した形で、若宮大路・小町大路の武家邸と以西の武家邸を遮ぎった形となる。山ノ内上杉・扇ケ谷上杉方と、浄妙寺東の持氏の御所との連絡をまず断ったのである。

持氏の御所と犬懸ケ谷の禅秀の邸はあまり離れていないのに、これらの動きが公方側にまったくわかっていなかったのは、禅秀の計画がよほど内密に周到に準備されたためか、蟄居病床にあるという噂で舐(な)めていたのか、また地図の上ではこの間の道がさほど曲っていないように見えるが、実際はかなり曲り廻っているので、犬懸橋付近の動きがまったく見えなかったか、当日これだけの動きがあっても、出仕した側近すら気が付かなかった。また持氏は昼間から「御沈酔」の態(てい)であったといわれるから、十九歳の我まま公方は酒色に溺れて乱酔していたのである。鎌倉市街のただならぬ様子、伺候途中で見た塔の辻や犬懸ケ谷の物々しい陣地を見て、水戸将監が吃驚(びっくり)して御所に駆け込んでことの異状を言上するが、持氏は赤く濁った目を虚ろにさせてなかなか信じない。

「うろたえるな。それは何かの間違いであろう。禅秀メは病で臥っているはずじゃし、禅秀の伜中務大輔も今朝出仕して先刻退出したばかりじゃ。その方何を感違いして申すのじゃ。」

という。呆れた将監は事こまかに説明して、やっとわかるとにわかに蒼白になってうろたえはじめ、

「禅秀入道が攻め来らばいかんせん。防ぐほどの人数がいるか。ても役にも立たぬ者共かな。されば早く退去の用意せよ。佐介ケ谷の安房（上杉憲基）の館に参るのじゃ。」

とせき立てる。日頃の傲慢さも体面もなく、身体を震わせて鐙に足をかけるのも定まらぬほどなのを、ようよう馬に乗せてわずかの人数で護衛して御門を飛び出した。事情を知らぬ家人は呆気にとられたが、ようやく飲み込めて、これも武装するどころか慌てて後を追う。佐介ケ谷に行くのには金沢道を右に行くのであるが、この道の先は犬懸ケ谷の禅秀の邸がある。飛んで火に入る夏の虫となるから、逆に左に出て十二所のあたりから山越しして、小坪峠の方から前浜を通って北上して佐介ケ谷に向かわねばならない。

それでも御所様の大事と付き従った者は、一色兵部大輔と子息の左馬助と左京亮・讃岐守の弟掃部助と甥の左馬助・龍崎尾張守と子息の伊勢守・品川左京亮と下総守・今川参河守と修理亮・梶原兄弟らの

保寿院　『今川記』『湘山星移集』では宝寿院と書いてあるが、現在の西御門一丁目十四の位置に当る寺で、足利尊氏の室、基氏の生母清江禅尼の菩提寺で現在は廃寺となっている。丁度鶴岡八幡宮裏の大臣山の東裾、路を挟んで来迎寺の西南の位置である。

側近とその郎従合わせて五百人あまりである。これだけの人数であれば、逆に犬懸ケ谷に馳せ向って一戦するか御所に籠って防戦していれば、駆けつける味方もあろうし、佐介ケ谷の上杉憲基も兵を率いて来たであろう。が大将持氏が鎌倉中の武士が敵になったようにおびえているし、側近もここで生命を殞(おと)したくないので、護衛を名目に逃げ出したのである。

油断といえば、佐介ケ谷の管領上杉安房守憲基も同様である。禅秀方の動きにまったく気が付かず、ここでも諸大名を招いて邸で太平楽にも酒宴酣(たけなわ)、杯盤狼藉(はいばんろうぜき)、泥酔乱舞(でいすいらんぶ)、高吟放歌(こうぎんほうか)の最中に、真蒼になった上杉修理大夫が三十騎ほど従えて慌しく駆け込んで来た。

「新御堂殿と犬懸の入道とが謀反を起こし、ただ今胡桃ケ谷(くるみがやつ)の御所へ押し寄せてござる。また噂によれば、関八州はおろか奥州の勢まで一味したとの由。かかる折に何を閑々と酒宴なされておらるるのじゃ。」

と咳込んで怒鳴る。憲基はこの態を見て、脇息(きょうそく)にもたれ、盃を手にしながら、

「修理殿は何を狼狽(うろた)え召さる。新御堂殿は先年特別の御宥免を賜って恭順しておられる御方。何で謀反の御気持があろうや。また犬懸の入道は先年奥州赤館(あかだて)の戦で見限られた御仁。どうして奥州の勢が味方しようぞ。考えてもおかしいことではないか。つまらぬ風評に滅多なことを申されるでない。」

と冷笑して窘(たしな)めたつもりでいるところへ、また十四・五騎が門内に駆け込んで来て、真赤に興奮した藤蔵人大夫が馬から縁に飛び下りて駆け込み、

「申し上げ候。本朝より保寿院において軍兵せわしく動き、塔の辻には犬懸入道殿の手の者が切りふ

さぎ合戦の仕度の様子。一定御所へ押寄せんためと覚えたるに、また由比ケ浜に五百騎ほどの人数あり。よくよく見るに何と公方様の御動座の態なれば、早々に御出迎いあってしかるべし。」と叫ぶ。これで憲基もようやく事態ただならぬを悟り、

「者ども。出合え。謀反が起きたるぞ。公方様に万一の事ありせばわれら生きて何かせん。こちらに御動座なされんとの由なれば、敵勢のかからぬうちに早々に御出迎いして守護すべし。早や〳〵出合え。」

盃を投げ、盤を蹴退け、太刀よ弓よと慌てて馬の用意をさせると、バラバラと門外に走り出る。ここに居合せた大名豪族らもそれぞれおのれの邸に使を派して戦の仕度を命じ、憲基に続いて馬に白泡かませて由比ケ浜に駆けつけると、材木座の波打際に一団となっているのは、蒼白になった持氏を囲んだ五百騎あまり。甲冑も着けず戦った様子もなく、足元を乱して一の鳥居の方に駆けて来る。

「あれこそ公方様よな。」

「御無事で。」

と憲基達は出迎える。踵を反して先導する。佐介ケ谷の憲基の邸はにわかに殺気立ち、時が経つにされて急を聞いた兵が続々と集まり、門前も邸内も軍兵がせわしく動く。夕暮迫ると早や辻々に篝が焚かれ、暗くなってから武蔵大路より見ると無数の狐火のよう。

ここから十数町東の山陰も微かに赤いのは、満隆・持仲親子と禅秀入道の陣である。すわ合戦と、大町・小町・由比ケ浜の町屋は黒影右往左往して、立ち退く庶民が蟻の群がうごめくごとく、はや肌寒く

なった十月の夜空に妖しい気が渦巻立って、星のまたたきも不安気(げ)である。

　禅秀の軍勢が持氏の御所を襲撃した時は、公方方は藻抜けの殻で、忍び入った野良猫が慌てて逃げる姿だけ。宴席狼藉のままでいかにあわてて退去したかがわかる。しかし禅秀方としても目と鼻の先でありながら、手抜かりもはなはだしく、あらかじめ見張っていて一挙に襲撃して持氏を殺してしまえば、クーデターは簡単に成功したのであるが、まず扇ケ谷・山ノ内両上杉と持氏を遮断してからという作戦は失敗であった。満隆父子と禅秀は地団駄を踏んで口惜しがる。

　そこへ刻々と注進が入り、持氏は管領邸へ入御し、急を聞いた軍兵が引きも切らず集っているとのこと。

夜襲しようと逸(はや)る禅秀を満隆は、

「どれだけ軍兵が集っているかわからぬし、今宵はおそらく油断はすまい。むしろ相手方から夜襲される恐れもあるから、こちらこそ防備を厳重にし、明日は諸国から集ってくれる勢が加わってから堂々と戦した方が良い。」

というので、こちらも篝(かがり)を天を焦がすほど焚(た)いて夜を明かす。

対峙

　翌三日は悪日であるからとて、山ノ内方は動かない。軍陣の作法の形式が重んじられた室町時代は、戦かう日まで吉日悪日にこだわるようになり、特に将軍が御発向の時などは陰陽(おんみょう)頭(のかみ)が吉日を選ぶと『鎌倉年中行事』にもあるように、縁起をかつぐならわしである。味方に悪日であれば敵方にも悪日であるはず。

室町時代末期以降からあまり気にしなくなったが、軍略の神様武田信玄すら、戦の時に日取（吉凶の日）を気にしてはいけないと広言しながら、陰で密かに丸日取の法を用いていたと『甲陽軍鑑』に記されているくらいであるから、形式主義の殿中や公方家では骨稽なくらい日取は気にする。現代でも大安吉日を好むのであるから、当時としては真面目にそれに則った。

山ノ内勢が攻めて来ないから、満隆・禅秀方も攻撃しない。両軍ともに布陣したまま気勢をあげるだけである。

山ノ内勢はまず浜面の法界門に、長尾出雲守入道をはじめ安房守憲基の手勢を配置する。浜面とは鎌倉の正面の海に近いあたりをいう。後に江戸城の前面に当る海を江戸前というのと同じである。法界門は佐介口の一つらしいが、何寺の門か不明である。

甘縄口小路には佐竹左馬助の勢、薬師堂面には結城弾正少弼の手勢、無量寺口には上杉蔵人大夫憲長の勢、化粧坂には三浦党や相模から馳せ集った勢、扇ケ谷には上杉結城弾正少弼氏定父子が邸の周りに櫓搔楯組み列べて待つ。

甘縄口小路とは甘縄明神、現在の長谷一丁目の甘縄神明宮の前、由比ケ浜通りに出る小路であるから、佐介ケ谷の邸からの最前線である。つまり由比ケ浜方面から来る敵を防ぐための陣である。薬師堂面は、鎌倉には薬師堂がいくつかあっていずれか確定できないが、佐介ケ谷か山ノ内あたりの薬師堂であろうと思われる。

無量寺口とは扇ケ谷の無量寺谷にあった寺の名であるから、大体源氏山から桔梗山・後光山の山並みを背にして布陣したと見てよい。

　これに対して満隆・持仲父子は保寿院を陣所としていたが、鬨を三度あげると白旗はらりと飜えし、えいえい掛声勇ましく押し出し、塔の辻の禅秀の陣を通って若宮大路に進出すると、鹿垣(ししがき)丸太結い廻し陣幕張って西に対して布陣する。

　さらに浜寄りにさがって米町には、千葉大介満胤と嫡子修理大夫兼胤、陸奥守康胤、相馬・大須賀・原・円城寺党打ち混ぜて八千余騎が夥(おびた)だしい旗を風に靡びかせて控える。

　浜面の一の大鳥居のあたりから極楽寺口にかけては、佐竹上総興義入道常元と嫡子の刑部大輔、次男の依上三郎と舎弟の尾張守、一族の土佐美濃守・参河常陸守・郎党、河井淡路守・長瀬河西らの百五十騎が海を背にして布陣する。

　犬懸ケ谷上杉禅秀入道は、嫡子中務大輔憲顕・弟修理亮持房を大将として、千坂駿河守・鬼岡谷豊前守と嫡孫孫六郎・甥の弥五郎・従弟式部大輔・塩谷入道・舎弟平次左衛門尉ら二千五百余騎を鳥居より突出させ、鋒矢(ほうし)の陣形（中央尖ったように突出した陣形）を布いた。

　その日はこうして暮れ、夜は再び両陣に篝が赤々と燃え、動く軍兵の影を長く伸ばす。

　四日は互に小部隊が出て、矢軍(やいくさ)程度の小競合(こぜりあい)と偵察戦があちこちで行われたが、大したこともなく日が暮れた。

　五日も小手調べ程度で夕刻となったが、満隆と禅秀の陣には前もって軍触した関東の武士が続々と着到して、その数は十一万余といわれ、鎌倉の街々に満ちたので、その篝は遠くから見ると不夜城のごとくで、山ノ内方の篝は淋しいほど少なく感じた。両軍の間を帯状に闇が埋めている。

激戦

明れば六日の朝未(ま)だき、由比ケ浜辺から若宮大路、鶴岡八幡宮のあたりにかけて満隆・禅秀方が一度にどっと鬨を上げると、持楯を前面に押し出してゆっくりと進撃して来た。切れ目の無い夥(おびた)だしい軍勢。何百本という旗が冷え切った朝風に靡いて延々と続く。若宮大路を洪水が浸すように通過し、露地露地、畠を侵して武蔵大路に溢れて佐介ケ谷・扇ケ谷の方に迫って行く。

右翼は八幡宮から巨福呂坂方面まで進出した岩松治部大輔と渋川左馬助の軍勢が、不意に六本松のあたりからどっと鬨の声を上げて攻め寄せる。

ここから佐介ケ谷の山ノ内上杉憲基の管領屋敷は目の下になる。と共に扇ケ谷上杉との間を遮断することになるから、重要の地点である。

この方面は扇ケ谷上杉弾正少弼氏定父子の守り口であるから、岩松勢の姿が現れると氏定勢も突出する。これが今日の緒戦である。はじめは互に樹々を楯として矢軍(やいくさ)していたが、手薄の所を見ると突撃して斬り合いになる。たちまち乱戦となるが、岩松勢は渋川勢と交互に一息入れては攻め寄せるうえ

六本松　葛原岡(くずはらがおか)の西で、徳川光圀の『鎌倉日記』に、「六本松　仮粧坂(けはいざか)ノ北　六国見ノ西ニ二本アル松ヲ云　駿河次郎清重ガ此所ニ登リ　鎌倉ヲ見タル旧跡ナリト云」とあり、また『新編鎌倉志』巻四の図にも二本の松の巨木が描かれているように、江戸時代初期頃は二本松になっていたが、もとは六本であったらしく、地名としても六本松の名が残る。現在扇ガ谷四丁目の化粧坂から梶原へ入る道の右側で、山ノ内の葛原岡神社から西南に下った梶原地区にあたる。現在は開発されて住宅が並んでその面影もないが、当時は樹が茂っていた。

に、数も圧倒的に多い。氏定方は上田上野介・疋田右京進が討死し、氏定も深手を負って邸に退く。勝に乗じた岩松勢は扇ケ谷上杉の邸を包囲して火を放ち、さらに迂回して化粧坂に攻め入る。化粧坂から国清寺の方に攻め下れば、佐介ケ谷の安房守憲基邸の側面を衝くことになる。

東北に当って黒煙上ったのを見た憲基は、早やこの手は破れたかと驚いて、持氏の馬廻りの勇士梶原但馬守・海上筑後守・海上信濃守・椎津出羽守・園田四郎・飯田小次郎といった勇士三十余騎を救援に赴かせる。山道であるから一同は馬を降り、両側の樹立を楯として攻め上って来る岩松勢を拳下がり(こぶし)に散々に射るが、敵は樹々叢に隠顕してじりじりと攻め上って来る。やがて喚声を上げて襲いかかり乱戦となるが、岩松方は大勢である。梶原但馬守と椎津出羽守はあえなく討死、飯田小次郎・海上筑後守・信濃守・園田四郎は歯嚙みしながら無量寺に引退く。

また、禅秀勢からは、二階堂信濃守・山城守・駿河守の勢二百余騎が魁けて(さきが)、佐介ケ谷の憲基の邸に攻め懸った。憲基方ももとより防備怠りなく、邸の周りの塀の内側には丸太を組んで板を渡し、楯を並べて射手の足軽を配置しているから、近付く敵に矢を雨のごとく浴びせる。書院の庭には馳り(はし)廻れぬほどに持氏の馬廻りの武士が騎乗して、突出の機を待っている。二階堂勢は邸を遠巻きにして鬨を上げ、右に左に駆け廻るが突入の隙が無い。包囲しても矢軍(やいくさ)ばかりで時がいたずらに流れる。二階堂信濃守は焦立って、

「火矢だ。火矢を射込め。」

と指揮する。やがて焰と蒼黒い煙を上げた火矢が次々と放たれると、まず築地塀の上の楯が燃え出す、

邸内にも火矢が無数に吸い込まれ、建物が燃え出したらしく、煙が上り始める。消火に追われるためか、矢の攻撃が少なくなるので二階堂勢はどっと塀際に寄り、門を打ち壊そうと槌矢（かけや）で叩き始める。

憲基方も火矢攻撃には狼狽（うろたえ）たらしく、また東北に当る国清寺・無量寺方面からも黒煙が上り始め、軍兵のどよめきが風に乗って伝って来る。「江戸近江守殿討死」「畠山伊豆守殿御自害」と次々に報告が来、それを追うごとく敗兵が足音を乱して退却して来る。早くも持ちこたえられない状態になった。

持氏脱出

「かくなる上は、公方様を一刻も早く落し参らせなければ。」

と慌てふためき、極楽寺切通し口や、大仏口が遮断されぬうちにと、急ぐ心になる。こうなるともう戦うどころではない。大将持氏は顔を蒼白にして目ばかり光らせ、普段の尊大さは微塵もなく、うろたえ声で、

「憲基、弾正、先途を斬り開けいッ。」

と叫ぶ。家来が何人討死しようが一向苦にならぬが、自分は死にたくない。室内に煙が渦巻いて来る

国清寺　佐介ケ谷から佐助稲荷に分れる寺の内付近である。上杉憲定が、祖父憲顕（道昌）を葬った伊豆韮山の国清寺をここに移したものといわれるが、古くは関東十刹の一つで、畠山国清の創建を、憲顕が亡父憲房の菩提を弔うために中興して禅寺に改めたものである。現在の佐助一丁目十四番地あたり、鎌倉駅西口から西に進んで御成トンネルを潜ってから二百八十メートルほど行った所を右に入ったあたりである。

無量寺　源氏山の東南無量寺谷にあった寺で、現在は扇ガ谷一丁目の南端、佐助トンネルの通りに面したあたりで、前記の国清寺に近い。

と、死の恐怖が天井からのしかかって来るようである。憲基はじめ重臣は持氏の命を待つまでもなく、脱出以外に道は無いと思っていたから、

「馬索けい。」

と持氏を馬に乗せると、

「行く先は駿河の今川。御側をしっかり守って離れるな。門を開けいッ。」

と涙ぐましい忠義振りの一団、どっと門外に突出する。二階堂勢は斬って出たと思って、後退して迎撃しようとするのを、先頭左右はおめいて太刀・薙刀を閃めかして撃退し、あとは一団となってどっと甘縄口の方に走る。極楽寺口から浜面は佐竹入道一族百五十騎あまりの手薄であるから、持氏・憲基の二百騎が駆け抜けても手が廻らない。もちろん二階堂勢も追うが、まさかこの一団が持氏一行とは思っていない。入れ代りに邸内に乱入し、残兵を殺戮する。

部下が捨石となって次々と斃れて行くのを、当然と思って少しも感謝の気持の無い持氏は、逃げたい一心で馬を鐙で蹴り鞭を振って、どうやら腰越の浜までたどり付き、追って来ない様子にホッとして振返ると山越しに東北の空が煙で濁っている。潮騒の音すら敵の鬨の声に聞こえる。

扇ケ谷の防戦で深手を負った上杉弾正少弼氏定は、それでも化粧坂から国清寺へと防戦して憲基の邸につき、また持氏の供をしてここまで来たが、出血はなはだしく遂に馬の平首に伏せると、

「弾正、最早御供叶いませぬ。遅れ残って敵の手にかかるよりは自害して相果てる所存でございまする。」

と持氏にいうが、持氏は励まして連れて行こうという心根も余裕もない。ちらと一瞥（いちべつ）しただけで、「急げ急げ」とせき立てる。氏定は馬を止めて苦しい息を整えて一行を見送ると、静かに馬首を右に立て直して藤沢道場に向った。

氏定がようよう藤沢道場についた時は、力つき果て馬から下りられない。寺僧らに扶けられて本堂に入ると鎧（よろい）を脱ぎ、しばらく念仏を唱えてから心静かに割腹して果てた。時に四十三歳。惜しい人物であった。

持氏は、こうした忠臣の死もあと平塚とひたすらに大磯小磯に馳（はし）り行き、酒匂の流れも乱れ足、日暮るるほどに小田原のあかり目指してたどり着き、その後の、相模や伊豆の禅秀方武士団のいく度かの追撃も、箱根権現の別当証実らの助けもあって、なんとか切り抜け、持氏は駿河の今川範政を頼った。

今川氏の介入と禅秀の没落　駿河国の大守今川範政のところには、先日来の鎌倉の様子が刻々ともたらされている。鎌倉の合戦で討死した今川参河守は、扇ケ谷上杉中務大夫朝顕の孫である。朝顕の女（むすめ）は今川範政の奥方で、上杉式部大夫朝広以下多くの子を生んだが、皆母方の上杉姓を名乗って鎌倉の御所に伺候しており、何人も討死していたのを大いに憂えて、次々と偵察の者を

藤沢道場　清浄光寺で藤沢山無量光院というが、一般には遊行寺といい、正中二年（一三二五）俣野景平の開基、四代呑海開山で、足利家の信仰厚い時宗（じしゅう）の寺である。この禅秀の乱で、鎌倉で討死した敵味方の霊を慰めるために、十五世の尊恵上人が応永二十五年（一四一八）に怨親平等碑を建てている。遊行寺坂に面した東門を入って、すぐ左の椎の木の下にある。

派遣していた。今川家では今度の乱をはなはだしく怒り、早速満隆・持仲・禅秀一味の反逆を京都の将軍家に訴えんと、高木佐衛門佐・米倉伯耆守を上洛させた。

東海の実力者今川氏が、持氏を擁したとあってはやむをえない。将軍義持は禅秀ら一味討伐の御教書と征討の旗を下賜した。

今川家では、禅秀一味の悪逆を討つ廻状を関東から奥羽にまで発行した。禅秀に応じていた諸国の武士団も将軍の命には従がわねばならぬので、次々と禅秀方から離れて行った。

禅秀は持氏の弟持仲を鎌倉公方の位置に据え、養父満隆を後見人として事態の拾収をはかろうとして関東に触状を発したが、武士団はなかなか応じようとしなかったし、諸方で紛糾が起きた。

禅秀の聟である岩松治部大輔満純入道天用は、今度の合戦の時に扇ケ谷上杉を攻め、山ノ内上杉と持氏を追い落とすきっかけを作って、功労第一と賞されると、禅秀の威光を暈（かさ）に着て高慢不遜となったために、一味からも憎まれるようになり、新田一族の里見・鳥山・世良田・額田・大島・大館・桃井・堀口らとも不仲となった揚句、十二月二十八日には新田家の部将由良・横瀬・長尾但馬守の勢の攻撃を受けた。岩松治部大輔は家老の金井新左衛門尉に討死されて大いに怒り、二十二日に逆襲したが散々に破れて行方不明となった。

また武蔵国の江戸・豊島氏などは離反して持氏につき、剰（あま）つさえ腹心とも頼んだ二階堂下野守・宍戸備前守が南一揆（一揆は党）と共に持氏方となって、逆に鎌倉に攻め込んで来るという噂が立った。

こうして、鎌倉方は四面楚歌のうちに、この年を越えた。

明くれば応永二十四年（一四一七）、正月早々、今川勢が悠々と軍備を充実させた上で、持氏を擁して小田原を出発したという報らせを受けた。大勢を察した足利満隆・持仲父子、上杉右衛門佐氏憲入道禅秀・子息伊予守憲方・弟五郎憲春・宝性院快尊僧都・武蔵国守護代長合兵庫助氏春以下一族郎従二百余人は、十日に雪ノ下御坊に籠った。

皆揃って念仏を唱え、香煙揺らぐ中で次々と割腹した。これを雪ノ下御合戦ともいうが、合戦の行われた様子はない。おそらく切腹する間を防ぎ矢した者がいたのを、合戦と見たのであろう。

持氏は『神明鏡』によると、翌十一日に鎌倉に入ったが、一時山ノ内の浄智寺に滞在した。持氏が、関東公方に復すると、禅秀の与党は次々と処断され、山ノ内上杉安房守憲基も管領に戻った。しかし、これで安泰に経過したわけではない。京都の将軍家にも内訌があり、鎌倉公方持氏も野望を露呈し、諸国の大名も勢力を争うようになって、下剋上の風潮をむき出しにして行く。

雪ノ下御坊　鶴岡八幡宮の別当坊で、八幡宮の西北の谷あたり巨福呂坂にかからんとする右側。現在、雪ノ下二丁目で、二十五坊の一つである。

浄智寺　巨福呂坂を越えて横須賀線の踏切りを越してから直ぐ左に折れた所で、東瓜ケ谷に属し、鎌倉五山の第四位である。弘安四年（一二八一）頃に北条師時によって開基され、宋の名僧兀庵普寧（こったんふねい）と大休正念が開山といわれ、堂塔伽藍そろった大寺であったが、関東大震災で堂宇のすべてを失ない、今は仏殿と鐘楼門のみ見られる。

応永二十九年（一四二二）十月十三日

佐竹氏の内紛

―山入興義入道の滅亡―

名門佐竹氏

常陸国の豪族佐竹氏は甲斐国の武田家と同じく、その祖は八幡太郎源義家の弟新羅三郎義光である。義光の嫡子義業の子昌義が常陸国久慈郡佐竹郷に住んだので佐竹の冠者（かじゃ）と呼ばれ、土地の名を名乗った。故に関東では、義家の系の新田・足利両氏と並んで源氏の名族である。昌義の孫秀義は同じ源氏の誇りをもって源頼朝に従わなかったが、後に帰服し幕府に仕えた。それより子孫相継いで、北条氏に従ったが、後に足利方に属して以降、鎌倉公方持氏に仕

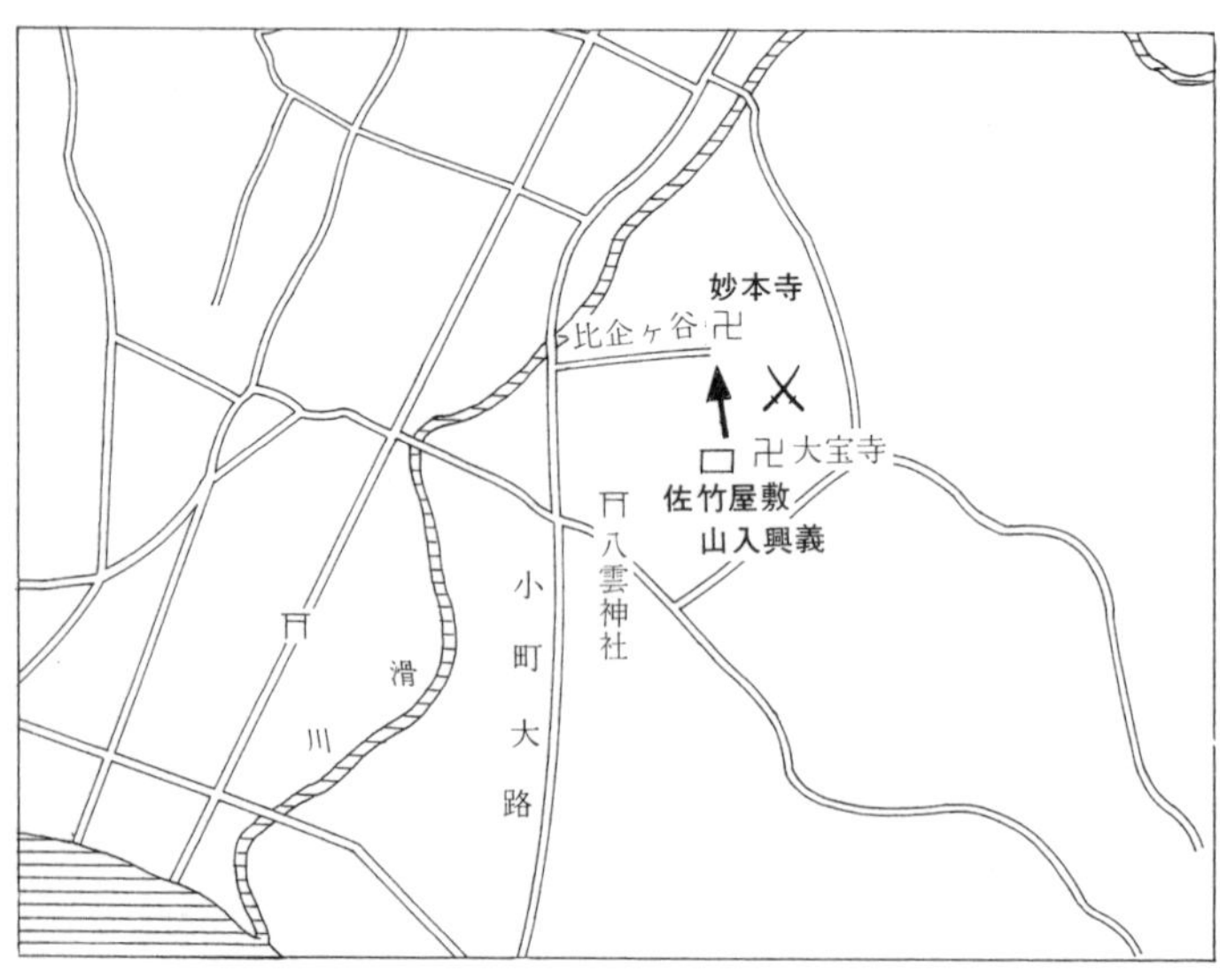

えた。

新羅三郎義光が鎌倉に居を構えて以来、屋敷は花ケ谷（やつ）の西方、現在の大町三丁目六番地あたりの大宝寺の寺域にあり、今でも佐竹屋敷といっている。大宝寺背後の大宝山（一名佐竹山）中腹には、現在でも新羅三郎義光の墓所がある。そして山の西側には八雲神社があるが、これは言い伝えによると、義光が後三年合戦の折、兄を応援するために奥州下向の途中、鎌倉に疫病が流行しているのを知って京都の祇園社を勧請し、後の佐竹屋敷に当たる所に祠ったのを、応永の年にここに移し佐竹天王と称していた

八雲神社　小さな社である。

といわれる。

このように、佐竹氏は鎌倉幕府開府以前から鎌倉と因縁が深く、また鎌倉公方の時代になっても重んぜられていたのである。特に応永二十三年の上杉禅秀の乱には、佐竹義仁は公方持氏に尽くしたので屋形号を称することを許されるほどであった。

屋形号とは中古頃から大臣に任ぜられた者の邸をいったが、武家の身分の高いものでも僭称するようになり、室町時代頃から大名でも特別に将軍や公方から許されるようになり、関東では八家あった。「御館様（おやかたさま）」というのがこれである。

この義仁のときに御家騒動が起きた。

佐竹の御家騒動

さて、その義仁の先代佐竹右馬権頭義盛は男の跡継ぎが生まれなかったので、関東管領山ノ内上杉安房守憲定の次男龍保丸を養子とした。龍保丸年歯わずかに五歳、応永十年（一四〇三）である。

佐竹義盛は応永十四年（一四〇七）九月二十一日鎌倉で病歿した。系図によっては四十二歳とも四十三歳ともされている。

この時に龍保丸九歳、佐竹の本領常陸国久慈郡太田村に移り、元服して義憲と名乗った。養父の義盛の義の字と実父の憲定の憲をもらって名乗ったものと思われる。

ところが、佐竹一族の有力者の山入上総介興義入道常元は、他家の者が当主となることを嫌い、額田義亮・長倉義量らを語らって、義盛の弟栗野刑部大輔義有（一に上総入道貞義が孫、山入刑部大輔師義が子の山入上総介興義（自身ともいう）を主に仰ごうとしていたので、義憲の入国を好まず、これより佐竹家の内は二派に分かれるようになった。

公方足利持氏や山ノ内上杉家は義盛と親しかった関係上、山入方を不可として岩松持国にその討伐を命じた。山入方は長倉義量の長倉城に籠って抗戦したが、食料尽きて降参し、義憲を主と仰ぐようになったが、心から服したわけではなく、佐竹家の内面は相変わらず不穏であった。しかし山入方の擁する栗野刑部大輔義有はすこぶる温厚で、新当主義憲に良く尽くし、また義憲の傅役（もりやく）は山ノ内上杉の重臣山方盛利で、常に山入方を制したので一時平穏に見えた。

義憲は応永二十二年（一四一五）十七歳で義仁（人）と名を改めた。

翌二十三年、犬懸ケ谷上杉氏憲入道禅秀が、持氏の叔父満隆とその嗣子持仲と謀って乱を起こしたときに、持氏に恩義のある義仁は持氏についた。前述の禅秀の乱であるが、山入興義・嫡子刑部大輔・額田義亮・長倉義量らは、持氏・山ノ内上杉を心良く思っていないので、早速禅秀に味方した。

禅秀のクーデターは一応成功し、持氏と山ノ内上杉憲基・佐竹義仁らは鎌倉を脱出した。そして持氏は駿河の今川範政を頼り、京都将軍より満隆父子と禅秀退治の命を受け、翌二十四年（一四一七）正月に鎌倉を奪還すべく攻撃して来た。義仁も上杉憲基と共に越後に逃れていたが、将軍の命を受けて兵を率いて南下した。禅秀方は相模・武蔵で破れ、十日には雪ノ下御坊で自滅してこの乱は終ったが、山入興義・嫡子刑部大輔・額田義亮・長倉義量は持氏に降伏した。

二度目の降伏であるが、何故か許される。南北朝以来、帰順・反逆の反覆常なき武士がすこぶる多くなっているが、この場合も、持氏が恩威に服せしめる寛大な気持ちから降伏を許したのか、また降伏者が実力者であるので、抹殺できなかったのか、「特別の御宥免」ということで許されているのである。

一つには、上の者は権威はあるが、手兵を持たなかったから、臣従する大名家族の武力を必要としたということが考えられる。故に赦し難い奴でも我慢して赦す。赦される者はそこにつけ込んで、不利の場合は簡単に降参するのである。

応永二十七年（一四二〇）になると、山入興義は、義仁を佐竹家に迎えるに当たって功のあった小田野自義を攻めて殺した。自義も佐竹一族である。

二十二歳になった義仁は怒って、興義入道と一味の額田義亮をまず額田城に攻めた。

こうして、義仁と山入方とがまた争うようになり、互に攻防して二年に及んだ。

公方持氏も山入興義一派の反覆常なき態度に怒り、興義入道が鎌倉の邸にいるのを知って、山ノ内上杉憲直にその討伐を命じた。

興義入道の最後―比企ケ谷合戦

応永二十九年（一四二二）十月十三日、上杉淡路守憲直は手勢を連れて大宝山麓の佐竹屋敷に向う。討手はどのくらいの勢であったか、興義入道方の人数はどれほどか記録では不明であるが、小地域にしては激戦であったようである。『鎌倉大草紙』によれば、

「佐竹（山入興義のこと）も打て出、防ぎ戦いけるが、終に不叶法花堂にて自害して失ぬ。其霊魂祟をなしける間一社の神に祭りける。」

とあり、『喜連川判鑑』には、

「応永二九年閏十月十三日佐竹入道父子比企ケ谷ニ走リ法華堂ニテ自害」

とあって、これによって見ると他で襲撃されて比企ケ谷に走り、法華堂で自害したように思える。また『神明鏡』には、

「同二九年閏十月十三日　佐竹上総入道常元蒙御不審（ごふしんをこうむり）、比企ノ谷法華堂ニテ自害、家人十三人討死、子息一人」

とあり、興義と子息と家人十三人が法華堂で自害したというのであるから、そう多人数の合戦ではなくて、あるいは不意に上杉淡路守の手勢に乱入され、次第に追いつめられて法華堂で自害したと見るべきであろう。

興義入道常元については佐竹系図でも不明の点が多く明細を欠き、山入刑部大輔師義の子となっているから、義仁の養父義盛より遙かに年上に当たり、義盛の弟の栗野刑部大輔義有を当主に据えようとしたのではなく、自ら当主にならんと野望を持つ人物であったのではなかろうか。その宿怨最後まで残って、『鎌倉大草紙』に記されるように、「其霊魂祟をなしける間一社の神に祭りける」と記されるごとくであるから、相当執念深い人物である。

また多福山一乗院大宝寺は、応永六年（一三九九）に佐竹義盛が多福寺跡に創建し、寺号を山号に改めたといわれるので、この頃の佐竹屋敷の大部分は寺域であったのであろう。

この佐竹山（大宝山）西側が比企ケ谷で妙本寺がある。東京都池上長栄山本門寺の日現書状永禄二年（一五五九）六月八日のものに、火災の記録があり、「比企ガ谷ハ最初之炎上　佐竹之常源（興義入道常

元）公方様（足利持氏）之上意ニ被背彼寺ニ被籠十月十三日（応永二十九年）攻落候時　最初之炎上」とあって、妙本寺最初の焼失は興義入道常元を攻めた時としてあるから、興義は妙本寺で戦ったことになる。

上杉淡路守の手勢に大宝寺傍の佐竹屋敷を攻められて、山背を越して妙本寺に脱出して自滅したか、始めから妙本寺で敵を迎え撃って戦ったのか不明であるが、興義が妙本寺で戦ったことは事実であり妙本寺は焼けた。法華堂で自滅したというのは、妙本寺にも法華堂があったのではあるまいか。

妙本寺については比企一族滅亡の頃で述べたが、この地は比企一族の怨みの籠った土地で、一族の霊を慰める墓や蛇苦止堂・一幡袖塚などがあり、妙本寺祖師堂の右方山麓の巌窟中に数基列んでいる墓が、興義父子と従者十三人の墓といわれている。

永享十年（一四三八）十月

鎌倉御所合戦

―鎌倉公方・足利持氏の自滅―

鎌倉公方・持氏の野心

足利持氏は生来わがままで野望が強く、いろいろの問題を起こす人物であった。諫言する者を嫌い、感情で裁断し、関東中に争乱の種を播いた結果上杉禅秀に反逆され、京都将軍家と今川範政の力で辛うじて鎌倉に戻ることを得たが、それにも懲りず今度は京都の将軍になりたいという野望を抱いた。

大体鎌倉公方は、関東管領として下って来た尊氏の第四子基氏を除いては、ことごとく京都の将

軍家に対して反抗を続けていた。

基氏の子氏満は三代将軍義満に代ろうとして反逆したが、上杉憲春の諫止で思い止った。その子の満兼はやはり義満に背き、上杉憲定の説得で事なきを得た。氏満・満兼の野望はその子持氏にも当然受けつがれている。

正長元年（一四二八）正月に足利将軍義持（義持は四代将軍で応永三十年三月にその子義量を五代将軍としたが、義量は在職二年にして歿したので、義持が再び将軍職をつとめた）が薨じ、その継嗣が無いのに乗じて、持氏が将軍になろうと運動した。しかし畠山満家らが反対したので、持氏は京都の幕府に大いに不満を感じた。狭量の持氏にはそれが直ぐ態度に現れる。

七月に称光天皇が崩御され、後花園天皇が践祚された。持氏は京都に不快感を持っているために、その祝いの使者を送らなかった。翌年三月に義持の弟義円が還俗して六代将軍に補任されて義教と称したが、この祝いにも使者を送らなかったばかりか、永享と改元されても持氏だけは正長の年号で押し通させた。児戯にも等しい反抗であるが、さらに関東にある幕府領の年貢を取り上げて京都に送らぬようにしたことは、自ら将軍に反抗する見本を武士団に奨励しているようなものであった。

管領や重臣がいろいろとなだめたので、永享三年（一四三一）三月に二階堂盛秀がようやく持氏の使者として上洛したが、持氏の態度を憎く思っている義教は、使者の謁見を許さなかった。しかし義教の方がまだ少し度量が広かったらしく、諸臣に諫められると八月になって盛秀の拝謁を許し、その寛容を示すために剣・鎧を持氏に賜わった。

しかし持氏は依然として京都に反抗することをやめず、不穏の噂まで流れたので、義教は中部・関東の動静を知ることと示威のために、「将軍の富士遊覧」という名目で、駿河国まで動座した。持氏が鎌倉から出向いて対面すれば蟠まりの解ける糸口になったのであるが、頑なな持氏は伺候しなかった。

これで将軍家と関東の公方家とは決定的に不仲となり、これに加えて持氏は管領とも仲が悪くなる。関東管領は公方家を補佐する役であるが、庶政上の責任をほとんど背負い、また京都との間を円滑に運営せねばならぬ立場であるから、持氏が京都に反抗するとその立場は辛くなり、お叱りは管領の方に来る。管領は公方の代弁役であるから、公方が悪いのは管領に手腕が無いと思われる。先の上杉禅秀と同様、この時の管領憲実も苦境に立った。

管領憲実と公方持氏の確執

憲実は禅秀の乱の時に、よく持氏を助けた山ノ内上杉憲基の子である。驕慢わがままな持氏に対して、執事の立場上しばしば諫言せざるをえないし、京都の幕府も憲実をして持氏の不穏を押さえさせようとする。禅秀の時のように、またしても持氏と憲実の仲は険悪になって行った。

永享八年（一四三六）十一月に、信濃国の守護小笠原大膳大夫政康と村上中務大輔信方が領地の境界のことから合戦となった。村上信方は、家臣の布施伊豆守入道を使者として持氏に援軍を頼んで来た。持氏は早速桃井左衛門尉を大将として、武州一揆・上州一揆に命じて村上方を応援させようとした。

これは管轄違いのことであるから憲実も驚いて、いくら嫌われ憎まれても将来の禍いのもとになるからと、慌てて御所に出仕して「信濃国は将軍家の分国で鎌倉公方家の支配外であるから、介在してはよろしくない」と諫めた。もとより持氏は聴き入れるはずが無い。逆に意地になって、村上家応援の兵を集めた。憲実は無念の面持で邸に籠り、鎌倉は再び不穏の空気が流れる。紛糾混沌とした時には無責任の流言蜚語が乱れ飛ぶものである。持氏が兵を集めるのは憲実を滅ぼすためであるという噂が拡まると、今度は上杉家に恩顧の武士が続々と山ノ内上杉館に集った。

山ノ内上杉は、本来は山ノ内の明月院の馬場先の付近にいたので山ノ内上杉というのであるが、憲定・憲基の頃から国清寺の西の佐介ケ谷に邸が移っていた。その位置はいまはわからないが、谷の奥に当るところに佐助稲荷があるので名付けられた谷である。

上杉邸に軍兵が集まると、鎌倉中が合戦が始まるのではないかと騒ぎ、その注進は今の浄妙寺東隣の持氏の御所にも届く。

驚いたのは持氏である。憲実を失脚させたり亡き者にしたい気持も無いでもないが、管領の上杉家をこれほどまで関東の武士が信頼し、恩顧を感じて馳せ参じて来るとは夢にも思っていなかったばかりか、自分に対する信望がまったく薄いことに恐怖を感じ、すっかりうろたえると、気の小さい者ほど恥も外聞もない。慌てて憲実の邸を訪問して、慰撫というと体裁良いが弁明につとめた。公方としての権威失墜もはなはだしいが、上杉禅秀の乱の恐ろしさが身に浸みていたのである。

憲実も賢明であるからあくまで君臣の分を忘れず、恭順の意を表して一時藤沢に退去したので、持氏をそそのかしていた寵臣一色宮内大輔有兼も三浦に退き、鎌倉に武者姿も見えなくなった。そこで憲実の身を案じて駆けつけていた上杉家の執事大石石見守憲重・長尾佐衛門尉景仲も領国に戻った。

これで一触即発の危機は免れたが、危険は去ったのではなく延期されたに過ぎない。

永享十年（一四三八）春、持氏の嫡子賢王丸が十三歳で元服することになった。鎌倉公方家の元服は、持氏が四代将軍義持から持の一字を賜って名乗りとしたように、将軍の諱の下の字を受けるならわしとなっていたが、持氏は将軍義教に反抗しているので、それを行わず、京都からの沙汰を待たずに鶴岡八幡宮社前で勝手に賢王丸の元服式を挙げ、八幡太郎義家の名にあやかるとして義久と名乗らしめた。大名で義の字を用いるのはたくさんあるが、足利将軍家内では義詮以来将軍職を継ぐ者と、特別な者だけが義の字が許され、鎌倉公方家では満兼を除いては基氏以来ほとんど氏を用い、上の文字は将軍の諱の下の文字を受けていたのである。何気ない名付けのようであるが、義教の教の字を受けまいとする狭量の作意で、京都将軍家への反抗と侮辱である。

憲実はまたしても諫言せざるをえなくなったので、持氏との感情の亀裂はますますはなはだしくなった。しかし、義久元服の祝いは臣として述べねばならない。諸臣続々と登営するので憲実も参賀することになったが、こうした時に限って無責任な流言を拡める者がある。憲実が登営したら、刺客が隠れていて暗殺するというのである。

憲実は急に病と称して登営をとり止め、弟の重方を代理として赴かせた。

流言をなめてかかると事実であることがあり、殿中での暗殺は往々にしてたかをくくって疑がわない者がやられる例が多いから、憲実の不参は賢明であり、逆に持氏に対して効果があった。憲実を怒らせてまた紛糾したら鎌倉中が騒ぐし、憲実の実力を恐れているので、また卑屈にも低姿勢になって、「義久を憲実の邸に同居」させて気嫌を取ろうと浅智恵を出したのは良かったが、一つ縺（もつ）れると予期せぬことが次々と出る。

若宮の社務の尊仲が、

「若公（わかぎみ）を憲実の邸にやるのは臣下に人質を出すようなもの。虎の口にわざわざ餌を与えるごとくで危険もはなはだしい。憲実には異心があるから用心しなければいけない。」

と讒言したので、この件は中止になるばかりか逆に持氏と憲実の間は険悪となった。

この状態では、また禅秀の乱の二の舞となる。これを憂えた憲実の重臣長尾尾張入道芳傅が仲に立ったがうまくいかず、さらに扇ケ谷上杉修理大夫持朝と千葉介胤直が調停したが、持氏・憲実の感情の離反は最早決定的のものであることがわかった。

憲実としては、京都からの強制もあり、弱り果てている上に、暗愚の主には堪忍袋の緒も切れて、ただ禅秀のような立場に追いつめられるのを、何とか避けようとするのみであった。

一方、持氏の方は、自己主張を一つ一つケチをつけられ、自分なりに誇（プライド）を押えて、どれだけ屈辱を感じたかわからないという我（が）の強さ一点張りであるから、もうこれ以上頭は下げられないし、譲歩はできないと思っている。やがて必ず滅ぼさねば、自分の面目を失なう相手であると思うようになる。

持氏、憲実追討を策す

そうすると、禅秀の時のように相手に先手を打たれては、今度こそこっちの生命が危いと思い始め、こちらから先手を打って憲実を滅してしまおうと計画を立て、外様大名や武州一揆に軍触（いくさぶれ）を行った。憲実への同情者は多いから、たちまち憲実の耳に入る。

たとえ憲実に味方する大名が多く馳せ参じてくれても、憲実から兵を挙げれば禅秀と同じ二の舞で大義名分を失うし、持氏の討伐軍を受けても逆臣の汚名を着ることになる。熟慮した結果、憲実は八月十四日領国の上野国平井に急ぎ戻った。扇ケ谷上杉修理大夫持朝・同右馬助憲信・永井三郎入道・小山田小四郎・那須太郎らもこれを追って平井に集った。

自分から憲実を討とうと陰謀を企だて、憲実が本領に退くと、反逆のための退去と口実を作るのであるから、持氏は狭量の上に卑劣で将たる器（うつわ）ではない。

八月十五日、まず一色宮内大輔直兼・同刑部少輔時家を大将として出発せしめ、翌十六日には持氏自ら指揮をとり、武蔵国府中の高安寺に動座して、諸国の軍勢の着到を待って憲実討伐の準備をした。

持氏追討の綸旨

憲実としても、降りかかる火の粉ははらわねばならぬ。いくら主君だからといって、不合理なことで殺される必要はないから、こちらも兵を集めると共に、ことの次第を京都の将軍義教に訴えた。

義教は持氏には前々から怒りを持っていたから、これを知ると直ちに朝廷に奏請して持氏追討の綸旨を受け、御教書を添えて上杉中務少輔持房を大将に任命した。

持房は犬懸ケ谷上杉氏憲（禅秀）の二男である。父が非業の死を遂げたのも持氏故であるから、主君とはいえ仇である。感激して北陸道の兵を集めて南下する。

義教は、鎌倉公方などという別の公方の存在は必要ないと思っており、徹底的に鎌倉足利氏を滅してしまおうと決心した。そこで持氏滅亡の願文を各神社仏閣に捧げ、「関東の凶徒」と見做した。

また、禅秀の乱の時には持氏を援けた駿河国の大守今川範政の子範忠に命じて、持氏追討の兵を起こさしめ、甲斐国の武田信重・信濃国の小笠原政康らにも東山道の兵を率いさせた。小笠原政康は、村上信方と境界争いで戦争になった時に、管轄外であるにもかかわらず介入してきた持氏に対して怨みがある。

このほか将軍の命は東北の武士団にまで及んだので、持氏の立場は孤立状態であるが、戦かわぬ前だけは威勢の良いのが持氏の性格である。少々誤算に気が付いたが、それも自棄(やけ)の空(から)元気で指揮を取ったが状況は次第に悪くなる。

九月十日には犬懸ケ谷上杉持房の軍は早くも箱根・足柄に進出したので、上杉陸奥守憲直・二階堂・木戸・海老名・安房の軍兵が防戦したが、朝敵のレッテルを貼られているから戦意はなく、また去就(きよしゅう)に窮した憲直が早川尻で討死すると崩れ立ち、鎌倉へ逃げ戻って来る。

武蔵では、一色宮内大輔直兼が上野国から南下した上杉憲実勢を破って分倍河原にまで進出したが、これもまた逆襲され、どの方面も敗報ばかり。すっかり意気悄沈した持氏は、鎌倉へ戻ろうとして九月十九日まず海老名(えびな)の道場（海老名市にある海老名河原口の宝樹院のこと）に入った。

海老名尾張守入道と舎第上野介は持氏に仕えていたので、ここで防戦したが破れて滅亡している。

上杉憲実はここまで追いつめたものの、主を殺す気持はない。将軍の命によって討伐せざるを得なくなったのであるから、「無駄な抵抗はやめろ」と長尾尾張守入道芳傳に伝えさせた。持氏は助かりたい一心から、驚くほど素直にいうことを聞いて金沢の称名寺(しょうみょうじ)（横浜市金沢区金沢町にある金沢山称名寺。北条実時の開基といわれ、別格本山真言律宗として栄えた寺）に入った。

一方、鎌倉御所の留守を預かる三浦介時高や二階堂一族は、あれほど持氏に諂っていたにもかかわらず、持氏が凶徒のレッテルを貼られ諸方で破れて征討軍が鎌倉に迫ると知ると、慌てて寝返って持氏の御所を襲撃したのであるから、これらの人々は持氏よりも汚ない人物である。

持氏自刃

御所には持氏の子の義久と二男安王・三男春王・四男永寿王のほか数人の幼ない子と持氏の弟の足利満直、その家人らわずかしかいなかった。持氏が称名寺に入った報を得た御所側では、いずれ追討軍が乱入すると予想していたので、安王・春王は下野国二荒山の衆徒に匿まってもらうために乳母近習をつけて落した。永寿王は常陸国住人筑波別当大夫らに守られて甲斐国に落ちる。その他の幼児もそれぞれ家人が守護して逃れた。

また義久と足利満直は扇ケ谷に隠れたので、御所に残るは簗田兄弟・一色・佐野・名塚・河津らわずかの側近のみ。彼らも次々と討たれ、放火による黒煙の中に皆消えていった。後年持氏の子の成氏が鎌倉に入部したとき、御所が無いので一時山ノ内の龍興院や浄智寺に住んだことから考えても、御所は三浦介時高らの襲撃の時炎上したものと見てよいであろう。

鎌倉の東端の局地戦であったが、これが永享十年の鎌倉御所合戦である。戦火は他の邸や市街に及ばなかったらしく、諸記録にその状況は見られない。

憲実は戦いに勝ったとはいえ、相手は主君。剃髪して道継と名乗り、寺に籠っている青道心の持氏を見ると、哀れでたまらない。中国の古い格言で「君君たらずといえども臣臣たらざるべからず」という人倫道徳を知る知識人であるから、使者を将軍義教のもとに派して持氏宥免を乞うたが、鎌倉の足利を亡くしてしまおうと思っている義教は許さなかった。

そして翌十一年二月十日、紅葉ケ谷の永安寺に蟄居した持氏入道道継の所に、上杉持朝・千葉胤直の手勢が襲ったので持氏も自害した。『上杉憲実記』『鎌倉大草紙』によると、この時付近に放火した火が諸方に飛び、大火事となって多くの家邸が灰燼に帰したといわれる。

また義久・満直（満貞とする書もあり、満貞は持氏と共に永安寺で自滅したともいう）も報国寺に移され、ここで自滅した。

この乱は持氏の横暴から発したとはいえ、憲実としては主君を自滅に追いやった結果に、すこぶる悔恨の情に耐えなかったらしく、越後国にいる弟の兵庫頭清方を呼んで管領職を譲り、剃髪して高岳長棟庵主と称し、持氏の霊廟長春院に詣でて影前で割腹した。長春院は永安寺内の持氏の塔所で、持氏の長春院陽山道継の名からとったものである。

だが憲実は死にきれず、家臣に押えられて疵を療養してから藤沢の道場（遊行寺）に入り、やがて伊豆韮山（奈古屋）の国清寺に移って持氏一族の菩提を弔っていた。しかし持氏の遺児を擁した結城合戦が起きると、再び将軍義教の命で戦の指揮をとらされた。合戦終ってからはその子徳丹清蔵主と共に流浪の旅に出て、周防国都濃郡龍聞寺に留り、最後は長門国大津郡深川村で歿した。

永安寺　現在の二階堂瑞泉寺門外の紅葉ケ谷にあった。足利氏満の菩提を弔うために建てられ、氏満の永安寺璧山全公の法号をとって蓬萊山永安寺としたもので、後に瑞泉寺の塔頭となったが廃された。

報国寺　足利尊氏の祖父家時が開いたとも、宅間ケ谷上杉重兼の開基ともいわれる。功臣山報国寺といい、現在の浄明寺五百三十三番地、滑川の華の橋を渡って百メートルほど行った右側にあり、竹の寺として名高い。

報国寺

華の橋と滑川

宝徳二年（一四五〇）四月二十一日
享徳三年（一四五四）十二月二十七日
享徳四年（一四五五）六月

足利成氏と鎌倉合戦

持氏の遺児をかつぐ　鎌倉公方足利持氏は山ノ内上杉憲実を討たんとして、逆に六代将軍義教の怒りに遭い、永享十一年（一四三九）に鎌倉の永安寺で自滅し、嫡男義久も報国寺で自害した。

二男安王・三男春王（春王を二男、安王を三男とする説もある）は側近に擁されて下野国二荒山に逃れ、四男永寿王は信濃国の大井越前守持光に匿まわれた。

たとえ驕慢浅薄の主人でも、それに恩顧を感じ

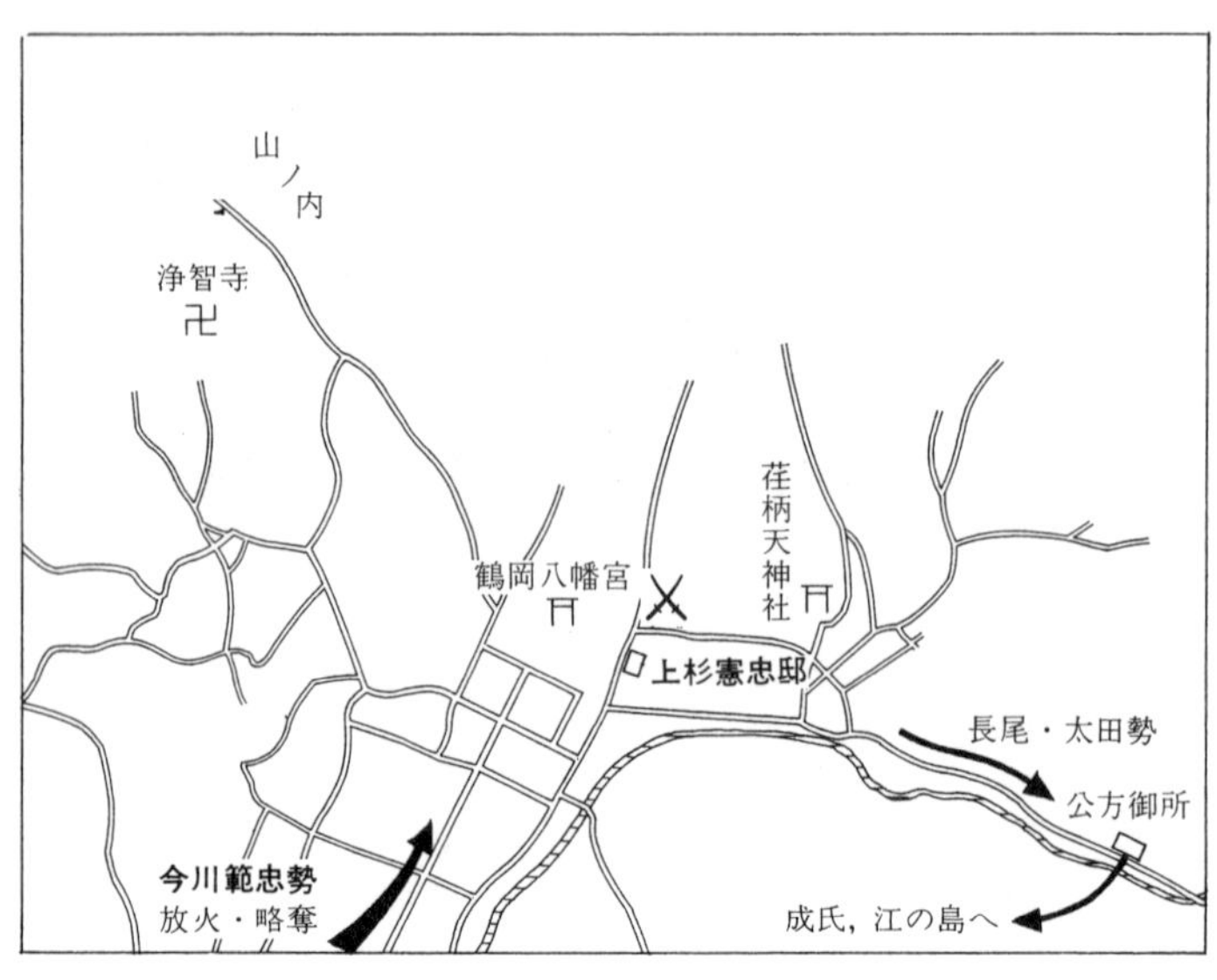

て忠誠を尽す者がいる。下剋上の風潮が滲透しつつある時代でも、主をかついで大義名分の旗印をかかげ、己れを優利に導こうとする者や功利的に主従の関係を結ぼうとする者もいる。持氏の遺児をかついで、主家を再興しようとする者もいたのである。

将軍の命で持氏討伐に従った結城氏朝がその一人である。氏朝は結城に本拠を置く名族で、永享十二年（一四四〇）にその子光久を二荒山に遣して、十二歳の安王と十歳の春王を迎えた。

結城氏朝が安王・春王を擁したという噂は、関東中に拡まった。すると信濃国の大井越前守持光が、家臣の蘆田・清野をつけて永寿王を結城城に送り届けて来た。続いて野田氏行が古河城に、下河辺一族が関宿城に拠って結城に応じ、ひき続いて持氏の側近であった今川式部丞・木戸左近将監・宇都宮伊予守・小山大膳大夫・桃井刑部大輔・里見修理亮・一宮六郎・笠原但馬守らの大名豪族が結城城に集った。三月桃李桜が一度に咲く頃である。

結城方の勢い盛んになると、京都へも当然知れる。将軍義教は結城討伐の御教書を発し、前関東管領山ノ内上杉憲実（持氏滅んで関東管領は上杉憲実に任命されたが、憲実はこれを弟の兵庫頭清方に譲っていた）にその大将を命じた。憲実は心ならずも持氏を滅す結果となって辛い日々を送っていたので、またその遺児まで討伐するのは堪えられないと、ひたすらに固辞したため、弟の清方と扇ケ谷上杉持朝とを大将として結城城攻略に向かわせた。

しかし将軍義教の鎌倉足利家に対する憎しみは執拗で、憲実に再三の下命を行ったので、憲実も君命黙(もだ)し難く遂に出陣せざるをえなくなり、神奈川で勢揃いすると、八月には小山の祇園城に入った。

結城城は平城であるが防禦堅固で、糧食も充分であったので士気大いにあがり、十カ月余持ちこたえたが、翌嘉吉元年（一四四一・永享十三年二月十七日改元）四月十六日に総攻撃が行われると、城内に内応する者があって放火の上攻囲軍を手引したので、焔煙城を覆って遂に落城した。攻囲軍は城内に山崩れ込むと手当り次第殺戮を擅にし、その惨澹たること目を覆うものがあり、討死するもの結城氏朝父子五人、一族男女三百八十三人、士卒一万八千九百余人といわれるが、落城寸前に、女子供や武者もかなり逃亡したようである。それが証拠には、結城城の名目上の盟主安王・春王も女装させられて乳母達と脱出した。ただし不運にも長尾因幡守豊景の越後勢に捕われた。末弟の永寿王は六歳であったが乳母と共に落ち、これも伊佐の庄で小山四郎の手に捕われた。

小山大膳大夫兄弟も脱出したが長尾因幡守に捕われ、野田右馬助一族は巧みに脱出して行方をくらました。『南総里見八犬伝』の始めに出て来る里見義実は父の刑部少輔家基と共に籠城していたが、家基は討死し、義実は父の命で木曽右馬丞氏元・堀内蔵人貞行を連れて三浦から安房へ落ちている。

結城城が陥ちたことによって、その外城ともいうべき古河城・関宿城も落ち、一応関東の兵乱は終了したが、これからこの戦いに関係した人々に数奇な運命の展開が始まるのである。

永寿王の運命

関東管領山ノ内上杉兵庫頭清方は、執事の長尾因幡守豊景をして、結城方の主だった者の首二十九と安王・春王・永寿王の三兄弟を京都に送るべく出発させた。美濃国垂井の宿まで来ると、将軍義教の命で近江国の両佐々木が迎えに来ていた。ここで受け渡しが済むと、佐々木は金蓮寺の道場に三兄弟を連れ、安王と春王の首を斬り、他の首と共に上洛して六条河原に晒した。義教の憎しみも偏執狂的である。

永寿王だけは、未だ物心もつかぬ幼児であるからとして助けられ、美濃国の土岐左京大夫持益に預けられた。「偏に神明の御加護也」と『鎌倉大草紙』は記すが、人の運命というものは、本当に紙一重の差で大きく変るものである。

永寿王の処分に決定が下されないでいるその年の六月に、将軍義教が赤松満祐邸で殺された。世にいう嘉吉の変であるが、これによって幕府も動揺し、八歳の義勝が将軍職を継ぐことになり、翌二年（一四四二）に七代将軍に補任したが、早くも三年（一四四三）に十歳で歿した。そして義勝の弟義成（後の義政）が八代将軍に補され、世情混沌のままに年が過ぎ、永寿王の処分は忘れ去られていた。

文安二年（一四四五）山ノ内上杉兵庫頭清方は関東管領を辞し、憲実の子憲忠があとを継いだ。日本人は、一度盟主を仰ぐ機構に馴れると、それを重んじる気質がある。管領の上杉氏がいながら、関東中の武士が、鎌倉に名目上だけでも良いから、将軍家由縁の者が盟主として君臨して欲しかったのである。

そこで幕府では持氏の遺児永寿王が生きているのを思い出して、これを鎌倉の公方（将軍または幕府をさしていう言葉であるが、関東統治の盟主として鎌倉に派遣された足利氏も将軍や幕府に准じる意味から僭称して公方といい、氏満以後地名を冠して呼んだ）に据えようとの議も出たが、永寿王を立てると結城の残党や持氏の与党と結びつき、また関東大乱になる恐れがあるとして沙汰止みになった。

こうしてまた数年が過ぎたが、依然として関東の大名達から関東の公方としての象徴が欲しいという要望が出て来た。那須兼高・宇都宮兼綱・長湫持宗・結城満朝・千葉満胤・小山氏政・大椽持宗・佐竹義淳・上杉重方・上杉持方のほかに山ノ内上杉房定・顕定・憲実ら結城合戦の時の敵・味方がそろって連署して、永寿王を鎌倉公方に推戴したい旨を将軍家に願った。

宝徳元年（一四四九）正月、幕府はようやくこれを認め、将軍義成の特別の御沙汰をもって、土岐左京大夫持益に預けられていた永寿王を上洛させ、対面して御太刀・御馬を下賜し、亡父持氏の遺領を与えて鎌倉の公方となることを許した。

永寿王、鎌倉公方に

永寿王は九月九日、十年振りに鎌倉に戻った。しかし持氏の館は焼亡してしまっていたので、御所が完成するまで山ノ内の竜興院（建長寺の西にあった寺であるが現在不明）にひとまず入り、続いて浄智寺に移る。やがて浄妙寺村（現在の浄明寺地区）の館が完成したので十一月晦日に移り、続いて将軍義成（義成は後に義政と名乗る）の諱の下の一字を賜って元服して成氏と称し左馬頭の叙任を受けた。鎌倉の主は、建武二年（一三三五）足利直義が左馬頭に任じられて以来代々左馬頭であり、北条高時の遺児・時行すら左馬権頭に叙任されたから伝統的官職名といえよう。

持氏が将軍家に不満を抱いたのと違って、成氏にとってはまさに将軍家さまさまであるはずである。しかし人間は、どんな良い環境でもそれに馴れると、新たな欲望や不満が出てくる。それに成氏を取り巻く側近がなかなか複雑で、その勢力争い、感情のもつれに巻き込まれ易い状況が醸されていた。

成氏を迎え入れるのに協力した山ノ内上杉憲実は、そうした状況を早くより予測しており、持氏を自滅に追い込んだ結果となったことと責任を充分悔悟しているから、成氏のいる鎌倉にはいたくなかった。幕府は憲実を功労者と見て、成氏の補佐に当てたかったが、憲実は行方を晦(くらま)した。自分の家の菩提寺である伊豆国名古屋（名越・韮山の奈古屋）の国清寺に入ると、二人の子と共に剃髪して西国に旅立ってしまった。そこで幕府は、憲実の末子の竜若丸が伊豆の山奥に隠れているのを探し出し、元服させて上杉右京亮憲忠と名乗らせて関東管領に任ぜしめ、上杉一族をして憲忠の補佐を命じた。

また扇ケ谷上杉持朝も結城合戦の功労者であったが、成氏が鎌倉公方に迎えられると、これも将来を予測して剃髪して武蔵国入間郡川越の仙波に引退し、子の弾正少弼顕房に譲った。

これで関東は一応体制が整って鎮静化したかに見えたが、かつての敵味方が雑居しているわけで、騒擾の芽はあちこちにあった。持氏や、その三人の遺児を擁した旧臣は成氏に近付いて、上杉氏との過去の関係を吹き込んで上杉氏を失脚させようとする。上杉氏に感謝していた成氏は、過去の経緯がわかって来るようになると、関東管領憲忠と上杉一族をうとむようになった。

たとえば結城氏朝と共に結城城で奮戦して戦死した里見家基の子の義実は、安房に逃れて四辺を切り従え、上総半国まで領するようになると、その所領の安堵を得るために成氏に仕えて過去の忠節を聞かす。結城氏朝の子も常陸国の大名佐竹氏の助力を得て、宝徳二年（一四五〇）二月には結城に攻め入って、翌年には城を恢復して成氏に謁した。このほか簗田・小山・小田・一色・武田らの持氏に仕えたり結城城に籠った連中の遺族は、皆召し出されて旧領を与えられたりするので、当然所領の件でも問題が起きて来る。関東管領上杉氏を盟主に仰ぐ者と、公方成氏を主と仰ぐ者とが二派に分れるようになって、再び関東中が紛糾するようになって来た。

刻々悪化する関東の様相を早くから見通して憂えていたのは、山ノ内・扇ケ谷両上杉家の執事である。山ノ内上杉家には上野国白井に長尾左衛門尉景仲がおり、扇ケ谷上杉家には太田備中守資清が川越にいて、二人共なかなかの手腕家であるから、両家の庶政はほとんど二人が切り盛(もり)し、関東の仕置にもたずさわっているから状況がよくわかる。故に長尾・太田はかねてより成氏の君側の奸を除かねば上杉一族は亡ぶと考えていたので、宝徳二年（一四五〇）四月二十一日を期して成氏の御所を襲って持氏以来の君側を一掃することに決した。そこで密かに軍兵を集めたが、成氏側近も油断していないし、狭い鎌倉であるからその動きはすぐわかる。

両上杉家執事の決起

成氏方は危険を察したが、急であるから軍兵を集める暇が無い。二十日の夕刻に成氏は側近とその郎従だけで、いち早く江の島に逃れた。もし江の島まで攻めて来たら、船で安房・上総に逃れてから関東中に軍触(いくさぶれ)をしようという計画で、鎌倉を脱出する者のよく用いる方法である。

二十一日、長尾・太田の勢五百余騎が浄妙寺村の御所を襲った時は藻抜けの殻で、持氏の脱出の時とまったく同じである。成氏一行は江の島に逃れたと知って、

「江の島なら逃れる所は無い、それ押せッ。」

と馬に白泡嚙ませて進撃して七里ケ浜まで来ると、

「御所が危なし。」

と急を聞いて駆けつけた小山下野守の手勢と衝突した。しかし小山勢は小勢のためたちまち矢戦から敗退し、下野守自身も矢傷を負って後退する。

するると今度は由比ケ浜方面から千葉新介・小田讃岐守・宇都宮肥前守らが四百余騎で追撃して来たので、長尾・太田勢は挾まれた形となり、苦戦して百二十余人の死傷者が出た。

砂浜にはあちこちに戦死者が転がって血を染めるが、隠れる場所も無いから一団となって脱出するより他に方法がない。公方が襲われたと聞いて、御所方の人数は次第に増えて来る。浜面(はまおもて)の山寄りには民衆が遠くからこわごわと観戦し、中には松の木によじ登って見ている者もある。彼らは屍体に群る鴉(からす)のように、合戦が終ると戦死者から甲冑・武器・金銭・衣服を奪うのである。そのためにどちらが敗けるか見ていて、時によると頼まれもしないのに敗残武者まで追いかけ廻して、追い剝ぎに変るのである。

長尾・太田は、残兵一団となって観衆の方に突撃して、逃げ散る中を突破して退却した。主家上杉に計ってのことでないから、主家に迷惑のかかるのをおそれて、相模国愛甲郡糟谷(かすや)荘まで逃げ込んだ。糟谷荘とは現在の伊勢原市で、上粕谷・下粕谷・小稲葉・沼目・高森と平塚市の小鍋島あたりまでをいい、おそらく上杉氏の所領であったのであろう。

山ノ内上杉憲忠もこの騒動を知って大いに驚き、自分が命令したわけではないが、そう思われて討伐軍が来るかも知れぬと思って、これも急いで七沢山に籠ってしまった。七沢山も糟谷の荘にある山で、ここに要害を構え、成氏からの討伐軍が来たら受けて立とうというのである。

こうなれば明らかに成氏に敵対したことになり、これらの様子は関東中に拡まりまた不穏の雲が流れ始める。江の島の成氏のもとに駆けつける者、上杉の七沢山を応援する者、鎌倉にも流言蜚語が乱れ飛び馬蹄の轟ろかぬ日とてない。

ここに、山ノ内上杉安房守憲実入道長棟の弟で、禅宗の僧で道悦という者がいたが、この状況を心痛して直ちに江の島の成氏のところに伺候して、

「このたびの騒動は管領家としてはまったく知らぬことでござる。事の起こりとしては、公方家の側近が管領家や上杉一族を種々誹謗した上に、亡きものに致さんとする動きがあるため、主人を思う執事達が一存で兵を用いて側近を除かんと致したまでのことにて、公方に対して反逆の気持は毛頭存しておらぬことでござる。これも偏（ひと）えに公方家を思ってのことなれば、これによって執事達を処罰なさるれば上杉一族も黙してはおりますまいし、関東の大名はおろか、京都の将軍家におかれても軍を動かすこと必定でござる。さすれば関東はまた大乱となり、亡き御父君の時と同じようなことになり申す。故に今度のことは御寛容召され、管領家も執事達も召し返されて御宥（おゆる）しなさることこそ、公方の広大なる御尊徳と存じます。」

と嚇（おど）したり、すかしたりして滔々と言上した。大体五歳の時から戦争の恐さを知り、少年時代はいつ斬首の命が出るかと憂鬱の日々を送って育った男であるから、公方の座について我儘な生活は好んでも、危険な目に遭うことは極度におそれている。陪臣を罰することすらできぬ無念さはあるが、実力が無いからやむをえない。道悦の諫言をいれざるをえない。そこで成氏を囲む大名達にも相談し、また管領方とも折衝があって、ようよう和解し、憲忠および長尾・太田が鎌倉の邸に戻り、成氏が浄妙寺村の御所に戻ったのが三月ほど後である。

成氏も京都の将軍家にことの次第を報告し、幕府からは龍西堂鹿王院が御使者として鎌倉に下向した。将軍の御教書には、早急に上杉憲実入道長棟を探し出して関東の政務を執らせること。今度の合戦に働いた者を賞すること。憲忠・長尾・太田を従前通り出仕させ、上杉家に応じた者を罰せぬことなどで、成氏方の一方的譲歩の指令であったから、成氏方としては不満が残った。幕府の情けで生命も助かり、一躍鎌倉公方とまつり上げられたのであるから、関東の象徴としておとなしく鎮座していれば良いものを、持氏の悪い点だけを受けついだ成氏には、ことをわきまえる能力が無いし、成氏を擁する君側も悪い。長尾・太田に味方した武士達の所領を没収して、成氏に味方した武士に分ち与えてしまった。和平成立した時に将軍より下達（かたつ）されたにもかかわらず、こうした処分が行われ、しかも関東管領の手を経ぬ行為は憲忠を大いに怒らせ、憲忠の没収地返還要求を蹴ることによってまた紛糾が生じた。

長尾・太田はその責任を感じ、扇ケ谷上杉持朝と謀って上野国白井と武蔵国川越のそれぞれの所領に引退し、再び成氏に反抗の態度を示し始めた。

管領上杉憲忠を討つ

これらの動きは当然成氏方でも察知する。前回は道悦入道や京都将軍家の介入があって和解したが、陪臣の分際で敵対的行動を示すとはもう我慢がならぬ。そちらからことを起こさぬうちに、今度はこちらが先手を打って彼らの主と仰ぐ憲忠を滅してしまえということになった。幸い上杉方の多くは在国して無勢であるから、今が良い機会とすすめる者があり、成氏はすぐにそれに乗った。直ちに軍触をすると、集ったものは結城中務大輔成朝・武田右馬助信長・里見民部少輔義実・印東式部少輔等の三百余騎、いずれも結城合戦で上杉家に恨みを持つ者ばかり。

享徳三年（一四五四）十二月二十七日の夜暗に乗じて、不意に西御門の憲忠の館を襲った。憲忠の館が西御門のどの辺にあったか現在ではまったく不明であるが、『鎌倉大草紙』には「西御門館へ押寄て時（鬨の声）をつくる」とある。おそらく、鎌倉時代初期の将軍御所の前あたりであろうか。

今度は憲忠方の油断。近習郎党合わせて二十二人というから、おそらく無勢を探った上での襲撃であろう。「俄（にわか）の事にて用意の兵もなかりければ」とあるように攻撃軍はたちまち乱入したので、「憲忠主従廿二人切先をそろえて切て出防戦」したが、「かなわずして一人も不残討死（のこらず）」して逃れ出る者もなかった。おそらく夜討には放火は付きものであるから、この時に管領邸は灰燼に帰したと思われる。『鎌倉大草紙』によると、憲忠は金子祥永兄弟に討ちとられた。その首実検も、地下人でなく管領職の首であるからと尊重して、首を三宝に乗せて持参した金子を畳の上に座せしめて実検に供させ、その功として多賀谷の姓を与えて多くの所領を給わったという。これが結城家の家老職の多賀谷氏である。

憲忠時に二十二歳、辞退するのを無理に関東管領職に補せられ、政道上苦言を呈する立場にされた結果がこうである。憲実といい、憲忠といい、まことに気の毒な運命の人物である。

また『喜連川判鑑』には、攻め殺されたのではなく御所で暗殺されたとしている。

関東争乱　翌二十八日、成氏はすかさず山ノ内に軍勢を向けたが、昨日の管領邸襲撃を知っているから上杉方はいち早く平塚の奥に退去し、持朝は長尾左衛門尉入道・太田備中守入道に軍触させて一千余騎を集め、しまがはら（島が原、現在の平塚市下島）まで押し寄せて来た。

持朝方は従前糟谷の荘七沢山に籠った場所に退去して、軍触したものと思われる。

これによって上杉氏に応じる者が立ち、また成氏に味方する者もできて関東は再び争乱のきざしが見え始めた。ここに成氏の弟の勝長寿院成潤大御堂殿（成氏は末子でなく、みどりごの周防・成潤・尊徹・弘尊・守貫・安濟尼という弟妹がいたが、これらは成氏の生命が助かった時、いずれも僧籍に入れられていた）は成氏と不仲であったのか、持朝方からの示唆があったのか、急に鎌倉を退去して下野国二荒山に移って大衆を語らって反旗を翻（ひるがえ）した。

成氏はまず持朝勢を攻めよと、享徳四年（一四五五）正月三日（日時には、異説あり）、武田右馬助・一色宮内大輔に三百騎を率いさせて島が原に出陣させる。持朝勢は関東の形勢を観望しつつ軍勢の着到を待って油断していたところ、不意に武田・一色勢が押し寄せたのでもろくも敗れ、上野国白井と武蔵国川越に退却した。

長尾左衛門尉入道景仲は白井に戻ると、越後の守護上杉定昌を招いて、山ノ内上杉憲忠の弟房顕を大将とすることを相談し、越後・信濃・上野・武蔵の軍兵を集め、さらに上杉禅秀の子の右馬助憲顕・扇ケ谷の上杉持朝とも謀って成氏の理不尽を将軍家に訴えた。

一方成氏も、ことがこのように大騒動となった以上、京都へも釈明しなければならぬので、

「憲忠を討ったのは逆心を抱いたからで、幕府に対しては異心はまったく無い。」

と報告したが、幕府側では、幕府の任命した管領を討ったのははなはだ怪しからんばかりか、度々内紛を起こすことは偏（ひと）えに鎌倉公方の処置が悪いからであると見ており、上杉方の訴えを正当と判断していた。成氏も亡父と同じ結果になるのは恐ろしいから、必死になって使を派して弁疏したが、ついに幕府

より御検使が調査に下向する。結果は「私の宿意で管領を殺し、剰さえ関東に大乱を起こすの条不届の至り」として、将軍の勘気を蒙って成氏追討の命が下された。

これよりさき、成氏は早く上杉氏を滅して既得権と正当性を作ってしまおうと、享徳四年の正月十五日にはすでに出陣し、武蔵国府中に進出していて高安寺に本営を置いていた。ここは亡父持氏が山ノ内上杉憲実を討伐しようと、永享十年（一四三八）八月に動座した所である。

上杉勢も南下して分倍河原に押寄せるが、連戦連敗、上杉憲顕入道、上杉房顕らが自害し、敗軍をまとめて常陸国の小栗の城に立て籠った。

閏四月、成氏は一挙に上杉を攻め滅ぼそうと結城城に進出した。永享十二年（一四四〇）、結城氏朝に擁されてここに籠って以来十五年振りの入城である。そして、小田・簗田・筑波・小山の軍勢をさし向け、小栗の城を包囲して日夜攻め立てたので遂に落城し、上杉勢は下野国に逃亡した。

成氏追討の御教書

今や成氏の得意思うべしで、あと一息で上杉を滅亡させることができると祝杯を上げた途端、成氏追討の御教書が発せられたのを知った。駿河国の大守今川上総介範忠に追討軍の御旗が下賜され、東海道五ヵ国に軍触が出たというのである。亡父持氏を助けた今川範政の子の範忠が、成氏追討の大将として鎌倉を目指しているというのであるから因縁である。

運命の神の悪戯か、人生どこで逆転するかわからない。成氏は得意の絶頂から突き落されたような不安を感じて、急ぎ鎌倉に戻った。

これに力を得て、越後の上杉民部大輔定昌は上野国に進出して越後・信濃の軍勢を催し、長尾左衛門尉入道昌賢は上野・武蔵の軍を集め、上杉八郎藤朝・同廰鼻和六郎・同七郎憲明は下野国天命只木山に拠って兵を挙げた。すると、常に成氏の側近として仕えていた上杉禅秀の外孫に当る下総国の千葉介入道常瑞と弟の中務入道了心までが、禅秀の子の右馬助憲顕の勧誘に乗って成氏から離反した。

こうなると四面楚歌である。

六月に入ると、今川範忠の大軍が鎌倉に迫るとの報が入る。成氏は木戸・大森・印東・里見の軍勢を離山（鎌倉を出て戸塚道の東にある芝山）に派遣して迎撃させる。

がたちまちここを打破られ、重ねて二百騎ほどを派遣するがこれも破れる。成氏は大いに狼狽して鎌倉を脱出するが、行く先は府中。ところが成氏に追討の命が下って、今川の大軍が押し寄せたと知ると、あれほど駆けつけてくれた軍勢が少しも現れず、わずか結城成朝や簗田河内守の手勢ばかり。武蔵国世谷さいという所では南一揆に襲撃され、結城・簗田の奮闘でようやく南埼玉郡菖蒲までたどりつき、四散した軍兵を集めて下総国下河辺の城に入った。生命からがらの大敗戦である。

今川勢は、今川範忠が大将、龍西堂鹿王院を副将として東海道五ヵ国の軍勢を催したのであるから、少なくとも一・二万はいたであろう。

それが我れ先にと鎌倉に乱入したのが六月十六日、浄妙寺村の御所に押寄せたがもちろん成氏もいなければ防ぐ者もいない。「燃やしてしまえ」と放火し、鎌倉中の谷七郷の神社仏閣から民家まで手当り次第略奪放火したので、鎌倉は一日にして灰燼に帰した。元弘三年（一三三三）五月の新田義貞の鎌倉攻め以来の大放火である。おそらく鎌倉公方の存在を亡くしてしまう下心、あるいは内命があったのかも知れぬ。これ以降鎌倉は寒村孤里の態になり、復興が遅々とするのである。

今川勢の乱暴狼藉は寺社にまで及んだが、『鎌倉大草紙』には、

「鎌倉荏柄天神の社壇を破り、駿州の軍兵等天神を駿府へ乱取(らんどり)しけるとかや」

とあり、おそらく菅原道真木像（現在国の重要文化財指定）を盗んだものと思われる。

「其後神体自ら荏柄へ御帰の事あり」

と神徳霊験を説くが、本当は天神の怒りを恐れて密かに戻したのであろう。狼藉破壊がはなはだしかったのは、成氏一味の者が神社仏閣に隠れていると思っての行為であろうと思われる。

また、南北朝争乱以来、軍勢には多くの野伏・山伏・悪党・足軽が多く参加し、その狼藉には目に余るものがあったから、これらが暴れ廻ったものかも知れない。

おそらく今川範忠の軍の中にも、こうした連中が多くいて鎌倉を破壊したものと思われる。

これより成氏は古河城に拠って幕府軍に抵抗するが、三年後の長禄三年（一四五九）、将軍義政は弟で天竜寺の僧となっていた香厳院殿を還俗させて左馬頭政智（知）として関東の公方として下向させた。

しかし、鎌倉はすっかり荒廃していた。

「鎌倉には御所もなく、要害悪舗(あしく)敵地も近ければとて、伊豆の北条に堀越（静岡県田方郡韮山町四日町、狩野川の右岸）という所にかりに御所をたて」

と『鎌倉大草紙』に記されるように、鎌倉には新公方の住むべき所はなくなっていた。この政智を堀越公方というのであるが、古河に走った旧公方成氏にも、まだ従う武士もいて古河公方と称し、関東はま

すます群雄割拠の舞台となるのである。

荏柄天神社

荏柄天神　二階堂地区の七十六番地、昔は金沢道からの参道を含めて、もっと広地域が社域であったのであろう。『荏柄天満宮略縁起』によると、長治元年（一一〇四）八月に菅原道真画像の軸がここに降臨したので祠られ、源頼朝が大倉に御所を構えたとき、その鬼門の守護神としてあがめたので、鎌倉武士の信仰の厚かった神社である。

大永六年（一五二六）五月

里見・(後)北条の鎌倉合戦

里見氏、房総に興隆

滝沢馬琴の『南総里見八犬伝』で有名な里見氏の出自は、桃山時代から江戸時代初期に作られた『里見代々記』『里見九代記』『里見軍記』などの軍記物語や里見系図などによると、八幡太郎義家につながる。しかし、これらの資料には齟齬（そご）があり信憑性（しんぴょうせい）に乏しく、里見氏の系図をたどることは、別の機会に譲る。

さて、前述のように、里見家基・義実父子は、鎌倉公方足利持氏の三人の遺児を擁した結城氏朝に協力して、結城城に籠った。城は嘉吉元年（一四四一）に幕

府の命を受けた上杉憲実の大軍に攻められて陥ち、家基は城と運命を共にしたが、その最後の時に、義実に城を脱出して家を再興せよと遺言した。

義実は家臣の木曽右馬丞氏元・堀内蔵人貞行を連れて三浦半島の三浦氏を頼ろうとしたが、三浦氏も滅されて安房にいるというので安房に渡った。安房では折しも山下郡の神余(じんよ)家に内紛があったので、これに介入して遂に安房を乗っ取った形となり、里見家再興の地盤を作った。

義実は長享二年（一四八八）七十二歳で没し、子の義成が継いだが、房総をあらかた斬り従がえると、稲村に城を築いてこれに拠り稲村殿と呼ばれた。永正二年（一五〇五）五十八歳で没したので、長男義通が跡を継いだ。そして久留里には次男の実堯を城代として置いた。実堯はその時十五歳、少年の頃より俊秀を認められ、兄義通もよく信頼した人物である。

義通は、永年十七年（一五二〇）に三十八歳の若さで没した。長子竹若（義豊）は六歳、世は油断のならぬ実力主義の群雄割拠の時代であるから、幼君では国は維持できない。臨終(いまわ)の際(きわ)までこれを憂えた義通は、実堯を枕元に呼んで、

「わが子竹若は未だ幼くして国を治めることは難かしい。祖父義実初めてこの地に来りて安房・上総を切り従がえしも、諸国ますます不穏の今日、我れ死すと知れば隣国より隙を窺って攻め入って来るのは必定じゃ。そちは智略勇力ありて、常にわれを助けて国を治めてくれた男じゃ。よってわれ亡き跡は、久留里よりこの稲村に移り来て里見の社稷(しゃしょく)を全(まっ)とうしてくれ。ただし一つの頼みがある。それは余の儀では無いが、わが子竹若長じて十五歳に至りなば、その時はこの房総の領国を竹若に譲っ

て、里見の主として立てて欲しいのじゃ。くれぐれも頼む。」と涙を流し、手を執って遺言した。実堯は父義成の時代から兄によく協力して従った男であるから、もちろん確約した。葬儀万端滞り無く済ますと早速稲村の城に移り、武備を厳にして房総を掌握した。

後北条氏の台頭　この時代、すでに下剋上の世相顕著で、安房へ流れて来て三国を乗っ取った里見家や美濃の斎藤道三もそうであるが、より代表的な例が後北条氏・伊勢新九郎である。出自は諸説あり、疑問の多い人物であるが、堀越公方を滅ぼし、伊豆を平定して相模に進出すると、在来の名家豪族を次々と滅して、小田原に本拠を置いて北条早雲入道と号した。子の氏綱と共に三浦半島まで蚕食(さんしょく)して、遂に三浦氏を滅ぼし、さらに武蔵にまで目を向け始めた。

三浦半島が北条氏の勢力下になると、浦賀水道を隔てて一衣帯水の対岸の房総半島・安房の里見氏は、脅威を感ぜざるをえない。

北条氏は、陸戦にも強いが水軍も強い。江戸湾（東京湾）を挟んでいるからといって、油断はできない。安房国は三方海に囲まれているから、北条水軍はいくらでも侵入できる。もちろんこうした地形を領有した以上、祖父の義実の頃から水軍を養成して里見水軍も精強をもって聞こえているが、北条氏の水軍もあなどれない。こうして、北条と里見の衝突は、時間の問題となってきた。

北条氏綱という人物は、親の早雲以上に智略・政略・武略にすぐれ、関東の地盤を固めるために、古河公方足利高基（成氏の孫で政氏の子）の嫡男亀若丸にわが娘を嫁せしめて同盟を結んだ。亀若丸は元服して晴氏と称したが、側近らの策謀で高基を古河から逐い出した。

晴氏が古河公方としてシンボルになったが、結局北条氏の傀儡である。

この頃、高基の弟で雪の下殿といわれて僧籍に在った者が、父の政氏・高基と内紛を起こして還俗し、足利左兵衛督義明と名乗って流浪の揚句奥州に落ちていた。それを迎えたのが下総国の真里谷の武田三河守豊三である。彼は、隣領の下総国小弓の原胤栄と絶えず争っていたので、義明の家柄を看板にして味方を集め、原胤栄を降そうと思ったのである。流浪していても、名門足利一族の名はまだ利用価値があったのである。義明が武田豊三に擁されると、下総の豪族ばかりか上総・安房の武士まで集り、里見実堯まで大軍を引き連れて参着した。

義明を盟主と仰ぐ諸豪族は、永正十四年(一五一七)十月に原胤栄の小弓城を攻めて降し、義明をそこに置いた。世に小弓の御所というのがこれで、小弓公方と呼ばれた。

義明は吾こそ関東の公方として君臨せんと野望を持ち、先祖が鎌倉公方として御所を置いた鎌倉の失地恢復を目標にすえた。里見家でも、三浦半島の先端まで北条氏の版図になっていることは、脇腹に匕首を突きつけられているような脅威で、何とか三浦半島から北条氏の勢力を除去せねばならぬし、せめて鎌倉あたりまででも進出したい。

三浦沖海戦　足利義明と里見実堯の利害関係は完全に一致し、謀議成って大永五年(一五二五)、実堯は水軍数百艘をもって浦賀水道を埋め尽さんばかりに三浦半島の東南に押し寄せた。

『里見代々記』『里見九代記』などにはこの合戦の月日を記していないが、待機していた北条水軍と衝突し、里見家独特の水軍戦法で北条方を打ち破り、さらに進んで尉ケ島(城ケ島)を占領したが、急に西風が激しく吹いて海が荒れたので、一応軍を返した。西風が激しく吹くというのは、東海地方の沿岸に十一月頃から春三月頃にかけて吹く季節風で猛烈な風が多いから、この戦闘は十一・十二月頃と思われるが、不思議なことにはこの合戦は『相州兵乱記』（関東兵乱記ともいう）や『北条記』にはまったく記されていない。あるいは、『里見九代記』などに記すほどの大袈裟な合戦ではなかったのか、または北条方は、敗績したのでことさらに記さなかったのかも知れない。

　里見勢は、翌大永六年（一五二六）に再び侵攻しようとした。五月、里見勢は艨艟数百隻、丸に大中黒の白旗を霞か雲かと靡かして舳艫相接し、舷々触れ合って島が動くがごとく浦賀水道を西進する。

　この合戦は『北条記』『相州兵乱記』にも記されているが、五月ではなく十二月としてあり、また里見の大将を実尭ではなく、安房国守護人里見左馬頭義弘としているなど、両方の記録（軍記物）には齟齬があり、合戦経過の日数・出陣人数などもすべて曖昧で正確度が低い上に、互に自軍の都合の悪いところは取り去って書いているから、本当のところを摑もうとするのは無理である。

　とにかく里見側の記事から見ると、里見勢は大永五年十二月と六年五月の二度、安房・上総の総水軍力をあげて三浦半島攻撃を行っている。

　さて、里見水軍には、船戦の軍法と称するものがあり、『里見九代記』によると、軍船の船底に大石をたくさん隠しておき、舷々相摩する接戦になると、大力の者がこの大石を持ち上げて敵船に投げ込む。敵船は破砕されたり、急激な重量の衝激で大揺れに揺れて転覆したり、人が振り落とされ、こうして混乱させて斬込隊が襲うと百戦百勝というのである。中国の物語式戦法を机上の軍学者が考案したようで、少々幼稚に思えるが、これで昨年暮の海戦で北条方は大敗したというのである。どのような船の構造かわからぬが、戦闘員のほかに力者・水主（かこ）と船底に大石をたくさん積込んだのでは吃水が深くなり、横波を受けたら浸水するであろうし、船足も遅くなる。

今回も同じ準備を整えた数百艘舳艫相含んで一団となり、白波かき分けて粛々と進むさまは城郭が移動するようで、各船に立てられたさまざまの家紋を染めた旗は魚の群れが泳ぐようである。

船団の中央一際大きく矢倉を建て、丸に大中黒の旗が靡いているのは大将里見実堯の指揮する船。

北条方でも里見水軍の動きを探っていたから、小田原・鎌倉・逗子・三浦に分散していた船を三崎沖に集結し、これも旗を無数靡かせて待機している。里見側の記事によれば、この時の北条水軍は去年の敗戦に懲りて、大石を投げ込まれぬように舷側に高い板を回（めぐ）らし、板の隙間や矢倉の上から石を投げ込もうとする力者を射倒すように工夫されていたとある。

浦賀水道は狭いから両軍始めから敵影を認め、いずれの方角に動くか、それによって陣形を変化させるべく互に注目し合っていたので、里見水軍がゆっくり動き始めると北条水軍も前進する。

船戦も、矢頃の距離に入ると矢戦から始まる。まず北条軍から低い唸りを発した鏑矢が飛んだ。矢は実堯のいる矢倉の楯にバシッと当って刺さるが、鏑は砕けて四散する。戦闘開始の故実である。それより北条方から無数の筋のように矢が飛ぶ。

「取り舵一杯」

と実堯は号令する。日は未だ高い。夜戦に持ち込むために、昼からの戦を避けたのである。里見水軍は固まったまま左折して沖へ避けて取り合わない。北条水軍は追って矢を浴びせるが、射返して来ぬから、何か計略があると思って追跡を止め、尉ケ島付近に集結して様子を窺っているうちに、日は伊豆の山々を黒く浮き上らせて空を茜色にして沈んで行く。海面から闇が漂い上るように暗くなり、波頭が一面に白く騒ぐころになって、矢倉で敵の様子を見ていた実堯の船采配（ふなさいはい）がバラリと白く振られ、

「時分は良きぞ、軍法の通り、懸れッ。」

と命じる。実堯の声のとどく範囲の船が序々に動き出すと、訓練通り周りの船も移動し出し、一団となって流れるように北条方に寄って行く。暗い海面に櫓の音のみが夥（おびただ）しく拡がって行くが、北条側はその陣形もわからぬし、包囲して来るような錯覚に陥る。

「松明（たいまつ）をともせ。」

の号令で、次々と船の姿が赤く浮び上り、それはまるで海の底から湧くように限りなく増して行くようで、敵を威嚇するには効果的であった。北条水軍も待ち構えていて、

「それ矢を射懸い。」

「石を投げる力者を射よ。」

と差詰め引詰め散々に射る。

里見勢は例の力者が舷側に並んで、接近したら船底の大石を投げようと立っている。矢は力者の身体に当り、何本も刺さるがびくともしない。船と船が衝突（ぶつか）り合い混み合って北条方はアッと驚いた。矢を受けても倒れないはずで、土と藁で作った人形に衣服を着せたものである。うろたえ始めた時に

舷側に現れたのは本当の力者、並の人では持ち上げられないような大石を両手で差し上げると、掛声勇ましく北条方の船に投げ込む。船は大揺れに揺れて、海に投げ出される者、ぶつかり合って転倒する者、船底を破られて浸水し、あるいは転覆する。狼狽している時に松明を投げ込む者、斬り込む者の里見勢、再び里見の戦法に引っかかったが、今度は夜だけに状況判断しにくく、受け身になると臆病風が先に立つ。後方に詰めていた船団は我先にと離脱して行く。

これを『里見九代記』では、「立（龍）田ノ紅葉山嵐ニ吹散ラサレシ如ク也」と月並の形容ながら、戦果を誇っている。船戦は包囲されると脱出がなかなか困難であるから、漕げる余地のあるうちに退却するのが常道である。また沿岸での船軍の退却はたいてい追いつかれてしまうから、陸地に上って逃亡することが多い。北条軍は不利をさとって後方の船から四散して西に逃げたものもあるが、大部分は三浦半島の沿岸にバラバラになって上陸して闇に紛れた。

里見方の一方的勝利であるが、追って上陸すれば逆に襲撃されるおそれがあるので、実堯は味方の船の集結を命じた。船団が散開していると闇に紛れて奇襲攻撃をかけられ、船数が多いほど混乱を招くので、夜は舷々相摩して丸く固まり、警戒を厳重にする必要がある。後続の荷駄船から酒夜食を運ばせて、戦勝をねぎらい、船篝を赤々と焚いて警戒と陸地の敵への威嚇とした。

里見勢、鎌倉へ侵攻

北条方は船で西に走ったのは小田原に、陸地に逃亡したのは鎌倉へと集結した。

この頃の鎌倉は、享徳四年（一四五五）に足利成氏脱出のあと侵入した今川範忠の軍勢によって、昔の影をとどめぬほど破壊されていたのを、三浦郡まで版図に入れた北条氏綱によってかなり復興して、鎌倉の北の玉縄には関東の押えとして城まで築かれていた。北条氏綱は鶴岡八幡宮を深く信奉している。幕府隆盛の頃ほどではないが神社仏閣も再建され、街々も整った。北条軍は八幡宮付近に集結したとあるが、確定的位置はわからない。しかし、鎌倉が北条氏の東の根拠地であったことは確かである。それに小弓の御所の義明を鎌倉に入れさせるための合戦であることは、北条方も知っているから、ここに兵力を集中させるのは当然である。

北条方も夜を徹して篝を焚いて来襲に備え、里見水軍が夜闇に上陸したら迎撃殲滅しようとしたが、里見方の来襲もないので暁方は北条軍も労れて睡(ねむり)におちる。

五月の海風は爽やかである。日が昇って浜面(はまおもて)のギラギラと眩しい沖を見て、北条勢はアッと驚いた。いつ集結したのか、里見水軍の軍船数百、朝風に白旗を漣(さざなみ)の揺れるごとくに翻えさせて、整然と横隊になって、鎌倉の海岸に向って進んで来る。まるで津波の波頭のように粛々と寄って来るさまは、壮観とも見事ともいいようの無い威圧を覚えて、立ちすくむ思いであった。本来なら敵の上陸は水際で叩くのが迎撃戦の常道であるが、小坪の方から稲村ケ崎にかけて一面の艨艟(もうどう)であるから、七里ケ浜方面にも列んでいるかもわからないので、北条軍としては展開しきれないし、小坪・片瀬にはあるいはすでに上陸していて、浜面に進撃すれば側面を衝かれる恐れがある。

こうした判断の迷いがあったために、里見水軍が堂々と由比ケ浜の海岸や材木座の海岸に上陸しても、これを迎え撃つ機会を逃してしまった。

北条軍とて下馬のあたり、大町、甘縄口の線ぐらいまでは進出していたのであろうが、一歩でも上陸を許したら、もう水際迎撃の効果はない。里見方は水飛沫を上げて上陸し、馬を降し、浜辺で体勢を整えては進んでくる。記録では兵力も軍船も数が漠然としているが、仮りに百艘とすれば、戦闘人員は水主・揖取・荷駄を除いて五・六千くらいである。五・六千というと、近代の二個連隊から三個連隊、騎馬の士が多いと意外に多数に見える。北条方から見ると、上陸に時間がかかるだけに続々と限りなく上陸して来るように見えて、次第に恐怖に蒼ざめて来る。北条軍は結局挑戦することなく、武蔵大路、若宮大路、小町大路を後退して鶴岡八幡宮前に集結して楯を列べる。玉縄城や小田原に注進が飛んだのは当然であるが、応援が来るとしても早くて夜か明日の暁方である。

里見勢はすっかり上陸して陣容を整えると、まず威嚇の鬨の声を上げてジリジリと大町・名越の線まで進み、各個に小部隊が進んで矢を射かけ、反応を調べつつ戻ってきたり、北条方が斬って出たりして前線は進んだり退いたりの小競合で、突撃の時機を窺っている。

互に虚々実々の戦略を廻らして戦ったが、里見実堯は三百騎を奇襲部隊として山中に隠した。浜面から鶴岡八幡宮に向って直ちに山中に入れるのは名越方面で、大宝寺のある谷あたりから大宝山に隠れて、若宮大路を北上する正面作戦と同時に、迂回しての奇襲を策したのである。釈迦堂ケ谷あたりから金沢道に出て側面攻撃もできるし、さらに大倉の地から八幡宮東口に廻ることもできる。

北条方も里見勢を深く誘い込んで包囲殲滅しようと、中央はわざと混乱敗走の気振りを見せる。

北条勢が動揺した振りをしたので、里見方の正木蔵人・山田左衛門の両将は、「よしその儀なれば一挙に揉み潰せ」と敵の思わぬ所から突撃する。北条勢は策に乗ったとばかり、誘い込むように退却する。正木・山田は調子に乗って「一人も余さず討取れ」と追撃する。ところが、敗走するのであれば藤沢方面に抜ける長谷の大仏道の方に退却するべきであるのに、武蔵大路や、八幡宮脇の巨福呂坂口の方に逃げて行く。これは八幡宮に潜んでいる敵が挟撃のための誘いの手と知って、追撃を止めて様子を窺っていると、北条軍も敵が乗って来なかったと思って、あちこちから現れて、再び逆襲して来た。北条方の伏勢は、おそらく八幡宮裏山の新宮（いまみや）のある六本杉あたりにいたのであろう。

北条方が全線にわたって攻撃して来たので、里見勢も総攻撃を開始した。

北条勢もこうなると必死で、中央を錐揉み状に鋒矢（ほうし）の備（そなえ）で突撃して来るので、実堯の旗本勢も揉み立てられて苦戦となり、危くこの方面から敗れようとした時に、かねて山陰に隠して置いた三百騎が迂回して後ろから攻撃した。これは山越しに大御堂方面に出て横町方面から攻撃したのか、西御門方面から八幡宮社域東方に廻って攻めたのか、「敵是を見て前後を守って攻撃せよ」といったところから見ると、八幡宮の社域に廻ったとも取れるし、北条軍が八幡宮前の陣地を虚（から）にして前面の里見勢に総攻撃をかけたので、背後に出たものとも思われる。

「近々と成て旗指上げて大将（実堯）の陣へこみ入り。」

とあるように、北条勢もなかなか猛烈に里見の旗本に突撃し、一気に海に追い落とすほどであったが、背後に廻った三百騎によってまた形勢逆転する。これによって北条勢は武蔵大路や巨福呂坂口あるいは甘縄方面から大仏坂の方に退却したので、実堯は旗本勢・和田・龍崎外記・木曾隠岐守・忍足左京・黒川平内・武石等の部隊に総追撃を命じた。

八幡宮炎上　しかし鶴岡八幡宮社域には踏み止まったか、逃げ遅れたかの北条勢が残っていたらしく、ここでも乱戦となり火災が発生した。『里見代々記』などには、「折節味方の火か敵の火か、八幡宮へ付て焼払ふ。実堯公仰せけるは、かかる凶事出来つる事、味方の氏神にておはしますに不吉也とて本国へ引返さる。」と曖昧に記しているが、北条側では里見勢の放火としている。戦争では敵が寺社の堂塔楼閣に籠もれば、放火して追い出すこともあり、また籠った者も踏込まれないように火を付けることもある。戦に放火は付きものであるが、寺社を破壊放火することが室町時代頃から特にはなはだしかったのは、軍兵の中に狩り集めた悪党・足軽が多くなったからである。彼らアウトロー的連中に、敬神崇仏の観念はない。仏像すら砕いて薪にする手合いであり、こうした連中は北条・里見両軍に多数いたはずであるから、どちらの責任ともいえない。とにかくこの時に、鶴岡八幡宮の寺社はほとんど焼け落ちた。

八幡宮は源氏の氏神で、里見も新田源氏である。八幡宮から火の手が上ったのを見た実堯は、「しまった」と思ったのであろう。「不吉なり」と感じて退却したのである。総攻撃に出たのであるから、追撃の手をゆるめなければ藤沢・平塚あたりまで進撃して鎌倉を拠点とすることができたかもしれないが、神罰を恐れたのか、何か別の理由があったのか、慌てて兵をまとめて領国へ引き上げている。

大仏道　鎌倉七口の一つで、大仏北西の山を笛田に抜ける切通しで、先は藤沢に通じる。現在、長谷四丁目に含まれ、大仏のトンネルが開通してから廃道になっている。

武蔵大路　鶴岡八幡宮前を西に進み亀ケ谷から化粧板、深沢を通って武蔵へ出る道である。

一方、北条側の『北条記』や『相州兵乱記』では、三浦沖の海戦が行れずに、里見勢はいきなり鎌倉に上陸し、民家へ乱入し、仏閣を破壊し、宮寺の神宝を奪って八幡宮を襲ったことになっている。これでは中国の沿岸を荒し廻った倭寇（わこう）のようである。

このしらせを受けた小田原の北条氏綱は、伊豆・相模の軍勢を急ぎ派遣したが、里見方は略奪に夢中になっていたので防戦も碌にできず、一方の大将里見左近大夫は落馬して討ち取られ、里見勢は舟に乗って逃れたのをさらに追い討ちしたので、義弘他わずかの軍兵が本国へ逃げ帰れたというのである。

この記事通りだとすると、鎌倉上陸の里見軍は略奪と鎌倉を廃虚にするための攻撃であり、また数日鎌倉を荒し廻っていたことになる。鎌倉から注進が小田原に飛び、周囲に軍触して集った勢を連れて駆けつけるのには早くて二日はかかる。その間、里見勢は鎌倉中を破壊狼藉していたのであろうか。いくら北条側に正統性あらしめるための記述でも、これはまったくおかしい。また里見方の大将里見左近大夫を討ち取ったとあるが、『里見系図』には左近大夫なる人物に該当する者はないし、根本的の間違いは里見義弘ではなく実堯である。この合戦を扱う歴史学者も『相州兵乱記』や『北条記』をよく参考とするので、鵜呑みにして義弘の名を用いている。

鶴岡八幡宮放火はいずれ方が行ったかは別として、里見方の物語りにも多少の粉飾はあろうが、大体事実に近いようである。数種の里見系図にも、「大永五年城島軍（いくさ）。小田原方敗北。大永六年鎌倉にて北条家と合戦打勝給」などとある。また『里見九代記』も全面的に鵜呑みにできぬ物語であるが、戦果として多くの北条方の首を討ち取ったことが具体的に記されている。『相州兵乱記』では、仮空の大将里

鶴岡八幡宮

見左近大夫の名のみである。

また『風土記稿』によると、大永六年（一五二六）十二月（これは五月の誤り）に里見実堯が鎌倉に侵入したとき、玉縄城主北条氏時は戸部川のほとりで防いだと記し、その時の北条方の戦死者三五人の首を埋めた所を首塚というとある。現在甘糟塚・玉縄首塚といわれ、戸部橋の近くにあるが、これを考えると里見軍は鶴岡八幡宮あたりまでの合戦でなく、大船の玉縄城近くまで攻め込んだことになる。

では八幡宮炎上を不吉なりとして、何故撤退したのであろうか。源氏の氏神社炎上を不吉なりと感じる心理的動揺はあるとしても、基本的には鎌倉に逗留するには軍勢が足りなかったのではなかろうか。小田原から北条軍が大挙して攻めて来たら、守りきれる土地ではない。本国から加勢を来着させるには時日を要する。それと本国の動向にもただならぬものがあり、急ぎ戻らねばならなかったのであろう。

兄義通の遺言で、兄の子義豊（幼名竹若丸）が十五歳になったら房総の支配権を譲ってくれと頼まれたが、大永六年は義豊十三歳。もう二年ほどで譲られるはずのところ、実堯の権力盛んのため義豊方が疑って不穏の気配があるため、一応戻らざるを得なかったのではあるまいか。小弓の御所の義明が共に進攻していたら、あるいは鎌倉を確保していたかも知れぬが、義明はこの時動けぬ状態にあったから、一応撤退に決したのであろう。鎌倉はそれほど守るのに難かしい所なのである。

『相州兵乱記』によると、この合戦の後に北条氏綱は鶴岡八幡宮の焼失をいたみ、八幡宮本殿・神宮寺・若宮・弁財天社・白旗ノ明神・鐘楼・アケの玉垣・石橋・百八十間の廊下を造営し、大鳥居を建てたことが記され、氏綱は八幡宮の大檀那（当時は神仏混淆であるからいう）であったとしている。

里見実堯はその後も絶えず三浦郡を窺ったが、遂に進攻の機会無く、これより七年目の天文二年（一五三三）癸巳七月二十七日、義豊に攻められて稲村城で自滅した。義豊二十歳になっても約束の支配権を譲らなかったから、怒って攻めたのだといわれている。これを北条方からいわしむれば、鶴岡八幡宮を焼亡せしめた神罰ということになる。

■著者略歴

笹間良彦（ささま よしひこ）
大正5年（1916）東京に生まれる。文学博士。
日本甲冑武具歴史研究会会長を務め、『図解日本甲冑事典』『甲冑鑑定必携』『江戸幕府役職集成』『足軽の生活』『歓喜天（聖天）信仰と俗信』『弁才天信仰と俗信』『日本合戦図典』『日本軍装図鑑』（以上、雄山閣刊）など数多くの編著書がある。
2005年11月逝去、享年89歳。

平成13年（2001）2月5日　初版発行
令和3年（2021）12月25日 新装版第一刷発行　《検印省略》

【新装版】鎌倉合戦物語（かまくらかっせんものがたり）

著　者　笹間良彦
発行者　宮田哲男
発行所　株式会社 雄山閣
〒102-0071　東京都千代田区富士見2-6-9
TEL　03-3262-3231 / FAX　03-3262-6938
URL　http: //www.yuzankaku.co.jp
e-mail　info@yuzankaku.co.jp
振　替：00130-5-1685
印刷・製本　株式会社ティーケー出版印刷

ISBN978-4-639-02808-6 C0021
N.D.C.210　256p　19cm